Geiriau

Ffydd

3

100 o fyfyrdodau
yn seiliedig ar rai o eiriau mwyaf cyfarwydd yr Hen Destament

gan
JOHN TREHARNE

CYHOEDDIADAU'R GAIR

* Cyhoeddiadau'r Gair 2019

Testun gwreiddiol: John Treharne
Golygydd Cyffredinol: Aled Davies
Cynllun y clawr: Rhys Llwyd

Diolch i Gymdeithas y Beibl am bob cydweithrediad
wrth ddyfynnu o'r Beibl Cymraeg Newydd Diwygiedig.

Argraffwyd yng Nghymru.

Cyhoeddwyd gan
Cyhoeddiadau'r Gair, Cyngor Ysgolion Sul Cymru,
Ael y Bryn, Chwilog, Pwllheli, Gwynedd LL53 6SH.
www.ysgolsul.com

CYNNWYS

"Yn y dechreuad creodd Duw y nefoedd a'r ddaear." Genesis 1:1

Dyma eiriau cyntaf y Beibl. Mae'n bwysig nodi ei fod yn dechrau gyda Duw. Mae'r penodau cyntaf yn cynnwys y creu, y cwymp a'r dilyw, ac maen nhw'n olrhain dechreuadau'r nefoedd a'r ddaear, yn esbonio pam mae'r byd fel y mae nawr, ac yn rhoi cip ar obaith Duw i'r greadigaeth.

Y copi ynteu'r gwreiddiol?

I bob eitem gwerthfawr mae copi rhad; boed yn wats, arian, moddion, arlunwaith neu nwyddau drudfawr eraill. Mae'r copi yn dangos rhyw debygrwydd i'r gwreiddiol nes ei astudio'n fanylach. Roedd marchnad ffug yn y byd gwerth $270 biliwn yn 2013. Gwaetha'r modd, mae rhai nwyddau ffug yn beryglus iawn hefyd.

Mae storïau creu eraill y tu allan i'r Beibl yn sôn am ddechrau'r byd a dilyw. Mae rhai wedi awgrymu mai copi o'r rheini, neu fersiwn sydd wedi menthyg elfennau ohonyn nhw, yw stori'r Ysgrythur.

Yn y traddodiadau llenyddol eraill, serch hynny, mae'r creu yn ymdrech fawr gyda gwrthdaro rhwng duwiau yn aml. Yn un traddodiad, anfonwyd y dilyw oherwydd ni allai'r duwiau oddef sŵn dynion meidrol, a doedden nhw ddim yn gallu eu tawelu.

Yn hanes Genesis, dim ond un Duw sydd. Mae'r enw Hebraeg 'Elohim' yn cyfleu Duw galluog a mawreddog sydd yn creu ac yn teyrnasu dros ei fyd. Mae'r enw yn ffurf lluosog sydd yn awgrym, o bosibl, fod mwy nag un Person yn y Duwdod. Mae gair Duw yn hollalluog a daw'r greadigaeth i fod yn ddi-ymdrech wrth iddo lefaru.

Y gwir yw mai copïau rhad o wir hanes y creu yw'r storïau mytholegol a phaganaidd eraill, sydd yn dwyllodrus a niweidiol i'r sawl sy'n eu credu.

Esblygiad

Opsiwn arall ar ddechreuad y byd yw damcaniaeth esblygiad. Mae'n dweud mai damwain di-achos yw dechrau'r bydysawd (sef nad oedd person yn creu). Mae gwahanol fathau o blanhigion, pysgod, anifeiliaid a phobl wedi esblygu o'r gell gyntaf. Mae'r theori'n dweud bod hyn wedi cymryd miliynau o flynyddoedd oherwydd, am un peth, fod dulliau dyddio dynion yn amcanu bod ffosiliau yn hynafol iawn. Os yw hyn yn wir, roedd marwolaeth yn bod ymhell cyn i ddyn gyrraedd.

Mae'r Beibl yn dweud mai Duw yw achos cyntaf popeth sy'n bod. Mae patrymau prydferth y greadigaeth yn awgrymu Patrymwr sydd â meddwl creadigol llawer uwch na ni. Mae Genesis yn dweud bod Duw wedi creu popeth yn ôl ei rywogaeth, ac felly nad oes croesi rhwng un rhywogaeth ac un arall mewn gwirionedd.

Mae'r ysgrythur hefyd yn dweud bod Duw wedi creu y byd mewn chwe diwrnod 24 awr. Does dim gair gwahanol am 'ddydd' yn Genesis a dim prawf o gwbl mai oes hir sydd mewn golwg.

Yn ôl gair Duw, daeth pechod – a marwolaeth yn ei ddilyn – yn sgîl twyllo Efa ac Adda gan Satan y sarff. Mae Efengyl Iesu Grist yn cyhoeddi buddugoliaeth ar Satan a phechod trwy fywyd, marwolaeth ac atgyfodiad y Meseia. Mae addewid yn Genesis 3 am Un gaiff ei eni o wraig yn sigo pen y sarff wrth gael ei sigo yn ei sawdl gan Satan. Os yw esblygiad yn wir, does dim esboniad clir am bechod a drygioni heb sôn am obaith o fyd a bywyd gwell.

Duw a'r greadigaeth

O ddarllen penodau cyntaf Genesis, mae'n gwbl amlwg mai nid Duw yw'r greadigaeth ac nid y greadigaeth mo Duw. Mae hyn yn cau allan y posibilrwydd o bantheistiaeth, felly.

Ryn ni hefyd yn darllen fod y greadigaeth yn ei chyflwr gwreiddiol yn gwbl dda, sydd yn dangos nad yw deuoliaeth yn esboniad cywir o ddaioni a drygioni. Does dim drygioni sylfaenol, hanfodol. Daw'r drwg i fod wrth i Satan, ac yna dyn, syrthio i wrthryfel yn erbyn Duw.

Mae 1.26 yn dweud mai dim ond dynoliaeth, sef dyn a menyw

gyda'i gilydd, sydd wedi eu gwneud ar lun a delw Duw. Felly mae'r syniad ein bod yn rhan o'r byd anifeilaidd a dim mwy yn gorfod cael ei ddiystyru.

Gan fod Duw yn llefaru, rhaid osgoi pob meddwl o Dduw amhersonol.

Byd Duw

Gan mai byd Duw yw hwn, mae'r greadigaeth yn datgan ei ogoniant (Salm 19.1). Fel Creawdwr a Chynhaliwr mae'n deilwng o bob anrhydedd a mawl (Dat. 4.11). Mae'n Dduw trosgynnol sydd uwchben y drefn grëedig, ac mae'n amhosibl i neb na dim ei ddisodli (Actau 17.24,25). Mae dychmygu ein bod yn annibynnol ar Dduw yn arwydd o'n gwrthryfel ac yn dangos sut mae dyn yn atal y gwirionedd (Rhuf. 1.18). Does dim angen ei gynnal gan ddynion, yn wir ein gobaith mawr yw nid beth allwn ni wneud dros Dduw ond beth mae Duw wedi, yn, ac yn mynd i'w wneud drosom ni.

"I Dduw bo'r gogoniant!"

"Gosodaf elyniaeth hefyd rhyngot ti a'r wraig, a rhwng dy had di a'i had hithau; bydd ef yn ysigo dy ben di, a thithau'n ysigo'i sawdl ef."
Genesis 3:15

Roedd Muhammad Ali yn enwog am ddarogan ym mha rownd y byddai'n trechi ei wrthwynebwr. Fe arfer byddai'n cyfansoddi rhigwm fach i gyhoeddi hyn. Weithiau roedd yn gywir, bryd arall yn anghywir.

Yn yr adnod yma, mae'r Arglwydd Dduw yn dweud bod y sarff yn mynd i lawr pan ddaw Had arbennig y wraig i sigo'i ben mewn brwydr galed.

Cefndir
Ryn ni yng ngardd Eden, ac mae Satan trwy'r sarff wedi creu hafoc sy'n dal gyda ni heddiw. Lle bu paradwys - â harmoni rhwng dyn a Duw, dyn a'i gyd-ddyn, dyn a'r greadigaeth – daeth pandemoniwm. Daeth gwrthryfel dyn yn erbyn Duw, sef pechod, â'i ganlyniadau marwol.

Dinistrio perthynas
Fel y daw sgîl-effeithiau cas gyda rhai cyffuriau, daeth sgîl effeithiau niweidiol pechod i'r amlwg hefyd. Dyma rai o'r sgîl-effeithiau peryglus:

Effeithio perthynas dyn a Duw
Roedd y cwpl cyntaf am guddio oddi wrth eu Creawdwr nawr.

Effeithio perthynas Adda ac Efa
Daeth straen i'w perthynas am y tro cyntaf a dechrau troi ar ei gilydd. Daeth newidiadau mewnol, cydwybod euog; natur bechadurus (cywilydd ac embaras wrth feddwl am Dduw); cyflwr aflan. Daeth newidiadau corfforol, poen, gofid, heneiddio, marwolaeth.

Daeth newid agwedd Duw at ddyn, profi dicter Duw. Mae'n delio â nhw erbyn hyn fel Barnwr gyda throseddwyr, nid fel Tad â'i blant.

Effeithio'u perthynas â'r diafol
Wedi eu twyllo ganddo, dônt o dan ei afael a'i awdurdod, yn gaethweision iddo.

Effeithio'u perthynas â'r cosmos
Caiff y ddaear ei melltithio, a dywed Paul fod yr holl greadigaeth yn ocheneidio am ryddhad yn ail-ddyfodiad Crist.

Effeithio'u perthynas â'r tir
Daw'n anodd ei drin bellach. Daw gwaith yn llafurus a chaled. Cânt eu bwrw allan o Eden.

Barn a gobaith
Mae'r adnod yma'n rhan o farn Duw ar y diafol. Eto, ynghanol y cyhoeddiad llym ar y neidr, daw sbarc o obaith i dywyllwch y Cwymp. Wrth i'r Arglwydd sôn am had y wraig fe welwn egin yr efengyl sydd yn cyhoeddi concwest ar Satan a phechod.

Gelyniaeth rhwng Satan a'r wraig
Mae Duw yn addo gosod yr elyniaeth yma. Mae'r 'gosod' yn barhaol, fel 'set in stone' yn Saesneg. Diolch i Dduw am osod yr elyniaeth rhwng y wraig a'r sarff. Mae edifeirwch yn arwydd o hyn yn ein heneidiau ni.

Had y wraig
Mae'r gair 'had' yn ddiddorol ac arwyddocaol iawn. Mae'n air allweddol yn Genesis, yn digwydd pumdeg naw o weithiau. Gall fod yn air torfol, yn golygu 'disgynyddion', 'plant', 'hil', 'llinach', 'pobl'. Ar y llaw arall gall fod yn unigol, gan gyfeirio at unigolyn arbennig. Mae'n ymddangos bod y gair yn cael ei ddefnyddio yn y ddwy ystyr yn yr adnod yma.

Had y sarff yw pawb sy'n perthyn i'w deyrnas, boed yn angylion syrthiedig, yn ddemoniaid, neu bechaduriaid colledig. Galwodd Ioan Fedyddiwr arweinwyr crefyddol ei ddydd yn 'epil gwiberod', a dywedodd Iesu eu bod yn perthyn i'w 'tad y diafol.'

Mae'r elyniaeth rhwng had y diafol a had y wraig yn awgrymu brwydr rhwng disgynyddion y ddau. Nid pawb o'r hil ddynol er bod pawb yn blant i Adda ac Efa. Bu gan Dduw ddisgynyddion o'r wraig sydd wedi gwrthwynebu'r diafol a'i lu ar hyd hanes. Mae'r ddau rym yma wedi bodoli yn y byd ers y Cwymp. Brenhinoedd a wnaeth yr hyn oedd uniawn yng ngolwg yr Arglwydd a'r rhai a wnaeth ddrwg yng ngolwg yr Arglwydd.

Yr Had buddugol
Erbyn diwedd yr adnod mae'r frwydr yn unigol. Mae 'bydd ef' yn cyfeirio at un had arbennig, ddaw i wrthdrawiad â'r sarff ei hunan.

Daw proffwydoliaeth ac addewid o ergyd farwol i'r sarff ar ei ben, ac ergyd gas, ond nid marwol i sawdl yr Had.

Felly, mae'r Arglwydd yn gwahaniaethu rhwng y sarff a'i hil, a rhwng had lluosog y wraig a'r Had unigol. Iesu yw'r Had yma.

"Mewn addewid gynt yn Eden,
Fe gyhoedwyd Had y wraig;" A.G.

Cafodd Iesu ei eni o wraig (nid o ddyn). Daeth yn ddyn i fynd i'r ornest yn erbyn diafol a chafodd ei glwyfo a'i sigo yn ei sawdl, fel petae.

Cafodd Ei demtio; daeth sawl ymgais i'w faglu a'i niweidio; bu cynllwyn i'w ladd; cafodd ei wawdio a'i gyhuddo ar gam.

Ar y groes roedd yn sathru pen y sarff wrth brofi marwolaeth dragwyddol, ysbrydol a chorfforol; ond daeth yn fuddugol y trydydd dydd. Dioddefodd er mwyn "diddymu'r hwn sydd â grym dros farwolaeth, sef diafol." Wrth farw dros ein pechod, roedd yn ein rhyddhau rhag grym marwolaeth ysbrydol, tragwyddol, corfforol a gafael a chaethiwed pechod a Satan.

"Y ddraig a sigwyd gan yr Un,
Cans clwyfwyd dau, concwerodd un,
A Iesu oedd efe." W.W.

Daw'r fuddugoliaeth derfynnol pan fydd ei holl elynion yn droedfainc i'w droed, a'r diafol, twyllwr y cenhedloedd, yn cael ei fwrw i'r llyn tân a brwmstan, lle caiff ei boenydio ddydd a nos byth bythoedd.

Y cyflawniad

Yn wahanol i broffwydoliaethau ac addewidion dynol, roedd gair Duw yn siwr o gael ei gyflawni. Roedd hyn yn golygu: "pan ddaeth cyflawniad yr amser, anfonodd Duw ei Fab, wedi ei eni o wraig, wedi ei eni dan y Gyfraith, i brynu rhyddid i'r rhai oedd dan y Gyfraith, er mwyn i ni gael braint mabwysiad." (Gal.4.4).

Collodd Muhammad Ali ambell i ornest baffio er iddo 'broffwydo' cwymp ei wrthwynebwr mewn rownd arbennig. Doedd dim methu yn perthyn i Iesu Grist, fodd bynnag, a gwnaeth yn siwr fod Satan a'i ddylawnad marwol, a'i afael ar bechaduriaid, wedi derbyn ergyd ysgytwol a marwol, nes bod pob un sydd yn ymddiried yn yr Had arbennig yn siwr o gael bywyd tragwyddol.

"Gwna i ti arch o bren goffer; gwna gelloedd ynddi a rho drwch o byg arni, oddi mewn ac oddi allan." Genesis 6:14

Dyma hanes enwog arch Noa. I lawer mae'n chwedl ddymunol ar y gorau, ond nid felly y caiff yr hanes ei gyflwyno yn Beibl. Hefyd mae'r Arglwydd Iesu a Pedr yn cyfeirio at yr hanes yn y Testament Newydd.

Yn 2016, agorwyd arch o'r un maint â'r arch beiblaidd yn Kentucky, fel atyniad i ymwelwyr, ac fel modd i gyfleu neges yr efengyl. Yn 2014 cyhoeddwyd canlyniad ymchwil pedwar myfyriwr Ffiseg ym Mhrifysgol Caerlŷr. O gymryd mesuriadau Genesis 6, ac ychwanegu pwysau'r holl anifeiliaid, daethon nhw i'r casgliad annisgwyl y gallai'r arch arnofio!

Cefndir

Roedd Noa'n byw mewn cyfnod llygredig yng ngolwg Duw. Mae hyn yn golygu bod pechod yn rhemp ac annuwioldeb yn cynyddu. Roedd Noa yn sefyll fel ynys cyfiawn yn y môr o lygredd. Defnyddiodd Duw ef fel negesydd i rybuddio'i genhedlaeth o farn Duw a'i ddarpariaeth achubol i bawb fyddai'n ei gredu.

Codi arch

Roedd hon yn dipyn o brosiect. Cymerodd Noa gan mlynedd i adeiladu'r bad achub enfawr oedd yn mesur hyd cae ffwtbol a hanner. Wrth wneud hyn roedd yn dangos ei fod yn credu Duw: "Trwy ffydd, ac o barch i rybudd Duw am yr hyn nad oedd eto i'w weld, yr adeiladodd Noa arch i achub ei deulu." (Hebreaid 11.7)

Oherwydd hyn, cafodd ei gyfrif yn gyfiawn yng ngolwg Duw. Wrth gwrs, yng ngolwg pawb arall, roedd Noa'n wallgof mae'n siwr. Pwy oedd hwn yn sôn am farn Duw a llifogydd dinistriol, yn sbwylio'u sbort pechadurus? Mae'n bosib eu bod yn ei anwybyddu'n llwyr wrth i'r blynyddoedd fynd yn eu blaen. Doedd dim golwg o

Noa'n gorffen y llong nac o'r glaw mawr yr oedd yn ei ddarogan. Gallwn glywed ei gyfoedion yn cyhoeddi'n hyderus mai myth oedd y cyfan! Dyna mae llawer yn ei ddweud heddiw wrth feddwl am y dilyw ac am Ddydd y Farn hefyd.

Cario mlaen

Dal i fynd wnaeth Noa, a dal i fynd wnaeth ei gymdogion hefyd. Daliodd Noa ati trwy ffydd. Yn hyn mae'n esiampl i ni. Ryn ni'n disgwyl ail-ddyfodiad yr Arglwydd Iesu fel Brenin brenhinoedd a Barnwr y byw a'r meirw. Mae llawer yn gwawdio, mae llawer yn colli amynedd gyda ni, ond ein busnes ni yw cario mlaen yn y Ffydd, a rhannu'n gobaith ag eraill.

Roedd y di-gred yn dal ymlaen yn eu hanghrediniaeth galed. Doedd dim un wedi edifarhau yn wyneb tystiolaeth eiriol a gweladwy Noa. Serch hynny, nid poblogrwydd y priosect oedd yn cyfrif i'r gŵr cyfiawn hwn, ond ei boblogrwydd e gyda Duw. Mae hyn yn wers bwysig i ni fel eglwysi heddiw hefyd. Does dim busnes gyda ni i newid cynnwys yr efengyl, neu safonau'r ysgrythur i fod yn fwy poblogaidd neu dderbyniol yng ngolwg dynion. Caiff rhai ei temtio i anwybyddu'r athrawiaeth am farn Duw ac uffern dragwyddol, tra bod eraill yn dechrau simsanu ynglŷn â'r hyn mae'r Beibl yn ei alw yn bechod, ond nad yw'n hoes yn ei dderbyn.

Rhaid cofio y bydd Duw, trwy ei Fab, yn barnu'r byw a'r meirw rhyw ddydd. Rhaid cofio hefyd, fod ganddo arch i'n hachub ni, er nad un pren fel eiddo Noa.

Crist yr arch

Os oedd adeiladu'r arch yn rhybudd o farn Duw, roedd hefyd yn gyhoeddiad o'i ras a'i drugaredd achubol. Gallai achub y credinwyr yn ogystal â dinsitrio'r di-gred. Ac mae hyn yn ein hatgoffa o neges yr efengyl. Er bod llwybr llydan yn arwain i ddistryw, mae hefyd llwybr cul sydd yn arwain i fywyd. Mae'r mynediad yn gul i fynd ato, ond mae gwahoddiad i bawb ddod drwyddo.

Iesu Grist yw'r unig ffordd at y Tad, yr unig Waredwr i bechaduriaid, gan iddo farw drosom ar Galfaria, ac mae galwad a gwahoddiad i bobl o bob lliw a llun i edifarhau a throi ato mewn ffydd, er mwyn cael eu hachub rhag barn a chosb dragwyddol am eu pechod yn erbyn Duw.

"Dyma Frawd a anwyd inni
erbyn c'ledi a phob clwy';......
Ffynnon loyw, Bywyd meirw,
Arch i gadw dyn yw Duw." A.G.

Wrth feddwl am hanes arch Noa, trist yw cofnodi bod cymaint o'i gymdogion wedi anwybyddu ei neges a boddi.

Gadewch i ni beidio ag anwybyddu neges achubiaeth yn Iesu Grist, rhag boddi am byth yn y llyn tân. Mae'n galw arnom i droi ato, i ddod ato, er diogelwch ein henaid, fel na chaiff pechod y gair olaf yn ein hanes ni.

"Dewch, disgynnwn, a chymysgu eu hiaith hwy yno, rhag iddynt ddeall ei gilydd yn siarad."
Genesis 11:7

Yn ôl Ethnologue, mae dros saith mil o ieithoedd yn cael eu siarad yn y byd. (2017) Mae paragraff cyntaf Genesis 11 yn dweud wrthym mai canlyniad gweithgarwch goruwchnaturiol Duw mewn barn yw hyn.

Roedd dynion yn benderfynol o godi eu hunain yn uchel a gwneud enw iddyn nhw eu hunain. Ymateb Duw oedd drysu cynllun drwg dynion trwy ddrysu eu hiaith. Gwnaiff yn siwr y bydd criw rhyngwladol o bobl yn dyrchafu ei enw Fe, sef tyrfa "o bob cenedl a'r holl lwythau a phobloedd ac ieithoedd" gaiff fod gerbron ei ogoniant am byth.

Casglu ynghyd
Mae hanes Babel yn dechrau gyda'r ddynoliaeth yn penderfynu dod ynghyd 'yn y dwyrain.' Mae'r dwyrain yn y Beibl yn cael ei gysylltu'n aml â mynd oddi wrth Dduw. Aeth Cain i'r dwyrain o Eden o bresenoldeb Duw, a Lot i'r dwyrain oddi wrth Abram. Dyw'r bobl yma ddim yn meddwl am Dduw nac yn awyddus i'w geisio a'i blesio.

Codi'n uchel
Yna daw'r syniad drwg a dieflig o godi tŵr yn cyrraedd y nefoedd mewn dinas arbennig. Mae archaeloegwyr wedi darganfod adeiladau o frics a thar ym Mesopotamia. Roedd hyn yn ddull adeiladu gwahanol i'r cerrig a morter yn yr Aifft a Chanan.

Nod y tŵr oedd cyrraedd y nef. Roedd gan y bobl syniadau mawreddog. Eu pwrpas oedd cael rhyw fath o fan cyfarfod rhwng daear a nef.

Roedden nhw eu hunain am gyrraedd at Dduw a bod fel Duw, sydd yn ein hatgoffa o demtasiwn y sarff i Efa ac Adda yn Eden.

Mae gweddillion nifer o dyrrau yn para hyd heddiw yn ardal Babilon. Darganfyddwyd twˆr teml Merodach yno ddiwedd y 19eg ganrif, yn ymestyn i gan metr a mwy o uchder.

Roedd y prosiect yn hollol ddyn-ganolog. Mae'r ddinas, ei thwˆr a'r enwogrwydd 'i ni;' pluen yng nghap dyn; ac mae'r un yn wir heddiw gyda'r cystadlu am y 'skyscraper' uchaf; Kuala Lumpur biau'r record.

Roeddent am gael enw iddyn nhw'u hunain yn ogystal.

Yn ôl y Testament Newydd, mae Duw wedi rhoi'r enw amlycaf ac uchaf i'w Fab: "Am hynny, tra-dyrchafodd Duw ef, a rhoi iddo'r enw sydd goruwch pob enw,... ac y cyffesai pob tafod fod Iesu Grist yn Arglwydd."

Mae'r Arglwydd yn dewis rhoi enw mawr i rai o'i ffyddloniaid hefyd. Caiff enwau Abraham a Dafydd eu gwneud yn fawr, oherwydd eu ffydd a'u ffyddlondeb i Dduw.

Doedd pobl Babel ddim am gael eu gwasgaru drwy'r byd chwaith. Roedd hyn yn gwbl groes i orchymyn Duw yn Genesis 1.28 ac 8.17. Felly anufudd-dod hunanol, annuwiol oedd y tu ôl i'r cyfan.

Crymu i lawr

Yna daw trobwynt yr hanes wrth i ni weld pethau o safbwynt Duw sydd "yn eistedd ar gromen y ddaear, a'i thrigolion yn ymddangos fel locustiaid." Defnyddir iaith ddynol i'w ddisgrifio yn disgyn i weld y ddinas a'r twˆr. Roedd cyrhaeddiad dyn mor bitw yng ngolwg Duw nes i ni gael y darlun ohono'n plygu'n isel i gael gweld twˆr Babel. Dyma osod dyn yn ei le, a chael perspectif cywir ar ei faint.

Cymysgu

Mae'r Duwdod yn penderfynu gweithredu, a daw'r cwbl i stop. Mae'n penderfynu cyfyngu ar eu bwriad rhag i bechod a drygioni fynd allan o bob rheolaeth. Mae'n gysur mawr i ni wybod hyn, oherwydd mae'n arwydd o ras Duw mewn gwirionedd. Dim ond Duw sy'n "gallu gwneud popeth, ac nad oes dim yn amhosibl i ti." (Job 42.2) Felly er ei fod yn fynegiant o farn Duw ar raddfa fawr, mae'n gymysg â thrugaredd gan iddo wneud darpariaeth i ddyn barhau i fyw ar y ddaear am amser hir.

Mae'n hamrywiaeth ieithoedd yn ein cadw rhag pechod Babel. Dydy dyn ddim i fod i godi'n uned gref annibynnol global. Gwasgarwyd pawb gan Dduw a gosodwyd ffiniau ieithoedd a thiroedd yn sgîl hyn.

Casgliad

Yn yr Ysgrthur, mae Babel a Babilon yn cynrychioli grym bydol sy'n gwrthwynebu Duw. Mae'n para heddiw, wrth gwrs, ond cyn hir bydd y 'butain fawr' yn cael ei dymchwel. Mewn gwrthwyneb, bydd yr Arglwydd Dduw yn codi teyrnas ei Fab a'r Jerwsalem newydd ei briodferch, er mwyn gwneud yn siwr mai Fe gaiff yr enwogrwydd tragwyddol, a'i bobl yn mwynhau bywyd bendithlon cyflawn yn ei gwmni gogoneddus.

Os dryswyd iaith y bobl gynnar, bydd pob iaith yn cael ei chynrychioli yn y nef a'r ddaear newydd gyda thyrfa ddi-rif yn plygu gerbron yr orsedd ac addoli Duw.

"A dewisodd Lot iddo'i hun holl wastadedd yr Iorddonen, a theithio tua'r dwyrain; felly yr ymwahanodd y naill oddi wrth y llall. Yr oedd Abram yn byw yng ngwlad Canaan, a Lot yn ninasoedd y gwastadedd, gan symud ei babell hyd at Sodom. Yr oedd gwŷr Sodom yn ddrygionus, yn pechu'n fawr yn erbyn yr Arglwydd."
Genesis 13:11-13

Wrth gael tynnu llun yn broffesiynol, mae'n bosibl cuddio brychau wyneb, cuddio person neu newid siap corff. Chwistrell baent (airbrushing) yw'r term am hyn. Fe ddywedir fod Oliver Cromwell wedi gorchymyn i Sir Peter Lely i wneud yn siwr fod y portread ohono'n ei ddangos fel yr oedd, 'warts and all.' Felly mae'r Beibl wrth groniclo hanes y saint sydd rhwng ei gloriau, a dyma enghraifft o grediniwr yn gwrthgilio, ac yn rhybudd i ni i beidio â gwneud yr un camgymeriadau â Lot cyfiawn.

Dewisiadau allweddol
Yn hanes Lot fe'i gwelwn yn gwneud nifer o benderfyniadau a'i harweiniodd i Sodom yn y pendraw, ble roedd y ffordd o fyw "yn artaith feunyddiol i'w enaid cyfiawn." (2 Pedr 2.8)

Gadael Abram
Cododd y sefyllfa oherwydd bendith Duw ar Abram a Lot. Roedd cymaint o anifeiliaid ganddynt nes bod y tir yn methu â'u cynnal. Awgrymodd Abram eu bod yn gwahanu gan roi'r dewis i Lot fynd i unrhyw gyfeiriad a fynnai. Mae'r Gair yn dweud bod Lot wedi dewis y gwastadedd ffrwythlon ger yr Iorddonen, oherwydd ei fod fel gardd ddyfradwy, yn deg iawn i'r golwg.

Dyma'i gamgymeriad cyntaf. Ni cheisiodd farn Abram ar y mater, na throi at yr Arglwydd mewn gweddi. Gwaetha'r modd fe ddilynodd 'trachwant y llygaid' yn hytrach na meddwl beth oedd ewyllys yr Arglwydd. Mae'n siwr ei fod yn rhagweld bywyd llawer haws yn y tir ffrwythlon o'i gymharu â'r mynydd. Gall hyn ddigwydd i ni hefyd wrth wneud penderfyniadau mewn bywyd ynglŷn â phob math o sefyllfaoedd. Mor addas yw Diarhebion 3: "Ymddiried yn llwyr yn yr Arglwydd, a phaid â dibynnu ar dy ddeall dy hun. Cydnabydda ef yn dy holl ffyrdd, bydd ef yn sicr o gadw dy lwybrau'n union."

Nesáu at Sodom.
Mae'n symud ei babell, ei gartref, yn nes at Sodom. Er bod y tir yn ffrwythlon, roedd bywyd moesol y ddinas yn llwm iawn. Roedd yr Arglwydd yn gweld Sodom yn hollol wahanol i Lot. Mae hyn yn ein hatgoffa o Paul yn Athen (Actau 17). Yn hytrach nag eistedd nôl ac edmygu adeiladau gwych y ddinas, "cythruddwyd ei ysbryd ynddo wrth weld y ddinas yn llawn eilunod."

Erbyn y bennod nesaf, ryn ni'n darllen bod Lot yn byw yn Sodom, a'i fod wedi ei herwgipio gan frenhinoedd oedd wedi ymosod ar rai o'r dinasoedd lleol. Erbyn ymweliad yr angylion ym mhennod 19, mae'n flaenor yn y ddinas, yn eistedd yn y porth. Wrth iddo ymgatrefu yn Sodom, does dim amheuaeth fod pyls ysbrydol Lot yn gwanhau bob dydd wrth iddo uniaethu â phobl annuwiol ac anfoesol. Er ein bod ni yn y byd, dyn ni ddim yn perthyn iddo. Dyn ni ddim yn dilyn ei lwybrau pechadurus. Mae'r Arglwydd Iesu yn gweddïo y byddai ei ddisgyblion yn cael eu cadw rhag y drwg, a'r Un drwg.

Lot o Sodom yn Lot
Pan ddaw dynion Sodom i fygwth treisio'r ddau ymwelydd nefol sy'n cael gwely a brecwast gyda Lot, mae'n mynd atynt i geisio tawelu pethau. Mae'n galw'r hwliganiaid yn frodyr (19.6), ac yna mae'n cynnig ei ddwy ferch iddyn nhw gael cyflawni trais-gang arnynt.

Pan mae'r angylion yn dweud wrth Lot fod Sodom ar fin cael ei dinistrio, ac yn ei rybuddio i gymryd ei deulu a ffoi, mae'n llusgo'i draed. Mae wedi colli pob perspectif ysbrydol. Mae'r Arglwydd ar fin bwrw peli swlffwr poeth ar y lle, ac eto mae Lot am aros yn ei fila moethus. Yn wir, yr oedd yn oedi gymaint nes bod rhaid i'r gweision nefol ei lusgo fel plentyn drwg a'i sodro tu allan i ffiniau'r ddinas gondemniedig.

Mae hyn yn her fawr i ni heddiw, yn byw yn un o rannau cyfoethocaf y byd. Ydym ni'n cadw perspectif ysbrydol a thragwyddol ar ein bywyd? Mor hawdd yw ymgatrefu mewn esmwythyd cnawdol gan anghofio Dydd y Farn, a'r angen i fyw yng ngoleuni dyfodiad Iesu Grist mewn sancteiddrwydd a chyfiawnder.

Mae'n drist bod Lot wedi colli pob hygrededd a dylanwad ysbrydol.

Doedd gwŷr y ddinas ddim am gymryd cyngor gan y dyn dwad.

Doedd ei feibion-yng-nghyfraith ddim yn gallu cymryd Lot 'bydol' o ddifrif wrth iddo ddechrau sôn am yr Arglwydd a'i farn.

Doedd ei wraig ddim yn hapus i adael Sodom, ac roedd cymaint o serch ganddi at y pwll dieflig nes iddi droi ei golwg yn ôl a chael ei gorchuddio â'r halen lleol oedd yn cael ei daflu i'r awyr gan y ffrwydradau poeth.

Diolch i'r Arglwydd am dynnu ffotograff cywir o Lot, i'n rhybuddio am berygl real gwrthgilio ysbrydol a'i ganlyniadau truenus.

"Yr oedd yntau'n oedi, ond gan fod yr Arglwydd yn tosturio wrtho, cydiodd y gwŷr yn ei law ac yn llaw ei wraig a'i ddwy ferch, a'u harwain a'u gosod y tu allan i'r ddinas."
Genesis 19:16

Dyma frawddeg ryfeddol yn disgrifio sefyllfa ac agwedd Lot wrth i Sodom wynebu dinistr erchyll oddi ar law yr Arglwydd.

Yr oedi
Pam yn y byd fyddai Lot yn oedi rhag ffoi am ei fywyd? A oedd yn ddyn annuwiol, anghrediniol oedd yn caru pechod ac yn gwbl gartrefol yn Sodom? Nac oedd! Roedd yn barod i rybuddio'i feibion-yng-nghyfraith yn ôl arweiniad y ddau angel (19.14). Dywed 2 Pedr 2.7-8 fod Lot yn "ŵr cyfiawn oedd yn cael ei drallodi gan fywyd anllad rhai afreolus; oherwydd wrth i'r gŵr cyfiawn hwn fyw yn eu plith, yr oedd gweld a chlywed eu gweithredoedd aflywodraethus yn artaith feunyddiol i'w enaid cyfiawn." Roedd gweld a chlywed yr holl bechod yn y ddinas yn ei glwyfo, ei boeni a'i frifo o ddydd i ddydd.

Roedd yn gwybod bod barn lem yn dod i lawr gan Dduw, roedd yn deall perygl y ddinas, ond roedd yn araf pan ddylai fod yn gyflym, yn tynnu nôl pan ddylai wthio mlaen, yn troi yn ei unfan pan ddylai fod yn hastio. Beth oedd yn gyfrifol am yr oedi anhygoel yma?

Yr olwg
Rhaid mynd yn ôl i bennod 13 o lyfr Genesis at yr amser yr oedd Abram a Lot, ewyrth a nai, yn cydfyw yn hapus gyda'u teuluoedd a'u preiddiau. Roedden nhw wedi teithio o'r Aifft i'r Negef, ac i Fethel, ac roedd cweryl yn codi rhwng eu bugeiliaid am nad oedd digon o fwyd mewn un man i gynnal eu preiddiau mawr.

Felly, dyma wahanu ar delerau cyfeillgar. Dyma Abram, y

bonheddwr, a'r hynaf, yn cynnig i Lot i fynd pa ffordd bynnag y mynnai, a byddai ei ewyrth yn mynd i gyfeiriad arall. Edrychodd y nai o'i gwmpas a gweld tir y gwastadedd wrth yr Iorddonen yn dir da a ffrwythlon. Yna darllenwn: "A dewisodd Lot iddo'i hun holl wastadedd yr Iorddonen..." (13.11). Dyma ddechrau trafferthion ysbrydol Lot. Yr oedd y tir yn ffinio â Sodom lle'r oedd y bobl yn ddrygionus ac yn llawn pechod. Mae'n sicr bod Lot wedi clywed am hyn. Dewisodd trwy olwg yn hytrach na thrwy ffydd. Ni feddyliodd beth fyddai'n well i Abram, beth fyddai'n well i'w enaid, ac eneidiau ei wraig a'i blant, ond edrychodd ar y prydferthwch allanol, er bod peryglon ysbrydol amlwg yn Sodom.

Pob tro y down i gysylltiad â Lot yn y penodau nesaf, mae ei wrthgiliad ysbrydol wedi mynd gam ymhellach.

Yn 13.12 fe glywn ei fod yn symud ar hyd y gwastadedd "hyd at Sodom". Mae fel plentyn yn chwarae gyda thân. Mae'n mynnu edrych a mynd yn nes a dyw hi ddim yn hir cyn y caiff ei losgi.

Erbyn 14.12 mae'n byw yn Sodom. Nid yn unig mae wedi symud i mewn, ond mae mewn trafferth. Mae grwp o frenhinoedd wedi bod yn gwasgu ar Sodom a threfi eraill, ac mae'r brenhinoedd lleol wedi penderfynu gwrthryfela, gyda chanlyniad trychinebus. Maen nhw'n cipio holl bobl Sodom a Gomorra, a'u bwyd, gan gynnwys Lot a'i deulu. Mae Abram yn gorfod mynd â'i fyddin i'w hennill yn ôl.

Yn 19.1 mae Lot yn eistedd ym mhorth Sodom, y man lle'r oedd henuriaid y dref yn arfer eistedd. Roedd wedi ymsefydlu yn ddyfnach fyth, felly. Dyma pryd mae'n adnabod yr angylion ac yn eu croesawu, wrth gwrs. Wrth i ddynion y ddinas fygwth yr angylion â thrais rhywiol, byddai Lot wedi 'aberthu' ei ferched iddynt onibai bod y dynion nefol wedi taro'r dihirod â rhyw fath o ddallineb.

Yn ofer

Er gwaethaf hyn i gyd, ofer fu amser Lot yn Sodom. Ni fu'n halen nac yn oleuni wrth fyw yng nghanol y ddinas ffiaidd. Does dim tystiolaeth iddo fod yn seren yn nhywyllwch Sodom a "t[h]roi llawer at gyfiawnder" (Daniel 12.3). Mae'n drist iawn i nodi nad oes dim effaith llesol ar ei deulu ei hunan hyd yn oed.

Er iddo fyw yno am flynyddoedd, dieithrin oedd yr Hebrewr yng ngolwg y Sodomiaid (19.9) heb unrhyw ddylanwad gwirioneddol. Yng ngolwg ei feibion-yng-nghyfraith yr oedd fel un yn cellwair wrth eu rhybuddio am y farn i ddod. Mae'n amlwg nad oedd wedi crybwyll cyfiawnder Duw o'r blaen, ac nad oedd yn amlwg iddyn nhw fod ei olwg ar sancteiddrwydd Duw. Ac wrth i'r farn ddechrau, yr oedd yn oedi!

Wrth olrhain hanes Lot, gallwn weld camau y gwrthgiliwr, y Cristion sy'n pellhau oddi wrth yr Arglwydd. Ni chollodd fywyd tragwyddol, ond ni fwynhaodd Sodom na'r Arglwydd. Ni fu'n gangen ffrwythlon i'r Wir Winwydden chwaith.

Diolch i'r Arglwydd am gofnod o hanes Lot sydd yn rhybudd ymarferol i bob Cristion ym mhob oes.

"Yna dywedodd, 'Cymer dy fab, dy unig fab Isaac, sy'n annwyl gennyt, a dos i wlad Moreia, ac offryma ef yno yn boethoffrwm ar y mynydd a ddangosaf iti.'"
Genesis 22:2

Dyma hanes rhyfeddol Bryn Moreia, a Duw yn dweud wrth Abraham i offrymu ei unig fab annwyl Isaac. Dyma'r mab y bu'n aros am flynyddoedd amdano; dyma'r mab oedd yn gyfamod Duw ag Abraham i'w fendithio, rhoi llinach iddo a bod yn fendith i'r holl fyd. Hoffwn edrych ar yr hanes fel cysgod o berthynas Duw y Tad a'r Mab annwyl, a'i barodrwydd i'w ddraddodi a'i offrymu drosom ni ar Galfaria.

Y mab annwyl
Roedd y mab yn annwyl iawn i Abraham ac yn cael ei alw'n unig fab – yr unig fab o'r addewid ac o'i wraig Sarah. Dyma gipolwg i ni ar y cariad oedd yn clymu'r Tad a'r Mab ers tragwyddoldcb, nid pymtheg neu ddeunaw mlynedd fel Abraham ac Isaac.

Codi'n fore
Mae Abraham yn codi'n fore i fynd ar y daith tri diwrnod i Moreia gydag Isaac. Dyma gysgod o'r Tad yn gosod y Mab o'r neilltu ar gyfer yr aberth yn gynnar iawn. Roedd Oen y Pasg hefyd yn cael ei neilltuo 4 diwrnod cyn ei ladd. Gallwn weld, felly, mai trefn a chynllun Duw oedd y groes, er bod dynion yn gweithredu hefyd. "Yr hwn oedd wedi ei ddraddodi trwy fwriad penodedig a rhagwybodaeth Duw," (Act.2.23) Dyma ddywed Pedr am yr Oen di-nam: "Yr oedd Duw wedi rhagwybod amdano cyn seilio'r byd..." (1 Pedr 1.20) Dyma ddarllenwn yn llyfr Datguddiad:
"Yr oen a laddwyd er seiliad y byd"

"Draw mi welaf ryfeddodau,
Dyfnion bethau Tri yn Un,
Cyn bod Eden ardd na chodwm
Grasol fwriad Duw at ddyn.
Ethol meichiau cyn bod dyled,
trefnu meddyg cyn bod clwy',
Caru gelyn heb un haeddiant;
Caiff y clod tragwyddol mwy." W.O.

Gadael y llanciau

Roedd beth ddigwyddodd ar fynydd yr aberth rhwng y tad a'r mab yn unig, ym Moreia ac ar Galfaria. Roedd y ddau lanc yn dystion at ryw bwynt, ond dim pellach – fel y ddau leidr a'r gwylwyr wrth y groes. Roedden nhw'n dystion allanol, ond allai neb weld beth ddigwyddodd yn ysbrydol rhwng y Tad a'r Mab, ac roedd arwydd o hynny yn y tywyllwch am dair awr.

Mab ufudd

Roedd Isaac yn ddigon hen i gario coed y poethoffrwm ac felly'n ddigon hen i wrthod ei dad, ond does dim sôn am hynny. Mae'n ufuddhau ac yn gario'r coed ar gyfer ei aberth ei hun, ac mae hynny'n gysgod hollol amlwg o gario'r groes. Mae'r tad a'r mab yn cyd-deithio felly, "Ac felly aethant ill dau ynghyd" (ad.6.&8). Gallwn weld hyn hefyd yn nyfodiad Crist i'r byd ac yn ei daith i Galfaria.

Mae'r Tad gyda'r Mab yn y bedydd wrth iddo uniaethu â phechaduriaid oedd angen eu golchi. Dyma'i gadarnhad i'w Fab: "Hwn yw fy Mab, yr Anwylyd; ynddo ef yr wyf yn ymhyfrydu." Yn y temtiad gwnaeth y Tad yn siwr fod ei angylion yn gweini ar y Mab ufudd. Ar fynydd y gweddnewidiad, llefarodd eto i ddangos ei fod yn ymhyfrydu yn ei Fab oedd wedi datgan wrth ei ddisgyblion mai Meseia dioddefus fyddai. Daeth angel eto i'w gyfnerthu yng Ngesthemane wedi iddo ildio'n llwyr i dderbyn y cwpan digofaint a dioddefaint o law y Tad.

Holi ac ateb

Mae Isaac yn holi am oen y poethoffrwm ac Abraham yn ateb y bydd Duw ei hun yn darparu'r Oen, neu, y bydd Duw yn darparu iddo'i hun oen. Mae hyn yn ein hatgoffa na allai neb arall fod yn aberth dros bechod dyn ac mai Duw fyddai'n gorfod ei ddarparu. Mae hefyd yn ein hatgoffa fod Duw yn paratoi aberth er ei fwyn ei hunan – er mwyn bodloni ei gyfiawnder ei hunan.

Cyfnewid a chodi'n fyw

Cymrodd yr hwrdd le Isaac. Dyma gysgod o Iesu Grist yn lle pechadur. Mae Isaac ar yr allor yn barod i farw yn ddarlun o bechadur yn ei bechod. Oherwydd darpariaeth Duw caiff ei ryddhau!

Cafodd Abraham Isaac yn ôl o farw – fel petae. "Oblegid barnodd y gallai Duw ei godi hyd yn oed oddi wrth y meirw; ac oddi wrth y meirw yn wir, a siarad yn ffigurol, y cafodd ef yn ôl." Heb.11.19. Dyma'r trydydd dydd ers eu cychwyn allan, ac roedd cael Isaac nôl o'r allor yn fyw yn gysgod plaen o'r atgyfodiad.

Diolch am hanes Moreia, pan brofwyd Abraham a diogelwyd Isaac ac addewid Duw. Diolch am y cysgod o Galfaria, ac am barodrwydd y Tad nefol i beidio ag arbed y Mab oedd yn fodlon dioddef er ein mwyn.

"Enwodd Joseff ei gyntafanedig Manasse – 'Am fod Duw wedi peri imi anghofio fy holl gyni a holl dylwyth fy nhad.'"
Genesis 41:51

Dyma gofnod o berson gafodd amser anodd iawn yn ei gartref ac yn ei fywyd cynnar, yn dod dros y cyfan gyda help Duw. Mae'n neges werthfawr a pherthnasol i bob oes.

Cefndir

Mae Joseff bellach yn brif-weinidog yr Aifft. O edrych arno yn ei safle o awdurdod a'i foethusrwydd byddai'n anodd dychmygu'r cefndir cythryblus ac anodd i'w fywyd. Mae'n sôn am ei holl gyni, yr adegau pan oedd popeth a phawb yn ei erbyn i bob golwg, ac am dylwyth ei dad a'i gwerthodd yn hytrach na'i ladd. Nid y rhain oedd y ffactorau mwyaf yn ei fywyd, serch hynny, ond yr Arglwydd, yr Un ryn ni'n darllen yn gyson amdano, ei fod 'gyda Joseff.'

Cartref chwerw

Mor hawdd y gallai Joseff fod yn chwerw wrth gofio'i fywyd cynnar gartref. Oedd, roedd yn dipyn o ffefryn i'w dad, a chafodd got laes fel arwydd o hynny. Byddai'n cario straeon am ddrygioni ei hanner-frodyr i'w dad, ac wrth gwrs, roedd meibion Bilha a Silpa'n ei gasáu â chasineb pur. Mae'n ymddangos fod ei dad wedi ei roi mewn sefyllfa beryglus wrth ei ffafrio gymaint ac wrth dderbyn, ac efallai annog yr adrodd nôl ar y lleill.

Serch hynny, roedd yr Arglwydd gyda Joseff a chafodd freuddwydion proffwydol ynglŷn â'i ddyfodol ef a'i deulu. Roedd yr Arglwydd am ddyrchafu Joseff yn uchel, a'i frodyr a'i rieni yn plygu iddo. Roedd hyn yn ormod i lawer o'r bechgyn hŷn, a dyma'i wawdio a chynllwynio i'w ladd. Trwy ymyrraeth Reuben arbedwyd ei fywyd, ac oherwydd syniad Jwda, fe'i gwerthwyd i'r Ishmaeliaid teithiol. Wrth edrych nôl, byddai teimladau cymysg iawn gan Joseff o'i lencyndod. Bu bron iddo gael ei lofruddio gan ei deulu agosaf, ac yn y diwedd fe'i gwerthwyd am ugain darn o arian.

Cyni

Wedi cyrraedd gwlad yr Aifft, fe'i gwerthwyd yn y farchnad fel caethwas. Potiffar, dyn uchel yng ngwasanaeth sifil Pharo, oedd ei feistr a'i berchennog newydd. Unwaith eto, ryn ni'n darllen fod yr Arglwydd gyda Joseff a'i fod yn llwyddiannus fel gwas, a chyn hir ei fod yn fwtler ac yn 'valet' i Potiffar.

Unwaith eto, aeth amgylchiadau yn ei erbyn mewn ffordd greulon ac annheg. Am iddo fod yn ffyddlon i Dduw a'i feistr, a gwrthod gorwedd gyda Mrs. Potiffar, cafodd ei gyhuddo ar gam a'i fwrw i garchar.

Yn y carchar, mae'r un patrwm yn datblygu eto. Mae'r Arglwydd yn ei fendithio ac yn peri iddo cael dyrchafiad ymhlith y troseddwyr, a thipyn o gyrfifoldeb gan y prif warden.

Yn ystod cyfnod y carchar daeth yn amlwg bod Duw wedi rhoi dawn denhongli breuddwydion i Joseff.

Esboniodd freuddwydion y trulliad a'r pobydd gan roi y clod i Dduw. Er iddo ofyn i'r trulliad i'w gofio gerbron Pharo, anghofiodd hwnnw'n llwyr amdano am ddwy flynedd gron. Siom arall.

"Cyfnewidiol ydyw dynion,
A siomedig yw cyfeillion;
Hwn a bery byth yn ffyddlon;
Pwy fel Efe!" M.Nunn (Cyf. Pedr Fardd)

Cofio ac anghofio

Er yr anawsterau, cafodd ei ddyrchafu'n ail i Pharo yn y pendraw. Cafodd wraig a daeth mab i'r aelwyd. Dewisodd yr enw Manasse sydd yn golygu 'peri anghofio' a dywedodd fod yr Arglwydd wedi peri iddo anghofio'i gyni a chwerwder ei gartref. Nid fod rhyw amnesia goruwchnaturiol wedi dod drosto, ond ei fod yn gallu chwarae i lawr yr elfennau caled ac anodd yn ei gefndir a chwyddo daioni yr Arglwydd. Nid oedd erioed wedi ei adael, ac roedd wedi rhoi'r fraint iddo o fod yn waredwr i'w deulu ac i'r Aifft ac eraill ar yr un pryd. Roedd wedi talu nôl iddo gymaint mwy na'i golledion. "A phob un a adawodd dai neu frodyr neu chwiorydd neu dad neu fam neu blant neu diroedd er mwyn fy enw i, caiff dderbyn ganwaith cymaint ac etifeddu bywyd tragwyddol." Mathew 19.29

Mor aml ryn ni'n darllen am bobl yn dioddef salwch amrywiol, yn cael anhawster cadw trefn ar eu bywyd gwaith a'r bywyd teuluol oherwydd amgylchiadau yn eu gorffennol. Aiff rhai yn gaeth i alcohol neu gyffuriau eraill. Caiff y stori drist yma ei hailadrodd o hyd ac o hyd. Onibai am yr Arglwydd, beth fyddai wedi digwydd i Joseff?

Dyma dystiolaeth glir ac arwydd pendant o'r gwahaniaeth anferth mae adnabod yr Arglwydd yn ei wneud i fywyd dynion. "Ni ddaw'r lleidr ond i ladrata ac i ladd ac i ddinistrio. Yr wyf fi wedi dod er mwyn i ddynion gael bywyd, a'i gael yn ei holl gyflawnder." (Ioan 10.10)

"Yna meddai Joseff wrth ei frodyr, "Dewch yn nes ataf." Wedi iddynt nesáu, dywedodd, "Myfi yw eich brawd Joseff, a werthwyd gennych i'r Aifft."
Genesis 45:4

Falle'ch bod chi wedi gwylio rhaglen deledu fel 'Long Lost Family' sy'n ceisio aduno perthnasau sydd wedi eu gwahanu ers blynyddoedd maith am wahanol resymau. Mae tipyn o gynnwrf pan gaiff y perthnasau hyn eu huno eto, gydag emosiwn mawr yn aml.

Dyma a welwn hefyd yn hanes Joseff yn penderfynu dangos pwy ydyw i'w frodyr ar ôl blynyddoedd mawr ar wahân oherwydd eu bod wedi ei werthu, yn eu cenfigen ohono, i Ismaeliaid. Ac mae'r cwbl yn gysgod o Iesu yn ymddangos i bum cant a mwy o'i ddisgyblion ar ôl ei atgyfodiad.

Datguddiad preifat

Mae Joseff yn methu â dal rhagor ac mae'n anfon allan ei holl weision er mwyn dangos pwy ydyw i'w frodyr. Nid prif weinidog fu gynt yn siarad yn hallt a drwgdybus, ond eu brawd. Roedd yn siarad yn eu mamiaeth ac yn sgwrsio'n dyner a chariadus.

Dyma gysgod bendigedig o'r Arglwydd Iesu yn datguddio'i hun yn fyw i'w ddilynwyr ofnus. Allai ddim disgwyl mwy nag ychydig amser ar y bore Sul hwnnw drannoeth Sabath y Pasg.

Doedd yr Eifftiaid ddim yn dystion i aduniad Joseff a'i deulu, a dim ond y rhai oedd wedi credu, derbyn a dilyn gafodd weld y Crist atgyfodedig.

Er bod y Testament Newydd yn cyhoeddi i bawb ei fod yn fyw, dim ond y rhai sydd yn credu ynddo fel Arglwydd a Gwaredwr personol sydd yn ei brofi, ei 'weld' yn ysbrydol.

Dyma ddarlun hyfryd o berthynas Iesu Grist â'i bobl. Dywed Heb. 2.11: "Dyna pam nad oes arno gywilydd eu galw hwy'n frodyr iddo'i hun."

"Hosanna, Halelwia,
fe anwyd Brawd i ni; ...
Brawd annwyl sy'n ein cofio
mewn oriau cyfyng caeth;
Brawd llawn o gydymdeimlad –
ni chlywyd am ei fath;"   D.W.

Y brodyr

Wrth feddwl am weithredoedd ei frodyr, mae caredigrwydd Joseff yn rhyfeddol. Doedden nhw ddim yn credu ynddo pan adroddodd ei freuddwydion; ond yn llawn gwawd, dirmyg, cenfigen ac atgasedd tuag ato; dyma nhw'n cynllwynio i'w ladd nes bod Reuben yn eu rhwystro; fe'i taflwyd i bydew sych cyn ei werthu am ugain darn arian.

Onid yw'r brodyr yn gysgod clir o'r Iddewon a'u hagwedd at Iesu? Onid yw'n ddarlun clir o'n hagwedd naturiol ysbrydol ni at ein Harglwydd Dduw fel pechaduriaid?

Ac wrth feddwl am y disgyblion yn cael gweld y Crist atgyfodedig, rhaid i ni gofio eu bod nhw hefyd yn rhai oedd wedi cysgu yng Ngesthemane yn hytrach na gwylio a gweddïo, eu bod yn rhai oedd wedi ffoi a gadael Iesu yn ei ddioddefaint, a bod un wedi ei wadu deirgwaith. Onid yw hyn yn ddarlun o'n methiannau a'n pechodau ni fel Cristnogion?

Tu ôl i'r cyfan, serch hynny, roedd cynllun achubol Duw. Cynllun yr Arglwydd oedd arbed Jacob a'i deulu oherwydd ei gyfamod ag Abraham y byddai ei had yn fendith i'r holl fyd – sef y Meseia Iesu. Felly fe drodd Duw ddrygioni'r brodyr yn fendith fawr i deulu Jacob a'r teulu dynol hefyd. Roedd rhaid i un o linach Abraham ddod yn Waredwr ac Arglwydd dynion, yn unol â bwriad grasol Duw i ddod ag achubiaeth i ddynion, a dod â "meibion lawer i ogoniant."

Lleoliad agos

Roedd eu brawd yn brif weinidog bellach ac yn eu gwahodd i ddod i fyw yn ei ymyl, er mwyn iddo ofalu amdanynt. Ar y Pentecost, fe ddywed Pedr "fod Duw wedi gwneud yn Arglwydd ac yn Feseia, yr Iesu hwn a groeshoeliasoch chwi." Nawr mae'r Efengyl yn ein gwahodd i ddod ato ac i fyw yn ei ymyl, mewn perthynas o ffydd a chariad.

Roedd teulu Joseff yn mynd i fyw yn saff ac yn gyfoethog ar gefn ei ddyrchafiad. Ac mae'r Cristion yn cael byw ar ras ein Harglwydd Iesu Grist, ar sail ei ddyrchafiad at ddeheulaw y Tad, trwy brofi ei ddigonedd ysbrydol mewn cariad a gofal a thangnefedd a llawenydd parhaus yn wyneb amrywiol brofedigaethau.

Tystion
Dyma Joseff yn siarsio'i frodyr i ddweud wrth Jacob a gweddill y teulu, gan eu bod yn llygad-dystion (ad.12). Dywedodd Iesu wrth ei ddisgyblion hefyd y byddent "yn dystion i mi yn Jerwsalem, ac yn holl Jwdea a Samaria a hyd eithaf y ddaear."

Diolch am y cysgod hyfryd o'n Iesu byw yn hanes Joseff. Diolch am gael ei 'nabod fel Brawd mawr, er gwaethaf ein pechod a'n methiannau fel ei ddisgyblion. Diolch am y gwahoddiad i fyw yn agos ato er mwyn cael cynhaliaeth helaeth a'r fraint o gael bod yn dystion iddo yn ein dydd.

"Yr oeddech chwi yn bwriadu drwg yn f'erbyn; ond trodd Duw y bwriad yn ddaioni, er mwyn gweld yr hyn a welir heddiw, cadw'n fyw llawer o bobl."
Genesis 50:20

Cefndir

Dyma Joseff, prif-weinidog yr Aifft, yn cysuro'i frodyr nad oedd am ddial arnyn nhw am ei gam-drin flynyddoedd ynghynt.

Mae'n gweld bwriad grasol y Duw daionus y tu ôl i'w symudiad poenus i wlad ddieithr.   Dyma gysgod hyfryd o efengyl Iesu Grist.

Concro'r creithiau

Does dim posib darllen na dilyn y newyddion heb gael ein hatgoffa fod bywyd i lawer yn llawn ergydion ac anawsterau dybryd. Yn ystod 2017 fe roed cryn sylw i fwlio, boed hynny mewn gweithle cyffredin neu yn Nhŷ'r Cyffredin. Gall person ddefnyddio grym sydd ganddo i fychanu a diraddio person arall. Gall fod yn fwlio geiriol, corfforol neu rywiol.

Gall canlyniadau hyn fod yn erchyll, dirdynnol ac ofnadwy i'r dioddefwr. Mae'n effeithio rhai am eu hoes. Gall effeithio ar eu perthynas â ffrindiau a pherthnasau agos hefyd. Gall olygu na allan nhw gynnal perthynas iach gydag eraill oherwydd eu dioddefaint. Oes posib dod dros y fath brofiadau, oed posib goresgyn y fath ergydion?

Enghraifft gobeithiol

Mae Joseff yn enghraifft o berson brofodd anawsterau ofnadwy yn ei fywyd cynnar. Bu'n destun gwawd ac yn wrthrych casineb a chenfigen i'w hanner-frodyr. Roedd rhai yn barod i'w ladd pan ddaeth Joseff atynt i Dothan. Y canlyniad oedd ei ddi-arddel a'i werthu i'r Ismaeliaid i fynd i wlad bell allan o'u ffordd am byth. Pwy all fynegi poen y gwawdio, y casineb a'r gwrthodiad hynny?

Yna yn yr Aifft, ar ôl cyrraedd cartref Potiffar fel caethwas, mae pethau'n gwella i Joseff, nes iddo wrthod apeliadau gwraig ei Feistr i orwedd gydag e.

Penderfynodd Joseff wneud y peth iawn, yng ngolwg ei feistr daearol ac yng ngolwg ei Dduw, a gwrthododd hi. Pendraw hyn oedd cam-gyhuddiad a charchar.

Ergyd ar ben ergyd

Dyna oedd profiad Joseff. Gwellodd pethau yn y carchar am gyfnod a bu'n help i drulliad y Pharo trwy egluro ystyr breuddwyd, a chafodd hwnnw ei adfer i'w swydd bwysig. Gofynnodd Joseff iddo roi gair da i Pharo ar ei ran, ond anghofiodd amdano pan wellodd ei amgylchiadau.

Os oedd gan rywun reswm i fod yn chwerw a chrac gyda dynoliaeth a Duw, Joseff oedd hwnnw. Dyma berson allai ddweud fod 'hawl' ganddo i ddial ar ei deulu ac ar ei gymdogion os bu un erioed.

Cyfle i ddial?

Yna pan fu farw Jacob roedd ei frodyr yn wirioneddol ofn fod dirprwy-bennaeth yr Aifft yn mynd i dalu'r pwyth yn ôl. I'r gwrthwyneb, siaradodd Joseff yn dyner wrthynt am ei fod yn gweld bod Duw wedi llwyddo i droi bwriadau drwg dynion yn ddaioni. Cadwodd deulu Israel yn fyw, oedd yn allweddol i ni gael Meseia maes o law.

Dyma'r Arglwydd oedd gyda Joseff, a dyma'r Arglwydd y bu Joseff gydag ef gydol ei yrfa. Doedd dyfnder pydew, anghyfiawnder y cam-gyhuddiad, drysau'r carchar na difaterwch y trulliad ddim yn rhwystr i'r Arglwydd fod gyda Joseff a gwneud yn siwr fod pob peth yn cydweithio er daioni iddo fe, fel i'r Cristion hefyd.

Yr efengyl

A dyna neges Efengyl y groes. Pan welwn yr Arglwydd Iesu ar y groes, fe'i gwelwn fel Un a oddefodd wawd, camdriniaeth corfforol, cam-gyhuddo ac anghyfiawnder plaen; a hefyd ganlyniad pechodau'r byd yn y tywyllwch eithaf.

Roedd diafol wedi cyflwyno pechod i ddynoliaeth ac i'r byd er mwyn ein dinistrio mewn tywyllwch ac anobaith tragwyddol ac uffernol heb Dduw.

Troes Duw y bwriad yn ffynhonnell daioni yn nioddefaint yr Arglwydd Iesu a'i fuddugoliaeth ar y trydydd dydd. Oherwydd hyn fe ddaw dynoliaeth newydd i fod, gyda dyn yn derbyn calon newydd trwy i'r Ysbryd Glân ei argyhoeddi a'i drawsffurfio i fod yn debyg i Iesu Grist yn y pendraw. Oherwydd hyn fe ddaw nef a daear newydd i fod, gydag ail-ddyfodiad Crist, a phechod a chyfiawnder yn cael eu gwahanu am byth.

Yng nghanol profiadau erchyll a dirdynnol bywyd, diolch y gallwn gymeradwyo Arglwydd sydd yn drech na phechod ac yn abl i lynnu wrthym trwy bob argyfwng, gan roi i ni ragflas nawr ar y fuddugoliaeth fawr a gawn pan ddaw eto mewn gogoniant.

"Beichiogodd hithau ac esgor ar fab, a phan welodd ei fod yn dlws, fe'i cuddiodd am dri mis."
Exodus 2:2

Dyma'r cyflwyniad i hanes Moses yn y Beibl. Mae'n hanes gwefreiddiol am Dduw yn codi arweinydd gostyngedig i dywys ei bobl o'r Aifft i wlad yr addewid.

Gorthrymder

Y peth cyntaf i sylwi arno yw cyd-destun genedigaeth Moses. Mae tua thri chant o flynyddoedd wedi mynd heibio ers amser Joseff, ddaeth yn brif weinidog yn yr Aifft.

Cafodd ei anrhydeddu a'i barchu'n fawr am arbed yr holl ardal rhag newyn ac oherwydd hynny cafodd ef a theulu Jacob groeso mawr a lle da yn Gosen. Erbyn hyn mae'r cof am Saffnath-panea wedi hen gilio, ac mae teulu Israel bellach tua dwy filiwn o rif. Mae'r brenin cyfredol yn gweld yr estroniaid niferus hyn fel bygythiad sylweddol â'r potensial o ymuno â gelynion yr Aifft tasen nhw'n penderfynu ymladd yn eu herbyn.

Oherwydd hynny, penderfynwyd rhoi llafur caled i'r Israeliaid; ond dal i dyfu wnaeth eu niferoedd. Y cam nesaf, felly, oedd rhoi gorchymyn i fydwragedd yr Hebreaid i ladd pob plentyn newydd-anedig oedd yn fachgen. Mae hyn yn ein hatgoffa o ddyddiau geni Iesu, ond hefyd o'n dyddiau ni, pan mae miloedd o fabanod wedi cael eu lladd yn y groth, cyn cael cyfle i fyw.

Gweithredoedd ffydd

Yn wyneb yr amgylchiadau hyn, roedd nifer o bobl Dduw wedi troi at eilunod. Mae Joshua yn sôn am "y duwiau y bu'ch hynafiaid yn eu gwasanaethu y tu hwnt i'r Ewffrates ac yn yr Aifft." (Josh.24.14). Serch hynny, roedd gan yr Arglwydd weddill ffyddlon oedd yn dal i'w addoli ac i ymddiried yn ymarferol ynddo yn eu bywyd bob dydd.

Roedd hyn yn wir am Siffra a Pua y bydwragedd. Ryn ni'n darllen eu bod yn parchu ac yn ofni Duw, ac yn fodlon bod yn anufudd i frenin yr Aifft, er y gallai hynny gostio'n ddrud iddynt siwr o fod. Felly, roedden nhw'n gadael i'r bechgyn fyw.

Aeth Pharo gam ymhellach eto, gan orchymyn boddi pob baban gwryw yn y Neil. Dyma'r union amser y ganwyd Moses. O ran cyfraith yr Aifft ni ddylai fyw, ond pan welodd ei rieni'r bachgen fe welson nhw rhywun arbennig oedd i fyw, a hynny trwy lygad ffydd.

Gweithred ffydd Amram a Jochebed oedd cuddio'r dyn bach yn y tŷ am dri mis, ac yna ei osod mewn basged wrth frwyn yr afon fawr. Roedden nhw'n ei weld yn rhodd gan Dduw, wrth gwrs, ac yn gweld trwy ffydd y byddai Duw yn ei fendithio. Unwaith eto, roedd yr Arglwydd yn bwysicach yn eu meddwl na Llywydd yr Aifft.

Gwerth ffydd

Dyma ni'n gweld y gwahaniaeth syrdanol y mae ffydd yn ei wneud yn ein bywydau, yn arbennig mewn amseroedd anodd a chroes. Roedd ffydd y bydwragedd a rhieni Moses yn rhoi tangnefedd buddugoliaethus iddynt. Oherwydd eu parchedig ofn tuag at Dduw, roedd hynny'n tynnu i ffwrdd ofn dynion. Roedden nhw'n osgoi'r fagl gas yna trwy bwyso ar eu Duw. Mae Hebreaid 11.23 yn dweud yn blaen nad oedd ofn gorchymyn y brenin ar Amram a Jochebed. Roedd eu ffydd yn y Duw mawr yn rhoi cadernid rhyfeddol iddynt yn wyneb llifogydd bygythiol Pharo. Dywed Salm 125.1 fod y sawl "sy'n ymddiried yn yr Arglwydd fel Mynydd Seion, ni ellir ei symud...."

Gwobr ffydd

Fe welwn, felly, fod ffydd yn dod â'i gwobrwyon gyda hi. Profodd yr Israeliaid ffyddlon hyn dangnefedd a chadernid, fel y nodwyd eisoes. Daeth gwobrwyon pellach hefyd. Cafodd Siffra a Pua blant o ganlyniad i'w ffyddlondeb i'r Arglwydd, a chafodd rieni Moses ei fagu gartref, a hynny am dâl, cyn ei weld yn mynd i balas brenin yr Aifft o bawb!

Mae hyn yn ein hatgoffa o air Duw yn 1 Samuel 2.30: "oherwydd y rhai sy'n fy anrhydeddu a anrhydeddaf, a diystyrir fy nirmygwyr..."

Rhaid cofio nad yw pob un ffyddlon yn profi gwobrwyon yn y byd hwn. Mae Hebreaid 11 hefyd yn ein hatgoffa fod rhai yn profi artaith, gwatwar, chwip, cadwynau a charchar a hyd yn oed golli eu bywyd. Er hynny, fe gawsant heddwch mewnol a nerth mawr ac addewid o 'atgyfodiad gwell'.

> *"Rwy'n gweled bob dydd*
> *Mai gwerthfawr yw ffydd;*
> *Pan elwy'i borth angau*
> *Fy angor i fydd:*
> *Mwy gwerthfawr im yw*
> *Na chyfoeth Periw;*
> *Mwy diogel i'm cynnal*
> *Ddydd dial ein Duw."*   *Morgan Dafydd, Caeo*

Gadewch i ni weddïo am ras i ymddiried yn llwyr yn yr Arglwydd yn ddyddiol, gan gofio esiampl ffyddloniaid y gorffennol, a chofio addewidion mawr ein Duw ar ein cyfer.

"Pan fydd eich plant yn gofyn i chwi, 'Beth yw'r ddefod hon sydd gennych?' Yr ydych i ateb, 'Aberth Pasg yr Arglwydd ydyw, oherwydd pan drawodd ef yr Eifftiaid, aeth heibio i dai'r Israeliaid oedd yn yr Aifft a'u harbed." Exodus 12:26,27

Pasg yr Arglwydd

Dyma hanes y Pasg cyntaf yn yr Aifft, a sefydlu Gŵyl flynyddol i gofio'r Arglwydd yn mynd heibio'r Israeliaid wrth weithredu barn ar yr Eifftiaid. Cadwodd Iesu'r Pasg gyda'i ddisgyblion cyn ei groeshoelio, ac mae'n amlwg ei fod ef yn Oen y Pasg i bawb sydd yn credu ynddo, fel bod barn Duw ar ein pechod yn mynd heibio i ni.

Yr Oen

Roedd oen yn golygu dafad neu afr gwryw blwydd oed. Roedd rhaid iddo fod yn ddi-nam, heb fod yn ddall, heb anaf, heb archoll, heb ddoluriau. Dywed 1 Pedr 1.19 fod Crist yn "Un oedd fel oen di-fai a di-nam." Roedd oen y Pasg yn gysgod o Iesu Grist heb bechod, yr unig Un allai gymryd ymaith bechod y byd.

Rhaid oedd ei ddewis pedwar diwrnod cyn ei ladd a'i neilltuo fel oen y Pasg. Eto dywed 1 Pedr 1.20 am y Crist, "Yr oedd Duw wedi ei ddewis cyn seilio'r byd, ac amlygwyd ef yn niwedd yr amscrau cr eich mwyn chwi sydd drwyddo ef yn credu yn Nuw."

Yna cafodd ei anfon i'r byd, a'i eneinio ar gyfer ei weinidogaeth o ufudd-dod hyd farwolaeth y groes.

Y Gwaed

Yna roedd rhaid ei ladd a gollwng ei waed, oherwydd roedd barn Duw ar yr Aifft ac roedd pob mab hynaf yn mynd i farw. Roedd Pharo wedi caledu ei galon yn erbyn Duw er gwaetha'r arwyddion o farn yn y naw pla ddaeth ar y wlad eisoes. Yr unig ffordd i'r Israeliaid fod yn saff oedd paentio gwaed yr oen o gwmpas drws y tŷ ac aros y tu mewn.

Mae hyn yn dangos i ni ein bod o dan farn Duw am ein pechod, ond bod lle saff i ni trwy gredu yn aberth Iesu Grist drosom ar y groes, a bod ei aberth Ef yn ein glanhau ni o bob pechod.

Cyfrifoldeb pob Israeliad oedd dilyn cyfarwyddyd Duw. Roedd angen lladd yr oen a rhoi ei waed ar ddrws pob cartref. Doedd cael gwaed ar ddrws y tŷ nesaf ddim gwerth. Mae hynny'n ein hatgoffa fod rhaid i ni gredu'n bersonol yn aberth Iesu Grist trosom. Rhaid cysylltu ein pechod ni ag aberth y groes. Rhaid cyffesu ein pechodau mewn edifeirwch a chredu bod marwolaeth Iesu yn ennill maddeuant i ni.

Bwyta
Roedd yr oen hefyd yn fwyd i bobl Israel yn eu tai. Bwyd ar gyfer y daith fawr o'u blaen i wlad yr addewid yng Nghanaan. Ac mae'r Cristion yn cael cynhaliaeth gyson ar ei daith i'r nef o farwolaeth Iesu Grist. Dyna pam bod Swper yr Arglwydd yn bwysig, i gofio cariad anfeidrol yr Arglwydd tuag atom, er mwyn cynnal a chryfhau ein ffydd, ein gobaith a'n cariad.

Roedd bara croyw i'w fwyta gyda'r oen. Roedd rhaid taflu allan pob lefain, sef toes wedi suro. Roedd yn arwydd o bechod, ac mae galw arnom o hyd i fwrw allan pob pechod yr ydym yn ymwybodol ohono.

Llysiau chwerw. Roedd y rhain yn rhan o'r pryd Pasg hefyd, ac yn arwydd o chwerwder bywyd yn yr Aifft. Mae hyn yn dweud wrthym am chwerwder caethiwed pechod. Dyna gyflwr naturiol dyn, ei fod o dan feistr creulon fel Pharo – sef Satan. Mae am gystadlu â Duw gan wrthod plygu i'r Arglwydd ar unrhyw gyfrif, beth bynnag mae'n gostio i'r rhai sydd o dan ei awdurdod. Anghofiodd yr Israeliaid am chwerwder yr Aifft wrth deithio yn yr anialwch, ac mae perygl inni anghofio am chwerwder bywyd heb Grist yng nghanol treialon y bywyd Cristnogol.

Ond, *"Mae nos a Duw yn llawer gwell*
na golau ddydd a Duw yn bell." G.P. Thomas

Roedd rhaid bwyta'r oen cyfan, ac mae'r Cristion yn porthi ar y cwbl sydd yn Iesu Grist. Y pen – sydd yn awgrymu ei feddyliau a'i eiriau yn y Beibl. Ei goesau – yn cyfleu ei ffyrdd a'i weithredoedd. Y tu mewn – ei galon a'i gymhellion, sef gogoneddu Duw a thosturio wrth ddynion mewn cariad.

Roeddent i fwyta ar frys, nid yn hamddenol fel petae'r Aifft yn gartref parhaol. Rhaid i ni gadw'n golwg ar ein hetifeddiaeth yn y nef hefyd. Wrth dderbyn y cymundeb, a swpera gyda'r Arglwydd, yr ydym yn gwneud hynny, "hyd nes y daw", oherwydd mai tamed i aros pryd ydyw.

Diolch bod "Crist, ein Pasg ni, wedi ei aberthu," ac y cawn ein cadw'n saff rhag barn Duw trwy gredu'n bersonol yn ei farwolaeth trosom, a chael ein cynnal ar ein taith i'r gogoniant nefol trwy gofio amdano a gwledda'n gyson arno.

"Pan gododd y gwlith, yr oedd caenen denau ar hyd wyneb yr anialwch, mor denau â llwydrew ar y ddaear... Dywedodd Moses wrthynt, 'Hwn yw'r bara a roddodd yr Arglwydd i chwi i'w fwyta.'"
Exodus 16:14,15

Dyma hanes enwog Duw yn darparu'r manna yn yr anialwch i'r Israeliaid grwgnachlyd ac anniolchgar. Mae'n tanlinellu amynedd a gras Duw ac mae'n gysgod o'r gwir Fara, a ddaeth i lawr o'r nef i roi bywyd i'r byd, sef Iesu Grist.

Cefndir
Mae'r Israeliaid wedi dod allan o gaethiwed a gormes yr Aifft, ac mae'n bosibl eu bod yn teithio ers rhyw fis. Maen nhw wedi gweld Duw yn anfon y plau ar yr Aifft, a llawer yn effeithio'r Eifftiaid yn unig. Maen nhw wedi gweld y môr yn gwahanu, colofn niwl a thân yn eu harwain, dŵr chwerw'n troi'n felys a ffynhonnau a chysgod palmwydd Elim.

Crintach
Serch hynny, wrth ddod i anialwch Sin maen nhw'n dal ati i achwyn ac edliw i'r Arglwydd am eu harwain i shwd dwll o le. Maen nhw'n anghofio'n fuan iawn am ddaioni gwyrthiol Duw er eu mwyn, ac am erchylldra'r Aifft. Mae'n debyg y byddai mynd nôl i gaethiwed yn well na phroblemau bywyd rhydd dros dro yn yr anialwch.

Mae'n wers i ni Gristnogion sydd ar ein pererindod ysbrydol ein hunain. Ryn ni wedi gweld rhyfeddod dyfodiad Duw mewn cnawd, ei fywyd a'i aberth yn ein lle ar y groes, yr atgyfodiad a dyfodiad yr Ysbryd Glân. Ryn ni wedi profi maddeuant a heddwch gyda Duw trwy bwyso ar Iesu Grist. Mae'r Testament Newydd yn dweud bod ein taith yn mynd i fod yn anodd ar brydiau, fel taith yr anialwch, ond y cawn ddod i wlad addewid y nef cyn hir. Mor hawdd yw i ni achwyn a grwgnach yn anniolchgar, ac anghofio mai problemau bywyd newydd sydd gennym, a bod yr Hollalluog Dduw o'n plaid, a'r Arglwydd Iesu yn addo i beidio byth â'n gadael.

Cynhaliaeth

Er gwaethaf cwynion y bobl, mae'r Arglwydd yn dweud trwy ei weision y bydd yn glawio bwyd ar ei bobl cyn nos a fore trannoeth. Daeth soflieir cyn clwydo, ac yn bore roedd rhyw gaenen (flake) ddu dros bob man. Nid 'cornflakes' ond bara nefol i gynnal pobl annheilwng yr Arglwydd.

Roedd yn gynhaliaeth wyrthiol ar gyfer y cyfnod hyn yn eu bywyd. Roedd digon ar gyfer pawb, fel byddech yn disgwyl gan y Duw holl-gyfoethog.

> *"Yr hollgyfoethog Dduw,*
> *ei olud ni leiha,*
> *diwalla bob peth byw*
> *o hyd â'i 'wyllys da;*
> *un dafn o'i fôr sy'n fôr i ni;*
> *'Nesáu at Dduw sy dda i mi.'"*   D. Jones

Roedd trefn a chynllun i'r ddarpariaeth hefyd. Am bum diwrnod byddai digon i bara un dydd ar y tro. Ar y chweched dydd byddai dwbl yn cyrraedd er mwyn gorffwys ar y Sabath. Wrth gwrs, bu'n rhaid i rai geisio cadw peth o fwyd y dydd cyntaf, ond aeth yn llawn pryfed a dechrau drewi. Yna, aeth rhai allan ar y Sabath er bod digon ganddynt ers y diwrnod blaenorol.

Mae hyn yn dangos dau beth i ni:

Mor anodd yw hi i'r natur ddynol ymddiried yn llwyr yn yr Arglwydd, ei addewidion a'i ffyddlondeb, er bod hynny'n gwbl amlwg drwy hanes yr Ecsodus.

Ein bod i bwyso ar yr Arglwydd bob dydd am ein cynhaliaeth ysbrydol, fel ein cynhaliaeth materol. Yn ein hoes faterol fras, mae'n hawdd i ni stocio bwyd am wythnos neu fwy, ac mae temtasiwn i ni feddwl yr un ffordd gyda'n cynhaliaeth ysbrydol.

Allwn ni ddim dibynnu ar fendithion ddoe yn ein perthynas â'r Arglwydd, er ein bod yn eu cofio ac yn diolch amdanynt. Mae'n bwriadu i ni dderbyn o'i law heddiw eto, trwy ddarllen, derbyn a gweithredu'i Gair, trwy weddi, addoliad cyhoeddus a'r ordinhadau.

Cysgod

Mae'r Arglwydd Iesu yn cyfeirio at y manna wrth ddisgrifio'i ddyfodiad i'r byd. Pan oedd Iddewon anghrediniol yn gofyn iddo am arwydd tebyg i'r manna gwyrthiol, dywedodd mai'r Tad nefol sy'n rhoi gwir fara i roi gwir fywyd i'r byd. Wrth iddynt ofyn am hwn, dyma Iesu'n datgan mai Fe yw Bara'r Bywyd. O ddod ato fe (fel yr Israeliaid yn mynd i gasglu'r manna), ei 'fwyta' (ei dderbyn yn bersonol fel ein Ceidwad), cawn fywyd tragwyddol – heb newyn na syched ysbrydol byth.

Diolch am hanes y manna, a diolch am Iesu, Bara'r Bywyd. Wyt ti wedi mynd i'w gasglu? Wyt ti wedi ei dderbyn a'i fwyta? Dyma'r ffordd i gael bywyd a digonedd tragwyddol!

"Pan weli fi'n sefyll o'th flaen ar graig yn Horeb, taro'r graig, a daw dŵr allan ohoni, a chaiff y bobl yfed." Exodus 17:6

Dyma hanes rhyfeddol yr Arglwydd yn darparu dŵr ar gyfer pobl gwynfanllyd Israel trwy fod Moses yn taro'r graig yn Horeb. Mae hwn yn gysgod gwych o'r efengyl, gyda tharo Mab Duw ar groes Calfaria er mwyn i fywyd tragwyddol lifo i galonnau pechaduriaid.

Cefndir

Mae'r Israeliaid wedi cyrraedd Rephidim dan arweiniad yr Arglwydd trwy Moses. Mae wedi cyflawni gwyrthiau er eu mwyn: yn troi dŵr chwerw Mara yn felys; yn eu harwain at ffynhonnau Elim; yn anfon bara angylion a soflieir. Nawr mae syched arnyn nhw. Unwaith eto maen nhw'n barod i rwgnach yn erbyn Moses a Duw. Yn ei ras mawr, mae'r Arglwydd yn darparu dŵr yn yr anialwch. Yn ôl y Testament Newydd, mae'r graig yn ddarlun o Iesu Grist: "oherwydd yr oeddent yn yfed o'r graig ysbrydol oedd yn eu dilyn. A Christ oedd y graig honno." (1 Corinthiaid 10.4) Mae craig yn un o'r teitlau am Jehofa geir yn aml yn yr Hen Destament: "Rhown floedd o orfoledd i graig ein hiachawdwriaeth." (Salm 95.1)

Cadarn.

Mae Bildad yn gofyn i Job: "A symudir y graig o'i lle?" Dyma ddarlun a gwirionedd hyfryd i'r crediniwr. Os yw'n adeiladu ei fywyd ar Iesu Grist a'i air, mae'n adeiladu ei dŷ ar sylfaen gadarn all wrthwynebu'r llifogydd, y gwyntoedd, y stormydd i gyd. Stormydd bywyd, storm angau a storm y farn.

Mae Iesu Grist yn dweud bod y sawl sy'n bwrw'i hunan arno Fe fel carreg llai yn cael ei dryllio ar graig; ond caiff y rhai mae'r graig yn syrthio arnynt eu malurio fel llwch.

Mae creigiau yn uwch na ni hefyd, yn sefyll allan ar y tirwedd. Ac felly mae'r Arglwydd Iesu Grist mewn hanes: Fe yw'r Duw cadarn, sydd yr un ddoe a heddiw ac am byth; yr un ddaeth o uchder gwlad goleuni; yr un a'i darostyngodd ei hun, ac a gafodd ei dra-dyrchafu a rhoi iddo enw sydd goruwch pob enw, sef ARGLWYDD.

Taro'r graig

Dyma gysgod o'r groes. Roedd y bara o'r nef yn gysgod o'i ddyfodiad mewn cnawd fel Bara'r Bywyd. Er mwyn rhoi bywyd i'r byd roedd rhaid ei daro â barn Duw. Roedd y taro â ffon Moses yn symbol o farn. Wrth daro'r Neil, daeth barn plau Duw ar Pharo a'r Aifft. Dywed Eseia 53.4,10: "Eto, ein dolur ni a gymerodd, a'n gwaeledd ni a ddygodd – a ninnau'n ei gyfrif wedi ei glwyfo, a'i daro gan Dduw, a'i ddarostwng...Yr Arglwydd a fynnai ei ddryllio a gwneud iddo ddioddef." Fe'i trawyd (o'i fodd) â melltith y Tad oherwydd ein pechod ni.

Y dŵr

Mae'r dŵr yn gysgod o'r Ysbryd Glân, rhodd Iesu Grist. Dyma'r rhodd a lifodd i lawr wedi i Grist gael ei groeshoelio a'i ogoneddu. Dyma oedd ei addewid: "Pwy bynnag sy'n sychedig, deued ataf fi ac yfed. Allan o'r sawl sy'n credu ynof fi, fel y dywedodd yr Ysgrythur, y bydd ffrydiau o ddŵr bywiol yn llifo. Sôn yr oedd am yr Ysbryd yr oedd y rhai a gredodd ynddo ef yn ynd i'w derbyn." (Ioan 7.37-39) Daw'r Ysbryd Glân â bywyd wrth iddo ein geni o'r newydd. Mae hyn yn cynnwys ein hargyhoeddi o bechod; cadarnhau ein mabwysiad; ysgrifennu Cyfraith Duw ar ein calon; aros gyda ni fel Diddanydd a Chyfnerthwr; ein sancteiddio trwy gynhyrchu ffrwythau gras ynom; ein nerthu i fod yn dystion.

Cwyno

Beth arweiniodd at daro'r graig? Nid addoliad twymgalon y bobl na mawl i Dduw am ei holl drugareddau rhyfeddol! Nid ufudd-dod parod a digwestiwn na hyder tawel chwaith. Na, grwgnach a herio'r Arglwydd fuon nhw unwaith eto. Eu protest oedd bod Duw wedi dod â nhw i'r anialwch i farw. Roedden nhw'n barod i labyddio Moses hyd yn oed.

Beth arweiniodd at groes Calfaria? Ein pechod ni, ein gwrthryfel a'n hameuaeth o Dduw ers amser Adda ac Efa. Dyma ddarlun gwych o ras Duw, yn llifo ar ôl taro'r Graig, sef Crist. Does dim maddeuant na chyfiawnhad i ni heb i'r Gwaredwr gael ei daro a'i gleisio gan Dduw.

Diolch fod bywyd tragwyddol i ni trwy Grist, y Graig a drawyd er ein mwyn. Mae'n galw arnom i ddod ac yfed ohono, sef credu ynddo.

"Mi glywais lais yr Iesu'n dweud
'Mae'r dyfroedd byw yn rhad;
O! Plyg sychedig un, ac ŷf,
O'u profi cei iachâd.'
At Iesu trois ac yfed wnes
O ffrydiau afon Duw,
A syched f'enaid dorrwyd byth –
Rwyf ynddo Ef yn byw." H. Bonar

"Yna adeiladodd Moses allor a'i henwi'n Jehofa-nissi," Exodus 17:15

Mae rhai wrth eu bodd yn gwisgo bathodyn neu sgarff neu'n cario baner, er mwyn dangos i bwy maen nhw'n perthyn, a phwy ydyn nhw.

Weithiau bydd Cristnogion yn gwisgo croes neu bysgodyn fel arwydd o'u ffydd yn Iesu Grist. Roedd yr enw 'Jehofa Nissi' ar yr allor yn Reffidim yn dystiolaeth i bobl Israel ac eraill, mai'r Arglwydd oedd baner buddugoliaeth a baner hunaniaeth Israel.

Reffidim

Mae'r Israeliaid wedi cyrraedd Reffidim ar eu taith i Ganaan. Maen nhw wedi cael dŵr o'r graig a nawr mae'r Amaleciaid yn dod yn eu herbyn. Ŵyr i Esau oedd Amalec, a bu ei ddisgynyddion yn ddraenen yn ystlys yr Israeliaid am flynyddoedd. Oherwydd eu gwrthryfel a'u penderfyniad i rwystro taith y genedl, cyhoeddwyd dedfryd lem arnynt gan yr Arglwydd. Dywedodd: "yr wyt i ddileu coffadwriaeth Amalec oddi tan y nef. Paid ag anghofio." (Deut.25.19)

Ffon Moses

Mae'r Arglwydd wedi rhoi buddugoliaeth i Israel. Ymateb Moses yw codi allor a'i henwi'n Jehofa Nissi, sef 'Yr Arglwydd fy maner.'

Mae'r gair gaiff ei gyfieithu 'baner' yn gallu golygu baner, lluman, polyn, ffon. Roedd Moses wedi codi 'gwialen Duw' uwchben y frwydr (ad.9). Tra roedd Moses yn ei chodi, roedd Israel yn ennill; os oedd yn ei gostwng yn ei flinder, roedden nhw'n colli. Pan gafodd help Aaron a Hur i gynnal ei freichiau a chodi'r ffon, byddai pobl Dduw yn ennill eto.

Dyma'r ffon yr oedd newydd daro'r graig â hi i gael dŵr (ad.6); cododd hi dros y Môr Coch i'w rannu (14.16). Cafodd ei defnyddio i weithredu chwech o'r plaau: troi dŵr yn waed; y llyffaint; y llau; y cenllysg; y locustiaid a'r tywyllwch.

Dyma'r ffon oedd ganddo yn ei law pan gafodd ei alw yn

anialwch Midian wrth y berth yn llosgi. Felly, roedd yn symbol o nerth a gallu buddugol Jehofa.

Baner

Ystyr arall i'r gair Hebraeg 'nes', felly, yw baner, pwynt ralio, lluman (ensign). Un pwrpas pwysig o ymgasglu o gwmpas y 'nes' oedd i fynd i ryfel. Roedd arferiad o'i gosod ar fynydd neu le uchel. Roedd y lluman yn arwydd o hunaniaeth y bobl, yn union fel baner Owain Glyndwr, baner y ddraig goch, neu faner Ysgol Sul slawer dydd mewn gorymdaith. Mae'r swydd o gario baner y wlad yn y gêmau Olympaidd yn anrhydedd fawr. Mae'n dweud wrth eraill pwy ydym, sut ryn ni am gael ein adnabod.

Yr Arglwydd yn faner

Ond nid ffon Moses oedd y faner fuddugol. Nid y croesbren llythrennol bu Crist farw arno yw ein baner ni chwaith, na llun neu ddelw neu fathodyn o'r groes. Yr Arglwydd ei hun yw'r faner. Yahweh yw'r 'nes'.

Mae Eseia hefyd yn personoli'r faner i olygu'r Meseia: "Ac yn y dydd hwnnw, bydd gwreiddyn Jesse yn sefyll fel baner i'r bobloedd; bydd y cenhedloedd yn ymofyn ag ef, a bydd ei drigfan yn ogoneddus.....fe gyfyd faner i'r cenhedloedd, a chasglu alltudion Israel; fe gynnull rhai gwasgar Jwda o bedwar ban y byd," (Es.11.10,12)

Felly, caiff y Meseia ei godi'n uchel yn ei groes a'i ddyrchafiad, i bawb o'i bobl ymgasglu o'i gwmpas - pobl wedi bod mewn caethiwed – ond nid caethiwed Babilon neu Assyria, ond caethiwed pechod ym mhedwar ban byd. Dyma bobl fydd wedi cael eu galw allan gan yr Efengyl, i ddod allan at y 'Faner', sef y Crist croeshoeliedig, a chael eu harwain nôl i 'wlad yr addewid', sef gogoniant y nefoedd. Dyma beth yw Cristion, a dyma beth yw eglwys. Pobl wedi ymofyn â'r Arglwydd Iesu, pobl wedi cael eu galw a'u casglu ato – dyma pwy ydyn nhw.

Ein baner ni yw'r Arglwydd, a neges y groes: "Oherwydd dewisais beidio â gwybod dim yn eich plith ond Iesu Grist, ac yntau wedi ei groeshoelio." (1 Corinthiaid 2.2)

Mae'r hanes yma yn dangos bod dyrchafu'r Arglwydd yn rhoi buddugoliaeth i'w bobl. Dyma ble cawn ni fuddugoliaeth yn erbyn pechod, diafol a'r byd. Rhaid cadw'n agos, rhaid cadw'n golwg, rhaid dyrchafu Iesu Grist ein baner ni; Iesu Grist, a hwnnw wedi ei groeshoelio. Dyma sut caiff teyrnas Crist ei lledu hefyd, trwy gyhoeddi neges y groes, a'r Arglwydd byw y mae galwad i ddod ato a chredu ynddo er mwyn cael bywyd tragwyddol.

Mor bwysig yw cynnal ein gilydd mewn gweddi wrth i ni gyhoeddi'r efengyl a brwydro yn erbyn ein gelynion ysbrydol. Diolch bod buddugoliaeth i ni mewn maddeuant, sancteiddrwydd a nefoedd yn y pendraw, oherwydd ein Baner bendigedig, yr Arglwydd Iesu Grist.

"Llefarodd Duw yr holl eiriau hyn, ... Wedi iddo orffen llefaru wrth Moses ar Fynydd Sinai, rhoddodd yr Arglwydd iddo ddwy lech y dystiolaeth, llechau o gerrig, wedi eu hysgrifennu â bys Duw."
Exodus 20:1; 31.18

Dyma gofnodi hanes Duw yn rhoi ei Gyfraith i Moses ar Fynydd Sinai; ar lafar, ac yna'n ysgrifenedig. Ysgrifennodd Duw y deg gorchymyn ar gyfer ei bobl, ysgrifennodd Moses yr holl gyfreithiau a roddwyd gan Dduw mewn llyfr, sef llyfr y cyfamod.

Beth ddylai agwedd y Cristion fod at y gorchmynion? Dyma rai pwyntiau i'n helpu:

Gair Duw
Y peth cyntaf i ddweud yw mai geiriau uniongyrchol Duw yw'r deg gorchymyn. Fe'u llefarodd wrth Moses mewn llais taranllyd o'r mynydd, ond hefyd fe'u hysgrifennodd ar lechau cerrig. Mae'r modd uniongyrchol o gyfathrebu yn gosod y deg gorchymyn ar wahân. Mae'r geiriau hyn yn adlewyrchu natur Duw ac yn amlinellu ewyllys Duw ar gyfer dynoliaeth gyfan, ac ar gyfer pobl Dduw yn benodol ym mhob oes.

Cymeriad Duw
Mae'r Dengair yn llawer mwy na rheolau dros dro i gadw trefn ar ddyn yn y byd hwn. Am eu bod yn adlewyrchu cymeriad Duw, maen nhw'n safon i bob dyn i fesur beth sydd yn iawn, ac yn rheol bywyd i'r bobl y mae Duw wedi eu prynu a'u gwaredu. Maen nhw'n dangos bod Yahweh yn unigryw ac yn ddifesur. Mae'n un sydd yn rhoi bywyd mewn cyflawnder, nid yn lladd, er yn cosbi pechod a phawb sy'n mynnu dal gafael ynddo. Mae'n un sydd yn caru ei bobl â chwlwm na all neb ei dorri. Mae'n Rhoddwr mawr na fydd byth yn ein dyled, ac mae'n ein hanrhydeddu â'r gwirionedd yn ei air.

Ewyllys Duw

Mae rhai yn amheus o'r gorchmynion am eu bod wedi eu geirio yn y negyddol. Serch hynny, pan roddodd Iesu grynodeb o'r gorchymynion fe ddyfynnodd o'r Hen Destament gyda geiriau cadarnhaol: "a châr yr Arglwydd dy Dduw â'th holl galon ac â'th holl enaid ac â'th holl feddwl ac â'th holl nerth.... Câr dy gymydog fel ti dy hun." Marc 12.30,31

Er bod y gorchmynion wedi eu mynegi mewn termau manwl negyddol, bwriad Duw yw i ni fyw yn ôl y gwrthwyneb cadarnhaol. E.e., "Byddwch yn ddiariangar yn eich dull o fyw; byddwch yn fodlon ar yr hyn sydd gennych." Heb.13.5. Mae bod yn fodlon yn golygu peidio â chwennych.

Adnabod pechod

Dywed 1 Ioan 3.4: "anghyfraith yw pechod", ac mae Paul yn dweud "ni buaswn wedi gwybod beth yw pechod ond trwy'r Gyfraith." (Rhuf.7.7) Mae'n bwysig iawn hefyd i sylweddoli bod pob pechod gaiff ei enwi yn y rhestr yn perthyn i 'deulu' o bechodau. Mae Iesu yn dweud bod godineb yn cynnwys y trachwant rhywiol o edrych ar rywun heblaw gŵr neu wraig briod mewn blys. Mae lladd yn cynnwys casineb, dicter a galw person yn ffŵl. Mae eilunod yn gallu bod yn unrhywbeth sydd yn cael lle Duw yn ein calonnau, nid dim ond delwau llythrennol.

Cyfamod Duw gyda'i bobl

Rhaid cofio taw rhan o gytundeb Duw gyda phlant Israel yw'r gorchmynion. Er eu bod yn dangos cymeriad a safon Duw i bawb, fe'u cyflwynwyd i genedl oedd eisoes wedi ei hachub o'r Aifft, ac ar y ffordd i Ganaan dywedodd Duw y bydden nhw'n bobl iddo ac y byddai E'n Dduw iddyn nhw, tasen nhw'n cadw'r gorchmynion. Rhoddwyd y llechau yn Arch y Cyfamod. Byddai'r mwyafrif llethol yn sathru'r gorchmynion dan draed, ond addawodd yr Arglwydd y byddai'n gwneud cyfamod newydd gyda'i bobl, cyfamod fyddai'n cael ei selio â gwaed Crist.

Mae'r Testament Newydd yn cadarnhau na all neb gael ei achub trwy gadw'r gorchmynion. "Oherwydd, 'gerbron Duw ni chyfiawnheir neb meidrol trwy gadw gofynion cyfraith." Rhuf.3.20 Yr unig Un sydd wedi eu cadw'n berffaith, ac wedi derbyn cosb Duw am eu torri dros ei bobl yw Iesu Grist.

Felly, mae Duw yn addo y bydd yr Ysbryd Glân yn rhoi'r awydd yn y Cristion i gadw'r gorchmynion o ddiolch a chariad at yr Arglwydd sydd wedi ei achub o'i bechod a'i dderbyn yn llawn trwy bwyso ar Iesu Grist, a'i aberth ar y groes.

Bryd hynny daw'r Gyfraith oedd yn fygythiad condemniol yn gyfaill mawr: "Parchaf dy orchmynion am fy mod yn eu caru, a myfyriaf ar dy ddeddfau." Salm 119.48

"O! Agor fy llygaid i weled
Dirgelwch dy arfaeth a'th air;
Mae'n well i mi gyfraith dy enau
Na miloedd o arian ac aur;" (M.R.)

"Na chymer dduwiau eraill ar wahân i mi."
Exodus 20:3

Dyma'r cyntaf o'r deg gorchymyn. Mae'n dweud wrthym y gall Yahweh fod yn Dduw i ni. Mae'n tanlinellu neges yr efengyl trwy ddweud y gallwn adnabod Duw. Gallwn ddod yn agos ato i'w addoli, ei ogoneddu a phrofi ei fod yn cwrdd â phob angen.

Mae hyn yn dweud wrthym ei fod yn Dduw grasol, sydd yn fodlon i ddynion ddod ato a'i adnabod fel Tad, Gwaredwr a Ffrind. Gall fod yn bopeth i ni os byddwn yn anwybyddu pob duw arall; gallwn brofi ei faddeuant, ei fywyd a'i nerth yn ein bywyd ni. Gallwn fod yn blant iddo ac etifeddu bywyd tragwyddol.

Dim ond Duw a Thad ein Harglwydd Iesu Grist all roi hyn i ni. Rhaid i ni wrthod pob duw arall fydd yn ein siomi wrth fychanu'r Duw mawr.

Duwiau eraill

Roedd byd y Dwyrain Canol yn amser Moses fel stondin 'Pick & Mix' o ran duwiau paganaidd y dydd. Yn yr Aifft, roedd duwiau fel Amun, Atum ac Osiris, heb sôn bod llawer o anifeiliaid a phethau eraill yn ymgorfforiad o ryw dduw. Yng Nghanaan, roedd Baal ac Asera ac Asteroth, heb sôn am Dagon (Y Philistiaid) a Cemos (Moab ac Amon). Roedd y duwiau hyn yn gysylltiedig â materion fel llwyddiant cynhaeaf a ffrwythlondeb, ac yn gysylltiedig â'r haul a'r lleuad – pethau mae'r gwir Dduw wedi eu creu.

Felly, mae Yahweh yn dweud wrth ei bobl i geisio gwir fendith ganddo Fe, y Creawdwr a'r Un oedd wedi eu hachub o gaethiwed yr Aifft. Mae'r Arglwydd yn dweud wrthym na ddylem adael i ddim na neb gystadlu â Duw am ein serchiadau, ein gobeithion na'n llawenydd pennaf.

Rhaid i ni beidio ag addoli'r hunan mewn balchder; rhaid peidio ag addoli creadigaeth Duw na'i roddion, trwy eu caru a chwenychu a disgwyl bodlonrwydd a chyflawnder ynddynt.

Ein 'duwiau' ni

Galla i ddychmygu rhywun yn dweud, "Ond dyn ni ddim yn addoli duwiau paganaidd heddi!" Dyw hynny ddim yn gwbl gywir. Mae rhai 'gwrachod gwyn' heddiw sydd yn addoli Natur a'r 'Fam Ddaear'. Maen nhw'n tybio eu bod yn dda, ond maen nhw'n addoli'r greadigaeth yn hytrach na'r Creawdwr. "Y maent wedi ffeirio gwirionedd Duw am anwiredd, ac addoli a gwasanaethu'r hyn a grewyd yn lle'r Creawdwr." (Rhuf.1.25)

Yn y Beibl, mae addoli unrhyw beth ond Duw yn golygu addoli eilun. Gall ein heilun fod yn "anfoesoldeb rhywiol, amhurdeb, nwyd, blys a thrachwant" (Col.3.5). Mae'n golygu addoli pleser rhywiol yn lle Duw sydd wedi rhoi perthynas rhywiol i ni ac wedi dweud wrthym beth yw ei ffiniau priodol, sef oddi mewn i briodas dyn a menyw. Mae Paul yn sôn am y bol fel duw i rai (Phil.3.19) er eu iddynt honni bod yn Gristnogion. Mae Ioan yn gorffen ei lythyr cyntaf trwy annog ei wrandawyr i ymgadw rhag eilunod. Mae wedi pwysleisio bod Iesu Grist yn Dduw mewn cnawd, ac felly byddai gwadu ei ddyndod yn golygu creu eilun – Crist ffals. Mae wedi pwysleisio'r gorchymyn i garu ein gilydd, a byddai gwrthod gwneud hynny yn gwadu neges y gwir Dduw. Mae hefyd wedi rhybuddio'i bobl i beidio â charu'r byd anghrediniol sy'n mynnu mai trachwant y cnawd a'r llygaid sydd yn y canol, ac nid Duw. Un o'n heilunod mwyaf yw'r Hunan, sydd yn mynnu cymryd y llwyfan yn ein meddwl a chael ei fwytho fel rhyw fwystfil mawr y tu mewn i ni.

Ar wahân i mi

Un o'r problemau mwyaf cyson gydag Israel yr Hen Destament oedd ei fod yn addoli'r Arglwydd a duwiau eraill ar yr un pryd. "Yr oedd y cenhedloedd hyn yn addoli'r Arglwydd, a'r un pryd yn gwasanaethu eu delwau." (2 Bren.17.41) Roedd dylanwad pobl o wledydd eraill yn creu addoliad cymysg o amrywiol dduwiau gyda'r Arglwydd yn un ymhlith llawer. Pan mae plentyn yn mynnu chwarae gyda rhywbeth nes tynnu ei sylw mewn dosbarth, bydd yr athro yn dweud wrtho i 'gadw hwnna o 'ngolwg i.' Dyna bwyslais y gorchymyn; does dim lle i unrhyw dduw arall ger ei fron. Roedd Cristnogion y Testament

Newydd yn cael eu temtio i fynd i demlau paganaidd er mwyn diogelu eu swyddi a chael dyrchafiad. Cawn ni ein temtio o hyd i ddal gafael ar ryw eilun neu'i gilydd ac addoli'r Arglwydd yr un pryd. Temtasiwn i dorri'r gorchymyn cyntaf yw hyn.

Diolch y gallwn adnabod yr Arglwydd Dduw fel ein Duw ni trwy ymddiried yn Iesu Grist. Gadewch i ni lynnu wrth y Tad, y Mab a'r Ysbryd Glân, yr Un Duw bendigedig a gofyn am ras i ymwrthod yn llwyr ag eilunod.

"Myfi aberthaf, er dy glod
Bob eilun sydd o dan y rhod;
Ac wrth fyfyrio ar dy waed
Fe gwymp pob delw dan fy nhraed." W.W.

"Na wna iti ddelw gerfiedig ar ffurf dim sydd yn y nefoedd uchod na'r ddaear isod nac yn y dŵr dan y ddaear;" Exodus 20:4

Dyma'r ail o'r deg gorchymyn. Mae'n gwahardd dychmygu sut un yw Duw a'i fowldio i'n siwtio ni, ac yna ei addoli.

Dychmygu Duw

Mae llun neu ddelw o Dduw yn mynd i darddu o'n dychymyg ni. Ond sut all ein meddwl ni wneud unrhywbeth ond crebachu Duw i fod yn llawer llai nag ydyw? Dechreuodd pechod fel ymateb i'r temtasiwn, 'a byddwch fel Duw..', ac effaith ein dyhead i fod ar lefel Duw, yw ein bod yn tynnu Duw i lawr i'n lefel ni. Mae hyn, wrth gwrs yn afreal ac yn amharchus.

Felly, mae'r ail orchymyn yn ein gwahardd rhag dychymygu'r gwir Dduw fel ni, neu rywbeth is na ni. Mae darlun yn y meddwl yn arwain at ddelw metal neu lun ar ganfas. Wrth greu'r llo aur roedd yr Israeliaid yn dychymygu'r Arglwydd yn nhermau nerth ond heb burdeb na doethineb. Roedd yn gwbl annigonol a gwarthus. Allwn ni fyth â derbyn y gosodiad, "Fel hyn rwy'n dychmygu Duw...."

Darlunio'r anweledig

Mae Duw fel petae'n dweud, "oherwydd fy mod yn Dduw byw, personol sydd yn Ysbryd anfeidrol a thragwyddol, rhaid peidio byth â'm darlunio'n weladwy, oherwydd mae'n amhosib i gyfleu y fath nodweddion." Pa fodel neu ddarlun allai awgrymu cariad a chyfiawnder tragwyddol yr Arglwydd? Pa mor ddawnus bynnag y bo'r cerflunydd neu'r artist mae ei ymdrech i ddarlunio a chyfleu Duw yn rhwym o fod yn llawer llai na digonol.

Roedd yr Israeliaid o hyd yn cael eu denu i addoli delw fel y llo aur, heb sôn am ddelwau o dduwiau eraill. Roedd hyn wedyn yn eu denu i bechodau eraill fel puteindra temlaidd, cyfeddach a hyd yn oed aberthu plant.

Y gwir Dduw

Mae Duw wedi dangos ei hunan mewn dwy ffordd:
Yn ei eiriau. Mae'r Beibl yn cyfleu Brenin y gogoniant mewn geiriau.
Pwrpas y geiriau sydd yn disgrifio sut un yw Duw, yw ein harwain
i'w addoli mewn ffydd. Does dim un gair yn dweud sut un yw Duw,
ond mae nifer fawr o eiriau'n cael eu defnyddio. Mae angen cadw
balans o'r geiriau a'r disgrifiadau i gyd wrth addoli Duw.
Yn ei Fab a ddaeth mewn cnawd – Iesu Grist. "Ef yw disgleirdeb
gogoniant Duw, ac y mae stamp ei sylwedd ef arno." (Heb.1.3)
"Hwn yw delw y Duw amweledig, cyntafanedig yr holl greadigaeth."
(Col.1.15)

Iesu Grist

Sut un oedd Iesu Grist? Fel pob datguddiad o Dduw yn y Beibl,
mae cyfuniad o drugaredd a phurdeb, tosturi a nerth, rhywun araf i
ddicter ond hefyd yn cyhoeddi barn. Rhaid i ni sylwi ar holl eiriau
Iesu Grist a'i holl weithredoedd i gael deall Duw. Mae rhai yn hoffi
cadw ffocws ar ei dynerwch, ond mae'r efengylau yn cofnodi sawl
'gwae' a gyhoeddodd ar Israeliaid oedd heb edifarhau, heb sôn am
ragrithwyr crefyddol. Mae llawer iawn hcfyd yn anwybyddu ei
gyfeiriadau at uffern yn ogystal â'r nefoedd. Dylai hyn ein plygu a'n
harwain i grefu am drugaredd, wrth droi at yr Arglwydd heddiw.
Mae Duw yn gariad ac yn oleuni. Mae pob un o'i briodoleddau yn
sanctaidd.

Mae gwahaniaeth barn ymhlith Cristnogion ynglŷn â darlunio
Iesu. Roedd yntau yn Dduw-ddyn. Mae llawer yn credu na ddylem
darlunio ei wyneb na chael person i'w actio mewn ffilm neu ddrama.
Mae eraill yn credu nad yw'r Testament Newydd yn ein gwahardd
rhag cael darlun o Iesu o Nasareth. Mae'r ffilm 'Iesu' gydag actorion
anenwog wedi ei ddefnyddio'n helaeth gan genhadon ledled y byd.
Mae un peth yn sicr – na ddylem fyth addoli darlun neu ddelw o
Iesu.

Cosb a thrugaredd

Mae'n gorffen yr ail orchymyn trwy ein hatgoffa ei fod yn Dduw eiddigeddus o'i ogoniant, sydd yn mynnu teyrngarwch llwyr. Mae unrhyw beth arall, llai na hynny, yn gelwydd, yn dwyll ac yn warth gerbron Duw ac yn gwneud niwed i ni. Mae Duw yn cosbi'r sawl sydd yn glynnu wrth bechod. Mae'n berffaith wir ei fod yn araf i ddig, ond mae llinell derfyn i'w amynedd rhyfedd os nad oes edifeirwch.

Mae'r Arglwydd Dduw yn berffaith gyfiawn wrth drin gelyn penderfynol fel mae'n haeddu. Mae hefyd wrth ei fodd yn trugarhau wrth y sawl sydd yn plygu ger ei fron mewn edifeirwch a ffydd, gan garu Duw trwy geisio cadw ei orchmynion mewn diolchgarwch.

"Na chymer enw'r Arglwydd dy Dduw yn ofer, oherwydd ni fydd yr Arglwydd yn ystyried yn ddieuog y sawl sy'n cymryd ei enw'n ofer."
Exodus 20:7

Dyma'r trydydd gorchymyn, ac mae'n sôn am ddefnyddio enw Duw yn wag, fel gyda rheg, ond mae'n golygu llawer mwy hefyd.

Pa mor aml mae person yn golygu beth mae'n ddweud? Pa mor gyson daw addewidion gwag a gosodiad na all ei brofi o'i geg? Pam caiff addewidion priodas, cytundeb busnes, neu addewidion cyffredinol eu torri mor gyson? Pam mae ein bywydau yn frith o addewidion torredig, p'un ai oherwydd malais, blerwch, hunanoldeb neu ddifaterwch pur? Yr ateb nad yw mai rhan o'n natur bechadurus yw'r anfodlonrwydd i gymryd ein geiriau o ddifrif.

Mae'r Beibl, serch hynny, yn ystyried addewidion ac addunedau yn ddifrifol iawn. Mae Duw yn hawlio ein bod yn cadw'n gair, oherwydd mae E'n gwneud hynny o hyd. Mae'r Ysgrythur yn cynnwys llu o addewidion ac mae saint yr oesoedd wedi profi eu bod yn wir ac yn ddilys ac yn cael eu hanrhydeddu gan yr Arglwydd.

Yn ofer

Mae'r gair yn dwyn y syniad o storm wynt yn ysgubo ardal nes ei gadael yn ddiffaith. Felly, mae hyn yn golygu geiriau gwag a di-bwrpas, heb ystyr na meddwl cadarnhaol ynddynt; geiriau heb galon ddidwyll y tu ôl iddynt.

Yr Arglwydd

Mae cofio bod gan yr Arglwydd enw yn ein hatgoffa mai person ydyw. Gallwn ei adnabod a dod yn agos ato mewn addoliad, mewn cariad a gweddi. Ystyr ARGLWYDD – Yahweh yw 'Ydwyf', sydd yn dweud wrthym ei fod yn bodoli ynddo fe'i hunan heb gynhaliaeth allanol. Fe yw ffynhonnell bywyd pawb a phopeth, Fe yw Cynhaliwr pawb, ac mae ganddo awdurdod dros bawb. Dylai'r enw ein gwneud yn ddiolchgar, yn addolgar ac edmygus ohono, ac yn ostyngedig ein meddyliau a'n geiriau ger ei fron.

Felly mae'r gorchymyn yn gwahardd defnyddio neu gynnwys enw Yahweh mewn ffordd arwynebol ac ysgafn, ac mae'n awgrymu tri pheth:

Amharch

Mae'n golygu siarad neu feddwl am Dduw mewn ffordd sy'n ei sarhau, gan anghofio a bychanu ei ddoethineb a'i ddaioni; fel petae Duw ddim yn gwybod yn well nac yn haeddu gwell. Cawn enghraifft o hyn ym mywyd Job. Arferiad Job oedd offrymu aberthau dros ei blant ar ôl iddyn nhw wledda, rhag ofn eu bod "wedi pechu a melltithio Duw yn eu calonnau." (Job 1.5) Ar ôl i'w blant farw, cafodd ei annog gan ei wraig: "Melltithia Duw a bydd farw" (2.9), ond gwrthododd wneud hynny. Roedd yn cofio daioni Duw iddo yn ei deulu, ac yn fodlon derbyn penderfyniad Duw i adael iddo golli'r plant nawr. Gwrthododd felltithio Duw a'i eiriau, oherwydd doethineb a daioni mawr yr Arglwydd.

Gall yr amharch yma ddod i'n crefydd a'n haddoliad hefyd. Ystyr lythrennol y gair 'cymer' yw 'codi.' Byddai arweinydd addoliad yn Israel yn "dyrchafu" enw'r Arglwydd. Gall hyn fod yn ganu emyn, yn weddi, yn bregeth neu wrth siarad mewn sgwrs crefyddol. Os nad yw'n meddwl a'n calon yn llwyr y tu ôl i'n geiriau, ryn ni'n torri'r trydydd gorchymyn.

Iaith anweddus

Ddylem ni fyth ynganu enw Duw os nad yw'n calon a'n hysbryd yn iawn. Nid gair llanw i'w ddefnyddio i fynegi teimladau di-Dduw yw enw'r Arglwydd. Mor aml defnyddir enw Duw – 'Jiw Jiw', neu'r Arglwydd – 'Rargol' neu 'Iesu' fel gair diystyr, mewn tymer neu ryw syndod isel mewn sgwrs am y tywydd. Os nad yw'n mynegi ffydd neu wir addoliad – mae'n gwbl wag ac yn hynod o haerllug. Tasem ni'n meddwl mwy am Dduw, ei ofal caredig a'i ragluniaeth hael dros ein bywydau, heb sôn am ei gariad yng Nghrist – byddem yn llai tebygol o ddefnyddio'i enw'n ofer mewn rhwystredigaeth.

Cadw gair

Mae torri unrhyw lw, adduned, addewid gydag enw Duw ynddo yn amharch gwarthus. "Nid ydych i dyngu'n dwyllodrus yn fy enw, a halogi enw eich Duw." (Lef.19.12) Roedd y Phariseaid yn dwcud, felly, y gallech dorri llw wedi ei dyngu i rywbeth cysegredig fel allor neu deml, tra bod enw Duw ddim wedi ei grybwyll yn benodol. Ond mynnai Iesu na allwn gadw Duw allan o unrhyw eitem neu sefyllfa. Mewn gwirionedd, caiff pob gair ac addewid ei yngan yn ei bresenoldeb, ac felly caiff ei gynnwys ynddynt. Felly, mae pob addewid yn gysegredig, a rhaid eu cadw.

Felly, bydd y person duwiol yn pwyso a mesur a defnyddio ei eiriau yn ofalus. Bydd yn gwneud addewid yn ofalus iawn ond yn ei gadw'n gydwybodol wedyn, gan wybod y byddai torri ei air yn dangos ei fod yn anghyfrifol, na all neb ddibynnu arno, a'i fod yn cyflawni pechod difrifol a niweidiol.

Diolch bod maddeuant am ein pechodau, diolch bod gair a geiriau Duw yn gwbl ddibynadwy, diolch bod yr Arglwydd Iesu'n rhoi gras i ni ddod yn debycach i'n Tad nefol.

"Cofia'r dydd Saboth, i'w gadw'n gysegredig."
Exodus 20:8

Dyma'r pedwerydd gorchymyn. Os yw'r cyntaf yn hawlio anrhydedd i Dduw mewn teyrngarwch, yr ail yn ei hawlio â'r meddwl, y trydydd â'n geiriau, mae'r pedwerydd yn ei hawlio gyda'n hamser.

Cofia

Mae'r gair cyntaf yn awgrymu bod cadwraeth o'r Saboth yn bod cyn Seinai. Mae Duw wedi bendithio'r seithfed dydd wrth orffwyso o'i waith creadigol. "Am hynny bendithiodd Duw y seithfed dydd a'i sancteiddio, am mai ar hwnnw y gorffwysodd Duw oddi wrth ei holl waith yn y creu." Gen.2.3 Hefyd, ni roddwyd Manna'r anialwch ar y seithfed dydd oedd yn "Saboth wedi ei gysegru i'r Arglwydd." Ex.16.23.

Achubiaeth

Mae Deut. 5.15 yn dweud: "Cofia iti fod yn gaethwas yng ngwlad yr Aifft, ac i'r Arglwydd dy Dduw dy arwain allan oddi yno â llaw gadarn a braich estynedig; am hyn y gorchmynnodd yr Arglwydd dy Dduw iti gadw'r dydd Saboth." Nid yn unig roedd y Saboth yn ddiwrnod i gofio gorffwys Duw, ond roedd yn gyfle i gofio achubiaeth Duw hefyd.

Ac ar Ddydd yr Arglwydd, dydd cyntaf yr wythnos, roedd Cristnogion yn cyd-gwrdd i addoli, gan gofio atgyfodiad Iesu oedd yn brawf bod pris ein pechod wedi ei dalu'n llawn ar Galfaria.

Tri dehongliad

I Thomas Aquinas y prior enwog o'r drydedd ganrif ar ddeg, a Phiwritaniaid Anglicanaidd Cyffes St.Steffan (a fabwysiadwyd gan yr Annibynwyr a'r Bedyddwyr gyda rhai newidiadau) yr 17eg ganrif, mater syml o gyfrif dyddiau mewn ffordd newydd oedd hi ers amser Iesu Grist. Mae cadw Dydd yr Arglwydd yn ffurf

Gristnogol ar gadw Saboth. Dywed Cyffes Ffydd y Bedyddwyr 1689: "Yr hwn o ddechrau'r byd hyd atgyfodiad Crist oedd y dydd olaf o'r wythnos; ond wedi atgyfodiad Crist, newidiwyd ef i'r dydd cyntaf o'r wythnos, yr hwn a elwir, Dydd yr Arglwydd...Saboth Cristnogol." Dyma ddarlleniad naturiol o'r dystiolaeth brin sydd yn y Testament Newydd.

Mae Adfentyddion y Seithfed Dydd yn dal i gadw'r Saboth ar ddydd Sadwrn, gan wadu bod newid wedi digwydd.

Mae llawer o Gristnogion eraill yn dilyn Awstin, oedd yn gweld y gorffwys a orchmynnwyd fel cysgod o'n gorffwysfa yng Nghrist, ac yn dod i'r casgliad bod y gorchymyn wedi ei ddileu bellach, fel holl gysgodion yr Hen Destament. Y rheswm dros gadw Dydd yr Arglwydd iddyn nhw yw mai dyna yw ymarfer traddodiadol yr eglwys yn hytrach na gorchymyn pendant gan Dduw.

Mae'r Sul traddodiadol Gymreig wedi dod o'r dehongliad cyntaf a dderbyniwyd gan dadau yr enwadau ymneilltuol. Dyna'r dehongliad y byddwn i yn ei dderbyn, oherwydd er bod gorffwysfa yn Iesu Grist, mae'r orffwysfa lawn i ddod eto yn y nef, ac mae'r Saboth yn rhagflas ohoni.

Cadw

O dderbyn Dydd yr Arglwydd fel Saboth Cristnogol, sut mae ei gadw heddiw? Ein hesiampl perffaith yw Iesu ei hunan. Doedd y Saboth ddim yn amser i gael difyrrwch ofer i'r Arglwydd, ond yn ddiwrnod i addoli Duw a gwneud daioni mewn gweithredoedd angenrheidiol a thrugarog. Byddai'n mynychu'r Synagog, yn iacháu, ac yn disgwyl i ddynion rhoi gofal i'w gilydd fel y bydden nhw gyda'u hanifeiliaid. Mae rhyddid rhag gwaith seciwlar yn sicrhau rhyddid i wasanaethu'r Arglwydd ar ei ddydd. Dywed Mathew Henry: "Gwnaethpwyd y Saboth yn ddydd o orffwys sanctaidd er mwyn iddo fod yn ddydd o waith sanctaidd. Dyw hamdden corfforol a hwyl teuluol ddim i'w hanghofio, ond daw addoliad a chymdeithas Gristnogol gyntaf."

Ein dyddiau

Mae'r gorchymyn yma yn hawlio anrhydedd i Dduw gyda'n hamser mewn rhythm o waith a gorffwys - chwe diwrnod o waith yn cael eu coroni gydag un o addoliad. Mae ei hawl ar ein Saboth yn ein hatgoffa mai Fe biau'n holl amser. Ei rodd ef yw pob munud i'w rhoi yn ôl iddo a'u defnyddio er ei glod.

> *"Cymer fy munudau i fod*
> *Fyth yn llifo er dy glod." F.R.H.*

Fel mae'r Cristion yn steward o ddoniau ac arian, mae'n steward ar y rhodd o amser gan Dduw. Mae'r apostol Paul yn sôn am brynu'r amser, ei brynu nôl rhag gwastraff gwag. Nod Satan yw i ni gamddefnyddio pob munud, yn hytrach na'u defnyddio er clod i Dduw. Nid rhuthr gwyllt yw hyn, ond bywyd trefnus o lafur a gorffwys, gwaith ac addoliad, gydag amser i gysgu, amser i'r teulu, i ennill cyflog, i wneud cartref a chael hamdden ..... a thra bod yr Arglwydd yn y canol, dyma wir ufudd-dod i'r pedwerydd gorchymyn.

"Anrhydedda dy dad a'th fam, er mwyn amlhau dy ddyddiau yn y wlad y mae'r Arglwydd yn ei rhoi iti." Exodus 20:12

Pan roddodd yr Arglwydd Iesu grynodeb o'r gorchmynion fe'u cywasgodd i ddau: "Câr yr Arglwydd dy Dduw â'th holl galon... 'Câr dy gymydog fel ti dy hun.' Ar y ddau orchymyn hyn y mae'r holl Gyfraith a'r proffwydi yn dibynnu." Mathew 22.37-40 Gyda'r pumed o'r deg gorchymyn y mae'r ail ddosbarth o orchmynion yn cychwyn.

Mae'r chwe gorchymyn olaf yn ymwneud â'n dylestwydd tuag at ein cymydog. Mae'r Arglwydd Dduw yn dechrau gydag uned sylfaenol pob cymdogaeth, sef y teulu. Does dim un genedl yn sefydlog a chryf os yw bywyd teuluol yn wan.

Anrhydedd

Mae'r Beibl yn pwysleisio disgwyliad Duw i rieni i ofalu a meithrin plant ac i blant barchu eu rhieni. Mae hyn yn golygu edmygedd mewnol yn cael ei fynegi trwy barch allanol yn eu hagwedd tuag atynt. (Lef.19.3; Heb.12.9) Y gwrthwyneb i'r parch yma yw gwatwar a dirmyg. (Diar.30.17) Yn yr Hen Destament roedd amharchu rhieni yn bechod difrifol iawn; gallai'r sawl fyddai'n melltithio rhiant gael ei ddienyddio, "Pwy bynnag sy'n melltithio tad neu fam rhodder ef i farwolaeth." Ex.21.17 Cafodd Cham (a'i fab Canaan) ei gosbi oherwydd iddo amharchu ei dad trwy dynnu sylw at ei noethni ar ôl iddo gael gormod o win cartref, tra bod ei ddau frawd wedi parchu Noa trwy gerdded tuag yn ôl a'i orchuddio. (Gen.9.20-25) Oherwydd hyn daeth melltith ar Ganaan a arweiniodd at ddileu ei ddisgynyddion o'u gwlad gan yr Israeliaid (disgynyddion Sem) yn amser Joshua.

Mae anrhydeddu yn golygu ufuddhau i'w gofynion cyfreithlon; ymateb i alwad i ddod, i fynd, i wneud rhywbeth ac i osgoi beth gaiff ei wahardd. Dylai plant wneud hyn yn fodlon, yn llawen ac o gariad. Mae gan blant ddyled fawr i'w rhieni am flynyddoedd o ofal a darpariaeth.dylen nhw dderbyn cerydd, hyfforddiant a chywiro, gan wneud y mwyaf o bob cyngor a chyfarwyddyd, er mwyn plesio eu rhieni. Mae angen arweiniad rhieni ar blant yn llawer mwy nag y maen nhw'n sylweddoli, ac mae ei wrthod yn eu gwneud yn dlawd iawn. Ar y llaw arall, dyw hyn ddim yn cyfiawnhau gormes nac agwedd feddiannol afresymol gan rieni, nac yn mynnu bod plant yn ildio i'r naill na'r llall. Dywed Eff.6.4: "peidiwch trin eich plant mewn ffordd sy'n eu gwylltio nhw" (B.net), ond yn hytrach dylai rhieni hyfforddi eu plant i barchu ac adnabod yr Arglwydd. Pan mae rhieni yn troi yn elynion i'w plant trwy gamdriniaeth difrifol neu trwy erledigaeth oherwydd y Ffydd, daw anufudd-dod yn ddrwg hanfodol.

Mae anrhydeddu yn golygu ceisio rhoi pob gofal a chysur i rieni mewn henaint a llesgedd. Gall hyn olygu eu cynnal yn ariannol os yw hynny'n angenrheidiol ac yn bosibl. Gofalodd Iesu am ei fam tra'n hongian ar y groes wrth drefnu bod Ioan yn cymryd gofal ohoni i'r dyfodol.

Condemniodd Iesu'r Phariseaid yn hallt am osgoi'r cyfrifoldeb hwn gyda rhagrith crefyddol. Roedden nhw'n dweud bod yr arian allai ofalu am rieni wedi ei addo i Dduw fel offrwm. "Yr ydych yn anwybyddu gorchymyn Duw ac yn glynu wrth draddodiad dynol." (Marc 7.8) Mae angen consyrn cariadus ar rieni hen, fel roedd angen consyrn cariadus ar blantos ifainc.

Mae'r Testament Newydd yn nodi'n glir fod amharch at rieni yn arwydd oesol annuwiol ac o wadu'r Ffydd: "Clepgwn ydynt, a difenwyr, caseion Duw, pobl ryfygus a thrahaus ac ymffrostgar, dyfeiswyr drygioni, anufudd i rieni." Rhufeiniaid 1.30 "Bydd pobl yn hunangar ac yn ariangar, yn ymffrostgar a balch a sarhaus, yn anufudd i'w rhieni, yn anniolchgar ac yn ddigrefydd." 2 Timotheus 3.2

Addewid

"Hwn yw'r gorchymyn cyntaf ac iddo addewid:" medd yr apostol Paul yn Effesiaid 6.2. Soniodd Duw am yr achubiaeth o'r Aifft wrth gyflwyno'r gorchymyn cyntaf (Ex.20.2) a nawr mae'n cyfeirio at yr addewid o fyw yn hir mewn gwlad newydd wrth gyflwyno ail ran y gorchmynion. Byddai eu dyddiau yng ngwlad yr addewid yn cael eu byrhau petai eu hymddygiad yn annerbyniol.

Mae Paul yn addasu'r addewid yn Effesiaid 6 gan ddweud: "er mwyn iti lwyddo a chael hir ddyddiau ar y ddaear." Nid bod pob Cristion sy'n parchu rhieni yn byw yn hir, ond mae plant sy'n gofalu am rieni yn fwy tebygol o gael budd o'r hyn a gasglodd ac a adwodd eu rhieni iddynt, ac mae'n sicr y bydd y rhai sy'n parchu ac yn cynnal eu rhieni yn siwr o brofi cynhaliaeth a bendith yr Arglwydd.

"Na ladd."
Exodus 20:13

Dyma'r chweched o'r deg gorchymyn, ac mae'n ein hatgoffa fod bywyd yn gysegredig; bywyd ein cymydog a'n bywyd ni'n hunain, ac mai nid ni biau'r hawl i ladd.

Mwrdwr

Byddai 'na lofruddia' yn fwy manwl-gywir. All y gorchymyn ddim bod yn cyfeirio at ddienyddio fel cosb gyfreithiol nac at ryfel, gan fod Duw yn galw am y ddau yn yr un llyfrau ag y ceir y gorchymyn yma. E.e., "Pwy bynnag sy'n taro rhywun a'i ladd, rhodder ef i farwolaeth." Ex.21.12; "Pan fyddi'n mynd allan i ryfel yn erbyn dy elynion, ... paid â'u hofni, oherwydd gyda thi y mae'r Arglwydd dy Dduw," Deut.20.1 Beth bynnag ein barn am y gosb eithaf a rhyfel, allwn ni ddim defnyddio'r chweched gorchymyn fel sail i'n dadl, oherwydd mae'n delio â moesoldeb preifat.

Sail y gorchymyn yw'r egwyddor bod bywyd yn gysegredig oherwydd mai rhodd Duw ydyw a bod dyn wedi ei greu ar ei lun a'i ddelw. Gweithredwyd y gorchymyn yn nyddiau Noa: "A dywallto waed dyn, trwy ddyn y tywelltir ei waed yntau; oherwydd gwnaeth Duw ddyn ar ei ddelw ei hun." Gen.9.6

Bywyd dynol yw'r peth mwyaf gwerthfawr a chysegredig yn y byd a chan Rhoddwr bywyd yn unig y mae'r hawl i'w gymryd. Ryn ni'n anrhydeddu Duw trwy adnabod a pharchu ei ddelw ynom. Mae'n golygu cadw bywyd a hybu budd ein gilydd ym mhob ffordd bosibl.

Malais

Mae'r gorchymyn hefyd yn gwahardd unrhyw falais a chasineb tuag at unrhyw berson a phob dial personol all godi o hynny. Mae'n anelu at yr awydd i 'wneud i ffwrdd' â rhywun arall a'i symud o'r ffordd, fel petae. Mae esboniad Iesu yn cadarnhau hyn: "bydd pob un sy'n ddig wrth ei frawd yn atebol i farn. Pwy bynnag sy'n sarhau ei frawd, bydd yn atebol i'r llys, a phwy bynnag sy'n dweud wrtho, "Y ffŵl", bydd yn ateb am hynny yn nhân uffern." Math.5.22 Gall casineb yn y galon fod yn gymaint o fwrdwr â thrais corfforol yn erbyn person. Mae'r ddeddf hefyd yn cynnwys creulondeb neu drais all wanhau neu fyrhau bywyd person arall. Erbyn hyn mae mygio a bomio yn fwy cyffredin mewn gwledydd a fu'n cael eu 'nabod fel rhai Cristnogol, tra bod arteithio a phoenydio a threisio'r ymennydd yn adnoddau cyffredin mewn militariaeth fodern.

Erthyliad

Mae'r chweched gorchymyn yn berthnasol i erthyliad hefyd. Mae geneteg yn dangos fod y baban yn y groth yn fod dynol sydd yn y broses o 'gyrraedd' ers amser y cenhedlu. Dyw'r ffaith na all fodoli y tu allan i'r groth am rai misoedd ddim yn amharu ar ei hawliau i'r un gofal ag y gaiff yntau, a phawb arall, ar ôl ei eni. Yr unig eithriad trist sy'n cyfiawnhau erthyliad yw'r achos prin pan fo bywyd y fam yn y fantol.

Hunan-laddiad ac Ewthanasia

Mae hunan-laddiad yn weithred gan berson sydd â'i feddwl wedi ei daflu oddi ar ei echel. Er nad yw hyn yn golygu fforffedu gras Duw, fel roedd pobl yn tybio un amser, eto i gyd mae'n drosedd yn erbyn y chweched gorchymyn. Gallwn ddweud yr un peth am ewthanasia, sydd naill ai yn hunan-laddiad trwy rywun arall, neu'n fwrdwr i gyfiawnhau diweddu diflasdod bodolaeth person, fel saethu ceffyl neu roi anifail anwes i gysgu. Dyw person sydd wedi ei greu ar lun a delw Duw ddim yn yr un dosbarth ag anifeiliaid, ac nid ni sydd â'r awdurdod i ddiweddu bywyd er ei fod yn boenus a chyfyngedig. Mae gadael i'r corff farw pan nad oes gobaith cael ymwybyddiaeth nôl yn wahanol i ewthanasia. Mae'r person, yn yr ystyr bwysicaf, eisoes yn farw yn yr achos yna. Rhaid i ni gydnabod y gall fod yn anodd iawn gwybod i sicrwydd na ddaw person yn ôl i ymwybyddiaeth.

Mae hil-laddiad milinyau o Iddewon a phobl anabl gan y Natsïaid a miliynau o Rwsiaid gan y Comiwnyddion yn yr ugeinfed ganrif yn ddwy esiampl o ble mae gwadu sancteiddrwydd bywyd yn ein harwain.

Llofruddion

Y gwir yw bod y potensial i gynddaredd a ffyrnigrwydd, ofn, eiddigedd, hunanoldeb, balchder, caledwch calon a chasineb arwain unrhyw un ohonom i fod yn lofrudd, o dan y cythruddiad iawn. Yn Genesis 4, yn gynnar iawn yn hanes y ddynoliaeth, fe welwn fel roedd eiddigedd a hunanoldeb wedi arwain Cain i ladd ei frawd – a dyna'r llofruddiaeth gyntaf erioed. Yn y pendraw, onibai am ras Duw, i'n hatal a'n hachub – dyna fyddai hanes pob un ohonom.

"Na odineba."
Exodus 20:14

Mae'r seithfed gorchymyn yn delio â phurdeb rhywiol, ynom ni ac yn ein cymydog. Mae'n dilyn y gorchymyn i beidio â llofruddio ac mae'n ein hatgoffa y dylem fod yr un mor ofnus o'r hyn sy'n llygru corff a meddwl, ag yr ydym o'r hyn sy'n lladd. Mae'r gorchymyn yma mor berthnasol heddiw ag erioed. Consyrn cymdeithas ein hoes ni yw diogelwch; diogelwch rhag canlyniadau llacrwydd rhywiol, mewn beichiogrwydd heb ei eisiau ac mewn trais rhywiol. Mae'n werth edrych eto ar ganllawiau ein Creawdwr ynglŷn â safle diogel rhyw, er mwyn i ni ei fwynhau fel y'i bwriadwyd ar ein cyfer gan Dduw.

Godineb

Fel y mae bywyd yn gysegredig, mae rhyw hefyd. Yn ôl y Beibl, mae'n neilltuol ar gyfer priodas rhwng gŵr a gwraig am oes, heb ymyrraeth rhywiol o'r tu allan. Mae'n dweud wrthym beth yw lle rhyw, a sut i'w gadw yn ei le.

Nid bod yr Ysgrythur yn ei drin fel tabŵ oes Fictoria. Mae rhannau o lyfr y Diarhebion a Chaniad Solomon yn dangos bod Duw, a'i dyfeisiodd, yn frwd o'i blaid – yn ei le priodol. Mae tân gwyllt yn hyfryd, yn bleserus a deniadol, ond rhaid eu mwynhau o dan yr amodau cywir i osgoi anafiadau difrifol a hyd yn oed marwol. Faint o broblemau ein hoes bresennol sydd yn codi oherwydd y cam-ddefnydd o ryw, ac o anwybyddu canllawiau Gair Duw!

Nid rhywbeth i gael pleser cyflym cnawdol ydyw; nid ffordd i ryddhad rhag tensiwn corfforol neu feddyliol, neu ateb i unigrwydd neu syrffed; nid cyfrwng chwaith i reoli neu gywilyddio person arall mohono, nac ymateb cnawdol i apêl rhywiol person. Mae cymhellion fel y rhain yn diraddio rhyw (er y cynnwrf byr-dymor) i fod yn rhywbeth rhad, dibwys, hyll sy'n gadael ymdeimlad o ffieidd-dra yn hytrach na gwir hyfrydwch ar ei ôl.

Ei briod le

Wrth greu Adda ac Efa, bwriadodd Duw i'r ddau fod yn un cnawd, fel bod y naill a'r llall yn sylweddoli eu bod wedi eu rhoi i'w gilydd i fod yn uned, gan fod angen ei gilydd arnynt i fod yn gyfan a chyflawn. "Nid da bod y dyn ar ei ben ei hun; gwnaf iddo ymgeledd cymwys." Gen.2.18 Dyma gwir gariad erotig, gwir serch, pan gaiff perthynas y pâr priod ei chyfoethogi wrth iddyn nhw ddod at ei gilydd ac 'adnabod' ei gilydd fel rhai sy'n perthyn i'w gilydd mewn ffordd sy'n cau eraill allan, heb ddal yn ôl. Ar ben hynny caiff plant eu geni o'r berthynas, sydd yn cyfoethogi'r uned deuluol yn bellach. Lle priodol rhyw yw priodas gŵr a gwraig am oes, ble mae profiad rhywiol yn tyfu'n fwy cyfoethog wrth i'r ddau gymar brofi mwy a mwy o ffyddlondeb cariadus ei gilydd yn y berthynas gyflawn.

Codi sgwarnogod

Mae'n dilyn na all rhyw tu allan i briodas (godineb os yw un neu'r ddau berson yn briod neu anlladrwydd os na) gyflawni bwriad a delfryd Duw, oherwydd nad yw'r fframwaith o ymrwymiad oes yna. Mewn perthynas all-briodasol, dyw'r naill na'r llall ddim wir yn caru ei gilydd, ond yn camdrin ei gilydd mewn gwirionedd, er eu bod yn cydsynio. Dyw defnyddio gweithred rywiol ar yr hunan ddim yn rhan o fwriad Duw chwaith; perthynas oes yw'r cyd-destun iawn, nid plesio'r hunan.

Caiff perthynas gyfunrywiol ei gwahardd a'i chondemnio gan yr Ysgrythur hefyd. Mae'n wir fod rhai yn brwydro gyda thueddiadau cyfunrhywiol, ond does dim rhaid gweithredu.

Dyw peidio â phriodi ddim yn bechod chwaith. Roedd Iesu'n ddibriod, a bu Paul (efallai'n sengl neu'n weddw) heb wraig gydol ei weinidogaeth. Dyw pawb sydd yn dymuno gŵr neu wraig briod ddim yn gallu ei gael, ond os yw Duw yn ein galw i sefyllfaoedd arbennig, bydd yn ein galluogi yn yr amgylchiadau hynny hefyd.

Arwyddbost

Mor hawdd yw colli ystyr, pwrpas a hyfrydwch rhyw. Ryn ni'n byw mewn oes oddefol sy'n mynnu cael bodlonrwydd rhywiol ym mhob ffordd – gan gredu y gellir osgoi'r canlyniadau. Ond gyda hynny ryn ni'n colli golwg aruchel o ryw sy'n ymhlyg yn y seithfed gorchymyn, sef bod rhyw ar gyfer perthynas lawn ac ymroddedig i'r pen, yn gyd-blethiad o serch, ffyddlondeb a bioleg, sydd yn ein paratoi ac yn ein helpu i brofi'r hyn y mae'n gysgod ohono, sef y wefr o fod wedi'n huno'n wirfoddol a rhydd mewn perthynas ddiddiwedd o gariad gyda Duw, trwy ymddiried yn yr Arglwydd Iesu Grist. Os down i adnabod Iesu Grist fel ein Priod, chawn ni fyth ein hysgaru na'n gadael na'n siomi ganddo Fe.

"Rwy'n dewis Iesu a'i farwol glwy'
Yn Frawd a Phriod imi mwy; .....
A bery'n ffyddlon im o hyd
Ymhob rhyw drallod yn y byd?" W.W.

"Na ladrata"
Exodus 20:15

Mae'r wythfed gorchymyn yn cyfeirio at eiddo – ein heiddo ni a meddiannau ein cymydog. Yn hytrach na meddwl beth allwn gymryd a chael, dylem geisio rhoi a bendithio'n gilydd.

Eiddo

Mae'r gorchymyn yn ymwneud â chyfoeth, tir, hawliau, amser a mwy. Dywedodd Martin Luther, "Nesaf at dy berson dy hun a'th wraig, dy eiddo bydol sydd agosaf atat, ac mae Duw yn bwriadu iddo fod ynghlwm wrthyt, ac felly mae'n gorchymyn na ddylai neb gymryd neu leihau eiddo ei gymydog."

Mae cyfreithiau dynol yn dweud bod perchennog yn rhydd i feddiannu a defnyddio eiddo fel mae'n dewis, tra bod benthyciwr neu ymddiriedolwr yn cael amodau ar ei ddefnydd o eiddo rhywun arall.

Mae'r Beibl yn dweud mai stewardiaid neu ymddiriedolwyr ydym ni ar yr hyn sy'n eiddo llawn Duw yn y pendraw – boed yn arian, eiddo, hawliau cyfreithiol neu deitlau. Yn nhermau dameg Iesu, y rhain yw'r 'talentau' neu'r 'codau arian' a fenthyciwyd i ni gan yr Arglwydd dros dro i'w defnyddio er ei fwyn. Bydd rhaid rhoi cyfrif am ein defnydd ohonynt rhyw ddiwrnod, pan ddaw Crist yr ail waith.

Lladrata

Daw'r temtasiwn i ddwyn, i amddifadu rhywun o'r hyn y mae'n berchennog cyfreithlon arno, oherwydd bod dyn syrthiedig yn reddfol yn awchu am fwy nag sydd ganddo, a mwy nag eraill. Roedd yr elfen gystadleuol a'r eiddigedd ddaeth ohono yn gynhwysion sylfaenol yng ngwrthryfel y diafol yn erbyn Duw (roedd am fod yn uwch ac yn gryfach), ac o gymhellion Cain wrth ladd Abel (roedd yn anfodlon fod Duw wedi derbyn aberth ei frawd a gwrthod ei offrwm yntau).

Gallwn ddweud hefyd fod balchder, twyll a rhagrith y tu ôl i ladrata. Ni fyddai'r un lleidr eisiau rhywun yn dwyn oddi arno, ond maen nhw'n gweld pethau'n wahanol, fel petaen nhw'n eithriad sbesial. Mae'n siŵr y byddan nhw'n gweiddi am gyfiawnder tase rhywun yn torri mewn i'w cartre nhw.

Dyw Duw ddim yn fodlon i ni gael unrhywbeth ond trwy ffyrdd anrhydeddus a chyfreithlon, a'r unig agwedd briodol at eiddo eraill yw consyrn gofalus fod perchnogaeth yn cael ei barchu'n llawn.

Sawl ffordd o ddwyn

Mae pob cyfraith erioed wedi gwarchod eiddo person, wedi condemnio dwyn ac wedi mynnu iawndâl – fel y gwna'r Ysgrythur (e.e., Numeri 5.7; Diarhebion 6.30ff) Sut arall allen ni gael bywyd cymdeithasol trefnus?

Serch hynny, mae'n werth cofio bod yr egwyddor yn ymestyn yn ehangach na hyn hefyd. Gallwn ddwyn amser person. Gall gweithiwr ddechrau'n hwyr, gorffen yn gynnar, ymestyn amser toriad a gwastraffu amser gweithio. Ar y llaw arall, gall cyflogwr bwyso ar weithiwr am amser ychwanegol heb fod unrhyw dâl am hynny.

Weithiau bydd cyflogwr yn dal cyflog yn ôl pan mae'n amser i'r gweithiwr gael ei gydnabyddiaeth. Mae'n ddwyn hefyd os nad yw'r crefftwr yn rhoi gwerth am arian. Mae'r Hen Destament yn condemnio clorian ffals (Deut.25.13-15;) a heddiw gallai olygu tafol twyllodrus, ond hefyd gorbrisio am waith a nwyddau, a chymryd mantais o anghenion eraill. Mae pob ffordd o or-brisio a gor-elwa yn ddwyn.

Mae peidio â thalu biliau mewn amser, a pheidio â chlirio dyledion hefyd yn ladrad. Mae'n amddifadu'r person o ddefnydd yr arian y mae hawl ganddo iddo. Mae'r Beibl yn ei gondemnio'n blaen iawn: "Peidiwch â bod mewn dyled i neb, ar wahân i'r ddyled o garu'ch gilydd." Rhuf.13.8

Mae'n bechod hefyd i ddwyn enw da rhywun, trwy glebran amdano tu ôl i'w gefn a lledu straeon sydd yn ei osod mewn golau gwael. Mae'r Gair yn gwahardd symud terfynau tir heb dalu am gael gwneud hynny.

Nid cymryd ond rhoi

Dywed Paul yn Effesiaid 4.28: "Y mae'r lleidr i beidio â lladrata mwyach; yn hytrach dylai ymroi i weithio'n onest â'i ddwylo ei hun, er mwyn cael rhywbeth i'w rannu â'r sawl sydd mewn angen." Dyma egwyddor bositif y gorchymyn. Os ydym yn caru cymydog byddwn yn llawenhau yn yr hyn sydd ganddo, ac yn fodlon yn yr hyn sydd gennym ni. Mae'r apostol Paul yn dangos y gallwn feddwl am rannu ag eraill wrth weithio'n galed ac nid cymryd eiddo rhywun arall.

Un o arthrawiaethau sylfaenol y Beibl yw fod Duw yn hoffi rhoi. Rhoi bywyd, rhoi ei Fab, Y Mab yn rhoi ei fywyd, rhoi gras, rhoi bywyd tragwyddol. Oni ddylem ni ei blant fod yn debyg iddo? "Dedwyddach yw rhoi na derbyn."

"Na ddwg gamdystiolaeth yn erbyn dy gymydog." Exodus 20:16

Dyma'r nawfed gorchymyn ac mae'n ymwneud ag enw da person. Mae'n gwahardd dweud celwydd mewn llys barn a hefyd yn ein bywyd cyffredinol bob dydd. Mae'n berthnasol iawn i bob un ohonom oherwydd ein bod yn gwybod am y temtasiwn i ddweud celwydd ac yn gyfarwydd ag ef fel rhan o brofiad bywyd bob dydd.

Cam – dystiolaeth

Mae dau air gwahanol yn Exodus a Deut. 5.20. Yn Exodus mae'r gair yn golygu 'di-sail', ac felly tystiolaeth, neges neu stori heb sylfaen y gwir. Yn Deuteronomium mae'r gair yn golygu gwag, ofer. Mae hyn yn dangos bod y geiriau gaiff eu dweud yn dwyllodrus, heb fod yn ddilys.

Mae'r gair 'tystiolaeth' yn ein hatgoffa fod y gorchymyn yn delio'n gyntaf â sefyllfa llys barn. Gan fod llawer o droseddau cymuned Israel yn rhai difrifol, byddai cam-dystiolaeth yn aml iawn yn golygu dienyddio'r person anghywir. Er mwyn diogelu yn erbyn hynny, roedd rhaid i dystion fod yn ddienyddwyr hefyd: "Dwylo'r tystion sydd i daflu'r garreg gyntaf i'w ddienyddio, a dwylo'r holl boblogaeth wedyn; felly y byddi'n dileu'r drwg o'ch mysg." Deut.17.7 Ryn ni'n gyfarwydd â'r fformiwla "y gwir, yr holl wir a dim ond y gwir" yn ein llysoedd ni sydd yn ein hatgoffa ei bod yn amhosibl i gael cyfiawnder heb y gwir. Mae hyn yn ein hatgoffa hefyd fod gor-ddweud, hanner y gwir a hyd yn oed tawelwch camarweiniol yn gelwydd mewn effaith.

Esiamplau Beiblaidd

Cawn enghreifftiau o dystiolaeth ffals difrifol iawn yn y Beibl. Trwy Jesebel bu dihirod yn rhoi tystiolaeth ffals yn erbyn Naboth i'w ladd a chymryd ei winllan: "a gosodwch Naboth i fyny o flaen y bobl, a dau ddihiryn i dystio yn ei erbyn, 'Yr wyt wedi melltithio Duw a'r brenin.'"

Yn y Testament Newydd cafodd Iesu a Steffan eu condemnio trwy dystiolaeth ffals: "Dywedodd hwn, 'Gallaf fwrw i lawr deml Duw, ac ymhen tridiau ei hadeiladu.'" Math.26.61, (cymh. Actau 6.11)

Celwydd cyffredinol
Dyw celwydd ddim yn gyfyngedig i anudon mewn llys wrth gwrs. Does dim dwywaith fod y gorchymyn yn gwahardd siarad twyllodrus a straegar yn ein bywyd bob dydd hefyd: "Nid wyt i fynd o amgylch yn enllibio ymysg dy bobl na pheryglu bywyd dy gymydog. Myfi yw'r Arglwydd." Lef.19.16 Mae hyn yn ein hatgoffa pa mor niweidiol a pheryglus yw siarad yn gelwyddog am rywun arall, ac wrth rywun arall. "Y mae geiriau'r straegar fel brath cleddyf, ond y mae tafod y doeth yn iacháu." Diarhebion 12.18

Cymhellion celwydd
Beth yw cymhellion celwydd? Wel, beth oedd cymhellion Satan wrth dwyllo Efa yn Eden? Gallwn weld malais a balchder y tu ôl i'w sibrydion ysgeler. Os ydym yn dweud celwydd i dynnu person i lawr, yna malais yw'r cymhelliad; os mai creu argraff, defnyddio person neu ei symud o'r ffordd yw'r nod, ac felly balchder yw'r gyrrwr.

Balchder Iddewig clwyfedig oedd y tu ôl i gam dystiolaeth yn erbyn Iesu a Steffan, a gall cymhellion eraill gynnwys ofn, dirmyg, dial, ymffrost, twyll ariannol a chael sylw am adrodd stori dda.

Duw yn dyst
Rhaid i ni gofio fod Duw yn dyst i'n geiriau, ac mae celwydd yn sen yn erbyn cymydog a'r Arglwydd, nad oes modd ei dwyllo.

Ar yr un pryd, mae'r Arglwydd yn dyst cywir: "Dyma mae'r Amen, y tyst ffyddlon a gwir, dechreuad creadigaeth Duw, yn ei ddweud:" Dat.3.14. Mae holl eiriau Duw yn wirionedd cadarn a di-gyfnewid. Mae tystiolaeth y Gair yn gnawd hefyd yn rhywbeth y gallwn ddibynnu'n llwyr arno, a mentro'n bywyd arno; "nid yw Duw fel meidrolyn yn dweud celwydd, neu fod meidrol yn edifarhau. Oni wna yr hyn a addawodd, a chyflawni'r hyn a ddywedodd?" Num.23.19 Bwriada Duw i ni fod yn debyg iddo, ac allwn fyth â bod yn dduwiol heb fod yn eirwir.

Celwydd cariadus

Beth am gadw gwybodaeth rhag claf mewn gwendid mawr, neu gadw gwybodaeth rhag gelyn mewn rhyfel? Caiff Rahab gymeradwyaeth yn Iago 2.25 am guddio ysbïwyr Joshua rhag swyddogion brenin Jericho.

Roedd Corrie Ten Boom o'r Iseldiroedd, yn dweud celwydd wrth y Natsïaid a'i chwaer yn gwrthod, wrth iddyn nhw guddio Iddewon. Os byddwn yn dilyn llwybr celwydd fel y lleiaf o ddau ddrwg, bydd dal angen edifarhau a cheisio maddeuant a chlirio'n cydwybod gerbron ein Tad nefol.

Boed i'r gwir fod yn gysegredig i ni, fel y mae i'n Duw sanctaidd.

"Na chwennych dŷ dy gymydog, na'i wraig, na'i was, na'i forwyn, na'i ych, na'i asyn, na dim sy'n eiddo i'th gymydog."
Exodus 20:17

Dyma'r degfed gorchymyn a nawr mae golau Duw yn symud o weithredoedd at agwedd meddwl. Dywed Mathew Henry fod y gorchymyn olaf yn 'taro wrth wreiddyn y mater.' Mae pawb ohonom yn gwybod am y teimlad ei bod yn 'fan gwyn fan draw' ac mae hynny'n gallu'n dallu i werth beth sydd gennym a'n cadw rhag bod yn fodlon gerbron Duw.

Tŷ dy gymydog
Nid yn gymaint y man lle mae'r cymydog yn byw sydd mewn golwg, ond ei eiddo cyfan, yn gartref a thylwyth. Yn Deut.5.21 daw'r wraig gyntaf yn y rhestr, sydd yn dangos mor allweddol yw hi yn nheulu ein cymydog. Roedd gweision a morynion yn asedau pwysig ac yn rhan o'r cartref, a'r ych a'r asyn yn gyfoeth oedd yn nodweddiadol o fywyd nomadaidd yr Oes Efydd. Heddiw, yn ein cymdeithas ni, byddem yn sôn am gyfrifiadur a char, peiriant golchi a sychu.

Chwennych
Mae'r gair Hebraeg sy'n golygu 'dymuno' yn air niwtral yn ei hunan. Gallwn fod yn chwennych a dymuno peth da neu beth anghywir. Pan mae'n ddymuniad i feddiannu eiddo ein cymydog mae'n bechod drwg. Mae'r apostol Paul yn dweud bod 'na chwennych' yn delio a'r chwantau anghywir sydd yn wreiddyn i'n natur lygredig, yn flagur y pechod sy'n cartrefu y tu mewn i ni, a dechreuad pob pechod cymdeithasol ryn ni'n ei gyflawni. "...ni buaswn wedi gwybod beth yw pechod ond trwy'r Gyfraith, ac ni buaswn yn gwybod beth yw chwant, oni bai fod y Gyfraith yn dweud, 'Na chwennych.'" Rhuf.7.7

Esiamplau Beiblaidd

Roedd y brenin Ahab eisiau meddiannu gwinllan Naboth, oedd drws nesaf i'w balas, er nad oedd ei gydwybod yn caniatáu i'r dyn o Jesreel i werthu'i etifeddiaeth a gafodd ei dylwyth gan yr Arglwydd Er mwyn cael y winllan, mae Jesebel yn cyflawni anghyfiawnder mewn 'achos' cyfreithiol llwgr gyda gau-dystion, ac yn trefnu lladd dyn diniwed.

Gwelodd Dafydd Bathseba yn 'molchi ac yn hytrach nac anghofio amdani wrth glywed ei bod yn wraig i un o'i filwyr dewraf, penderfynodd ei dwyn oddi wrtho. Yna fe orweddodd gyda hi ac er mwyn osgoi sgandal wrth glywed ei bod yn feichiog, trefnodd i'w phriod gael ei ladd. Felly, wrth dorri'r degfed gorchymyn, aeth Dafydd ymlaen i dorri'r wythfed, y seithfed a'r chweched.

Roedd trachwant Jwdas yn peri iddo dorri'r wythfed gorchymyn gan ei fod yn dwyn o'r gôd arian, ac yna torrodd y chweched a'r nawfed gorchymyn wrth fradychu Iesu fel y byddai'n cael ei ladd.

Bodlonrwydd

Mewn gwirionedd, mae'r gorchymyn olaf yn alwad i ni fod yn fodlon â'r hyn sydd gennym, beth mae Duw wedi ei roi i ni. Y bodlonrwydd yma yw'r diogelwch gorau yn erbyn temtasiynau i dorri gorchmynion pump i naw. Mae'r person anfodlon yn gweld eraill fel teganau i'w defnyddio er mwyn bwydo ei drachwant, tra bod y person bodlon yn rhydd i drin ei gymydog yn iawn. "Ac wrth gwrs y mae cyfoeth mawr mewn bywyd duwiol ynghŷd â bodlonrwydd mewnol." 1 Tim.6.6

Gwybod cariad Duw yn Iesu Grist yw'r un a'r unig ffynhonnell i wir fodlonrwydd:

> *"Dy gael di, Iesu, gyda mi*
> *Yw'r trysor gorau sydd." G.K. cyf. A.Jones*

Sut i'w gael

Dywedodd Iesu mai un gelyn i fodlonrwydd yw pryder (Math.6.25-34). Yn achos plentyn Duw (y Cristion), mae pryder – sy'n ddiwerth – hefyd yn ddi-angen. Mae'n Tad nefol yn gwybod ein holl anghenion, a'n gwaith ni yw ceisio yn gyntaf ei deyrnas a'i gyfiawnder, gyda'r addewid y daw popeth angenrheidiol i ni wedyn.

Mae'r apostol Paul yn dweud ei fod wedi dysgu sut i ddygymod â phob sefyllfa, boed yn llawnder neu brinder, trwy gadw'i olwg ar Grist sydd yn ei nerthu, a thrwy lawenhau yn wastadol yn yr Arglwydd. (Phil.4.4, 11-13) Mae Hebreaid 13.5-6 yn ein hannog i fod yn fodlon ar beth sydd gennym oherwydd addewid bendigedig yr Arglwydd na fydd byth yn ein gadael nac yn cefnu arnom.

Ryn ni wedi'n creu â dyheadau dwfn. Yr hyn sy'n allweddol yw gwrthrych ein dymuniad. Cawsom ein creu er mwyn Duw, ac felly fe ddown i'r man iawn wrth ddyheu am ei ogoneddu Ef a'i fwynhau. Mae'r Efengyl yn cyhoeddi genedigaeth newydd ac ail-gyfeirio dymuniad pechadur at y man iawn.

"Iesu, Iesu, 'rwyt ti'n ddigon
'Rwyt ti'n llawer mwy na'r byd;" W.W.

"Dywedodd yntau, 'Gwnaf i'm holl ddaioni fynd heibio o'th flaen, a chyhoeddaf fy enw, Arglwydd, yn dy glyw, a dangosaf drugaredd a thosturi tuag at y rhai yr wyf am drugarhau a thosturio wrthynt.'"
Exodus 33:19

Yn New Hampshire mae 'Hen Ŵr y Mynydd', sef darn o graig sy'n edrych fel wyneb hen ddyn. Dim ond o gyfeiriad y gogledd y gallwch ei weld. Yna mae Carreg Pitt ar y lôn rhwng Rhyd Ddu a Beddgelert, sydd yn broffil hynod o debyg i'r cyn-brifweinidog. Dim ond wrth fynd i gyfeiriad Beddgelert y gallwch ei weld. Dim ond yn hollt y graig y gallai Moses weld gogoniant Duw, a dim ond yn Iesu Grist, y Graig a holltwyd er ein mwyn, y cawn ni weld gogoniant Jehofa.

Cefndir
Wedi helynt y llo aur, roedd Yahweh wedi dweud na fyddai'n mynd gyda Moses a'r genedl i wlad yr addewid. Roedd yn fodlon anfon angel, roedd yn addo buddugoliaeth milwrol yn erbyn y trigolion presennol, ond doedd Ef ei hun ddim am ddod, am fod y bobl mor wargaled a styfnig yn eu pechod. Byddai'r Arglwydd yn debyg o'u dinistrio.

Mae Moses yn gwbl anfodlon â hyn. Mae'n atgoffa'r Arglwydd mai Fe a'i galwodd i arwain y bobl allan, ac mai ei bobl Ef oedden nhw.

Mae Moses am adnabod yr Arglwydd yn well ac aros yn ei ffafr, mae'n mynnu ei fod yn mynd gyda nhw, oherwydd dyna'r gwahaniaeth rhwng Israel a phob cenedl arall. Yna mae'n gofyn am gael gweld gogoniant Duw. Mae'n cael ateb cadarnhaol i bob cais, oherwydd mae pob un yn Dduw-ganolog, gan fod Moses yn dangos angen ac awydd am Dduw.

Mae'n hadnod ni yn dweud wrthym beth yw gogoniant Duw, a ble caiff Moses sefyll i'w weld.

Beth yw gogoniant yr Arglwydd?

Ei ddaioni

Ers gardd Eden, mae Satan wedi plannu amheuon ynglŷn â daioni Duw yn ein meddyliau a'n calonnau. Roedd y sarff yn gwrthddweud gair Duw – na fydden nhw farw; roedd hefyd yn dirmygu cymhellion Duw – mai ei nod oedd eu cadw nhw lawr a'u rhwystro rhag bod fel Duw. Ers hynny, dyw daioni Duw ddim yn glir nac yn amlwg i'r meddwl dynol naturiol.

Ei enw

Mae enw Duw yn cyfleu cymeriad Duw. Roedd Moses wedi clywed yr enw o'r blaen ger y berth yn llosgi: "Yr Arglwydd (YDWYF), Duw eich tadau, Duw Abraham, Duw Isaac a Duw Jacob.... Dyma fy enw am byth, ac fel hyn y cofir amdanaf gan bob cenhedlaeth" (3.15) Mae'n Dduw y presennol parhaus. Allwn ni fyth ddweud, 'roedd Duw yn arfer bod fel hyn a hyn.' Mae awydd gan ddyn i gofio'i hun trwy gofeb neu ddelw neu ddarlun. Mae hynny'n anghywir ac amhriodol gyda Duw sydd yr un o hyd. Allwn ni ddim dweud chwaith, 'bydd Duw yn hyn a hyn rhyw ddiwrnod,' oherwydd mae'n gyflawn a digyfnewid.

Wrth gyfeirio at y teitl Duw Abraham... mae Iesu'n egluro bod hyn yn profi mai Duw y rhai byw ydyw. Nid yn unig ei fod Ef yr Un ym mhob cenhedlaeth, ond bod ei bobl gydag Ef nawr ar ôl iddynt farw.

Trugaredd a thosturi

Wrth fynd heibio i Moses dyma gyhoeddiad Duw: "Yr Arglwydd, yr Arglwydd, Duw trugarog a graslon, araf i ddigio, llawn cariad a ffyddlondeb; yn dangos cariad i filoedd, yn maddau drygioni a gwrthryfel a phechod, ond heb adael yr euog yn ddi-gosb." (34.6,7) Nid yw'n delio â ni fel ryn ni'n haeddu; mae'n rhoi bendithion yn rhad heb ddibynnu ar hawl y gwrthrych; mae'n fodlon gwneud cyfamod o gariad gyda dyn i fod yn Dduw i ni a ninnau'n bobl iddo Fe; mae'n faddeugar ac yn amyneddgar iawn gyda ni heb ruthro i ddinistrio mewn barn; mae'n cosbi'r sawl sydd yn glynnu wrth ei bechod.

Ble cawn ei weld?

Roedd rhaid i Moses sefyll ar graig yn ymyl Duw. Dyma ddarlun hyfryd o Iesu Grist. Roedd Ef, fel Duw y Mab, gyda Duw y Tad ers tragwyddoldeb. Mae fel craig i ni adeiladu'n bywyd arno, fel yr adeiladwr call. Mae'n garreg sylfaen i'r eglwys, yn gonglfaen – y garreg a wrthodwyd gan yr adeiladwyr, ond nawr rhaid i bawb bwyso arni.

Hefyd cafodd ei roi mewn hollt yn y graig. Mae hyn yn gwneud i ni feddwl am y groes a'r aberth iawnol, a agorodd y ffordd i ni weld gogoniant Duw a'i adnabod.

"Graig yr oesoedd! cuddia fi,
er fy mwyn yr holltwyd Di;
Boed i rin y dŵr a'r gwaed,
Gynt o'th ystlys friw a gaed,
Fy nglanhau o farwol rym
Ac euogrwydd pechod llym." A.T. Cyf. Afallon

Diolch am hanes Moses yn cael gweld gogoniant Duw ar Sinai, a diolch bod Duw wedi gweld yn dda i fwrw goleuni "yn ein calonnau i roi i ni oleuni'r wybodaeth am ogoniant Duw yn wyneb Iesu Grist."

"Y mae'r bwch i ddwyn eu holl ddrygioni arno'i hun i dir unig, a bydd y dyn yn ei ollwng yn rhydd yn yr anialwch." Lefiticus 16:22

Yn Port Sunlight, pentref y Brodyr Lever ar benrhyn Cilgwri mae amgueddfa ac oriel sydd yn cynnwys nifer fawr o luniau, cerfluniau a nifer o eitemau eraill a gasglwyd gan yr arglwydd Lever.

Ymhlith y lluniau mae llun enwog 'Salem', a llun gan Holman Hunt – 'The Scapegoat'. Mae'r darlun yn dangos bwch gafr mewn unigedd sy'n darlunio tynged y bwch dihangol sydd yn y bennod hon. Erbyn hyn mae'n ymadrodd am rywun sy'n cael y bai yn lle eraill.

Cefndir
Dyma ran bwysig o Ddydd y Cymod (yom kippur), pan oedd yr archoffeiriad yn gwneud cymod dros bobl Israel gerbron yr Arglwydd trwy ladd un bwch gafr a gadael i fwch gafr arall gael ei arwain i'r anialwch i drengi.

Roedd y cyfan yn gysgod o'r Arglwydd Iesu Grist, y Meseia fyddai'n marw dros bechod ei bobl, ac yn cymryd eu pechodau oddi wrthyn nhw, ac arno fe'i hunan, ar Goglotha.

Coelbrennau
Wedi i'r archoffeiriad offrymu aberth ac offrwm dros ei bechod ei hunan, byddai'n bwrw coelbrennau am y ddau fwch gafr. Byddai un bwch gafr i'r Arglwydd a'r llall yn fwch dihangol.

Mae rhai cyfieithiadau modern yn rhoi'r gair Hebraeg 'Azazel' yn hytrach na 'dihangol' yn adnod 8. Does neb yn hollol siwr o ystyr y gair yma, ond mae rhai yn credu mai Satan neu un o'r demoniaid ydyw oherwydd cyfeiriad ato yn llyfr Enoch (o'r Apocryffa).

Yr esboniad arall yw mai gair yn golygu 'gafr a gymerir i ffwrdd' yw Azazel, ac yn sicr dyna sy'n digwydd i'r bwch byw. Yn bersonol rwy'n ffafrio'r dehongliad hwn. Felly, byddai'r coelbrennau'n penderfynu pa fwch fyddai'n cael ei ladd a pha un fyddai'n fwch dihangol. Byddai'r naill yn gwneud cymod trwy gael ei aberthu, a'r llall trwy ei anfon i ffwrdd; a'r ddau yn gysgod o ystyr marwolaeth Iesu Grist drosom ni.

Cyflwyno bwch yr aberth

Byddai'r archoffeiriad yn cyffesu "aflendid pobl Israel a'u troseddau o achos eu holl bechodau;" Roedd person yn 'aflan' o flaen Duw wrth fyw mewn byd syrthiedig, amherffaith. Roedd yn gysylltiedig â cholli gwaed, cyffwrdd â chorff marw, ag afiechyd, neu ag addoli eilunod. Dyma ddarlun o'n pechod gwreiddiol, sy'n rhoi staen ar bob elfen o'n bywyd.

Troseddau

Roedd troseddau yn golygu torri gorchmynion Duw, ac mae pawb ohonom yn droseddwyr yn yr ystyr yma, wrth gwrs.

Wedi i'r archoffeiriad gyffesu aflendid a throseddau'r bobl, byddai'n taenellu gwaed y bwch ar ddodrefn y cysegr sanctaidd, dodrefn y tabernacl a'r tabernacl ei hun. Roedd y gwaed yn sefydlu heddwch gyda Duw i'r bobl am flwyddyn arall. Roedd hawl i ddod gerbron Duw i'w addoli a'i wasanaethu. Byddai'r Duw sanctaidd yn eu plith.

A thrwy aberth Iesu Grist ryn ni'n cael heddwch gyda Duw, ac yn cael dod o'i flaen i'w addoli a'i wasanaethu a gweddïo arno a chael derbyniad llawn yn rhinwedd ei waed. Dywed Rhufeiniaid 5.10 y'n "cymodwyd ni â Duw trwy farwolaeth ei Fab pan oeddem yn elynion..."

Cyflwyno'r bwch dihangol

Roedd seremoni'r bwch dihangol yn ddarlun o wneud Iawn am bechod mewn ffordd arall. Roedd yn darlunio bod pechodau wedi eu cymryd ymaith, trwy anfon i ffwrdd y bwch arall – o flaen llygaid y bobl.

Unwaith eto byddai Aaron yn cyffesu troseddau a drygioni plant Israel. Yna byddai'n gosod ei ddwy law ar ben y bwch a byddai'n sefyll yno dan lwyth bechodau'r bobl. Roedd hyn yn act symbolaidd o drosglwyddo pechodau pobl Israel i'r bwch dihangol diniwed.

Yna byddai dyn yn cael ei benodi i arwain y bwch o'r tabernacl, trwy gynulleidfa pobl Israel ac i'r diffeithwch, a'i adael mewn tir unig weddill ei ddyddiau. Dyma ddrama ryfeddol wrth i'r bobl weld y bwch yn cario baich pechodau'r genedl, a'i symud ar wahân, byth i'w weld eto. Dyma ddarlun hyfryd o elfen arall o'r hyn a gyflawnodd Iesu Grist trosom wrth farw ar y groes, sef iddo gymryd ein pechodau oddi wrthym, a'u trosglwyddo iddo fe'i hunan, wrth iddo ddioddef a marw. "Dyma Oen Duw, sy'n cymryd ymaith bechod y byd." Ioan 1.29

Diolch i'r Arglwydd am ddarlun o waith Iesu Grist ar y groes yn y ddau fwch gafr yn seremoni Dydd y Cymod. Diolch bod ein Harglwydd wedi marw i sicrhau maddeuant pechod a derbyniad llawn gerbron Duw, ac i gymryd baich trwm ein pechodau arno fe'i hunan, ac oddi wrth ein hysgwyddau ni.

"a dywedodd yr Arglwydd wrtho, 'Gwna sarff a'i gosod ar bolyn, a bydd pawb a frathwyd, o edrych arni, yn cael byw.'"
Numeri 21:8

Dyma ran o hanes yr Israeliaid wrth nesáu at ddiwedd y daith gythryblus o'r Aifft i wlad Canaan. Mae'n hanes o'r bobl yn gwrthryfela unwaith eto yn erbyn yr Arglwydd, ac yn cael eu cosbi'n llym cyn iddyn nhw edifarhau a chael presgipsiwn o sarff bres, oedd yn gysgod o Iesu Grist ar Galfaria, sef meddyginiaeth Duw i bechod y byd.

Cwyn y bobl

Nid am y tro cyntaf mae'r bobl yn cwyno yn erbyn Duw a Moses. Maent yn pechu eto trwy ddangos mor anniolchgar oedden nhw i Dduw, yn ogystal â'u diffyg ffydd a'u gwrthryfel. Doedd y manna ddim yn ddigon da, a doedd dim pwynt i'w crwydro tuag at wlad yr addewid. Roedden nhw wedi anghofio am holl ofal Duw hyd at y foment honno, ei ddarpariaeth wyrthiol o'r manna ac o ddŵr droeon. Mae hwn yn ddarlun bach o bechod dyn yn gyffredinol yn erbyn ei Greawdwr.

Cosb Duw

Mae'r Beibl yn dysgu'n glir fod canlyniadau i bechod. 'Cyflog pechod yw marwolaeth', a daeth hynny y tro hwn trwy seirff gwenwynig. Mae'n ddarlun da o frathiadau pechod ym mywyd pawb ohonom mewn rhyw ffordd neu'i gilydd. Brathiadau ein drygioni ni, neu ddrygioni rhywun arall; brathiadau sgîl-effeithiau pechod, fel salwch, dioddefaint neu farwolaeth; brathiadau sydd yn dod trwy fyw mewn creadigaeth â chraith pechod arni, fel newyn a daeargrynfau.

Cyffes a chais

Wrth sylweddoli fod y gwenwyno'n dilyn eu gwrthryfel, mae'r bobl yn cyffesu eu pechod yn erbyn Duw a Moses a dyna gychwyn y broses o wella. Edifeirwch yw cychwyn y broses o gael iachâd i'r enaid hefyd, trwy gyffesu ein gwrthryfel yn erbyn Duw a dyn.

Yna daeth y cais i gael gwared yn llwyr ar y nadroedd; cais y gallwn gydymdeimlo'n fawr ag ef, ond cais a wrthodwyd gan Dduw. Pwy na fasai'n dymuno cael gwared ar bob pechod, poen a dioddefaint?

Cynllun Duw

Ond mae gan Dduw gynllun i iacháu'r bobl. Nid symud y nadroedd, ond cynnig iachâd i'r bobl yng nghanol y nadroedd. Mae hynny'n egluro i ni gynllun Duw i'r byd yn yr efengyl hefyd. Nid cynnig symud pob pechod a phoen, ond cynnig iachawdwriaeth i ni yng nghanol byd o bechod a phoen. Does dim addewid o nefoedd ar y ddaear yn y Beibl, ond bod Duw wedi caru'r byd trwy anfon ei Fab yn Waredwr. Felly cynllun real i fyd anghenus yw cynllun grasol Duw.

Sarff bres

Roedd rhaid i Moses wneud sarff bres fel arwydd o'i addewid i'w gwella. Y seirff oedd wedi eu gwenwyno a'u brathu a sarff diniwed disglair fyddai'n eu gwella. Mae Iesu'n dweud wrthym fod y sarff yn ddarlun ohono Fe. Ef oedd y dyn diniwed, disglaer a ddaeth i'n byd i fod yn gyfrwng ein gwellhad.

Polyn

Yna roedd rhaid i Moses godi'r sarff bres ar bolyn uchel i bawb ei weld. Ac mae hyn yn ddarlun o groes Iesu Grist. Nid yn unig fe'i codwyd yn uchel ar fryn Calfaria, ond yn bwysicach na hynny mae hanes Crist a'i groes yn sefyll allan yn hanes y byd a'r ddynoliaeth.

Mae'r rhan fwyaf o'r byd yn mesur ei flynyddoedd yn ôl bywyd ein Harglwydd. Mae ei hanes Ef, a hanes ei groes, yn sefyll yn glir yng nghanol cwrs hanes, i bawb ei weld.

Edrych

Y ffordd i gael gwellhad o wenwyn y seirff oedd trwy edrych ar y sarff bres. Dyma ddarlun gwych o beth yw ystyr credu yn Iesu Grist. Allai'r bobl glwyfus ddim symud llawer, petae angen cyffwrdd y polyn, dweder. Beth petae angen ei ddringo a'i gyffwrdd? Byddai llawer wedi trengi ar y ffordd! Na, mae'r Arglwydd yn cwrdd â'r bobl yn eu gwendid a'u gwaeledd.

Felly y mae gyda chredu i gael bywyd tragwyddol. Does dim angen cyflawni dyletswyddau crefyddol di-ri'; does dim rhaid cyflawni cant a mil o weithredoedd i ennill teilyngdod; does dim angen, a byddai tu hwnt i ni beth bynnag. Na, mae angen edrych mewn ffydd ar Grist yn marw drosom ar ei groes.

Allwch chi ddychmygu'r cleifion yn yr anialwch yn edrych? Byddent yn syllu ar y sarff bres nes teimlo'r boen yn cilio, a'r nerth a'r iechyd yn llifo i'w cyrff. Dyna yw credu yng Nghrist: edrych mewn ffydd nes teimlo'n pechodau yn cael eu trosglwyddo arno Fe, a phrofi rhyddhad maddeuant, a braich cariadus y Tad nefol yn ein cofleidio fel ei blentyn.

Bywyd

Yr addewid trwy Moses oedd bywyd, nid marwolaeth. A'r addewid trwy Iesu Grist yw 'bywyd tragwyddol.' Mae hyn yn golygu profi bywyd Duw yn llifo i'n heneidiau ni, trwy brofi ei gariad a'i ras, a phrofi awydd a syched i'w garu a'i wasanaethu a'i addoli â'n holl berson.

Mae'n golygu addewid hefyd o fod yn debyg i Iesu Grist rhyw ddydd, a chael bod gydag Ef, mewn corff newydd sbon a nef a daear newydd.

Diolch am bresgripsiwn y sarff bres i'r Israeliaid gwrthryfelgar, a Gwaredwr disglair a diniwed - Iesu Grist - i bechaduriaid gwrthryfelgar y byd hefyd.

"Ond os na wnewch hyn, byddwch yn pechu yn erbyn yr Arglwydd, a chewch wybod y bydd eich pechod yn eich dal."
Numeri 32:23

Mae geiriau olaf yr adnod yma wedi dod yn ddywediad adnabyddus. Maen nhw'n ein hatgoffa nad oes modd dianc rhag canlyniad ein gweithredoedd ar y ddaear yn y pendraw.

Cefndir
Mae Moses wedi arwain pobl Israel at ymyl gwlad yr addewid. Maen nhw wedi gorchfygu rhai brenhinoedd i'r Dwyrain o'r Iorddonen. Wrth weld y tir yn ffrwythlon, gofynnodd llwythau Reuben, Gad a hanner llwyth Manasse am gael ymsefydlu yn yr ardal ffrwythlon yna a pheidio â chroesi'r Iorddonen. Mae Moses yn amau eu cymhellion, fodd bynnag, ac yn ofni y bydd eu cais yn digalonni gweddill y llwythau fydd yn gorfod croesi a brwydro i gymryd eu hetifeddiaeth.

Serch hynny, mae'r ddau lwyth a hanner yn addo gadael eu gwragedd a'u plant a phawb nad oedd yn gymwys i ryfela mewn dinasoedd caerog, tra bod y dynion yn rhyfela gyda'r llwythau eraill nes bod pob un wedi ei sefydlu mewn ardal o wlad Canaan.

Mae Moses yn cadarnhau y bydd dynion Gad, Reuben a hanner llwyth Manasse yn rhydd o'u dyletswydd i'r Arglwydd ac i Israel os wnawn nhw hyn; ond os na chadwan nhw eu gair, byddan nhw'n pechu gerbron yr Arglwydd a bydd eu pechod yn eu dal.

Y tro diwethaf i unigolion o Israel ddigalonni'r genedl fe gostiodd yn ddrud iawn iddynt. Trwy dystiolaeth negyddol deg o'r tystion aeth i ysbïo'r wlad o Cades-Barnea, gwrthododd y llwythau ymosod ar wlad Canaan, a dyna pam y buon nhw'n crwydro'r anialwch am 40 mlynedd.

Achos Achan

Ychydig yn nes ymlaen, yn amser Joshua a'r fuddugoliaeth dros Jericho, fe benderfynodd un o filwyr Israel guddio'r ysbail oedd i fod yn rhodd i'r Arglwydd. Oherwydd ei bechod fe gollodd Israel gefnogaeth yr Arglwydd dros dro nes i'r pechod ddod i'r golwg, a chafodd Achan a'i deulu eu cosbi'n llym.

Achos cyfoes

Ddiwedd 2008 cafodd dyn 50 oed ei restio mewn cysylltiad â llofruddiaeth a gyflawnwyd chwarter canrif yng nghynt. Cafodd Colette Aram, prentis trin gwallt o Keyworth, Swydd Nottingham, eu chipio wrth geredded adref o gartref ei chariad yn Hydref 1983. Daethpwyd o hyd i'w chorff mewn cae. Yr oedd wedi cael ei threisio a'i chrogi.

Hwn oedd yr achos cyntaf erioed i ymddangos ar y raglen deledu 'Crimewatch'. Er i'r heddlu dderbyn dros 400 o awgrymiadau ac edrych ar 1,500 o droseddwyr posib, ni lwyddwyd i ddal y llofrudd.

Fodd bynnag, erbyn Tachwedd 2008 yr oedd Heddlu Nottingham wedi llwyddo i lunio proffil DNA o'r llofrudd. Dyma nhw'n apelio at y cyhoedd i gynnig enwau troseddwyr posib er mwyn cynnal profion DNA. Dosbarthwyd taflenni i 15,000 o gartrefi dros dair wythnos.

O ganlyniad, cafodd Paul Hutchinson ei gymryd i'r ddalfa a'i roi ar brawf. Yn y llys yn Rhagfyr 2009, cyfaddefodd Hutchinson iddo ladd Colette Aram, ac fe'i dedfrydwyd i garchar am oes.

Bywyd yn cyfrif

Mae hyn yn ein hatgoffa o ddysgeidiaeth bwysig yn y Beibl. Mae ein bywyd ar y ddaear yn cyfrif! Mae llawer yn tybio nad yw hynny'n wir a bod eu gweithredoedd yn ddibwrpas ac yn ddiganlyniad.

Mae'r Gair yn glir yn dweud y bydd rhaid i bawb ohonom roi cyfrif i Dduw am ein bywydau: "Yn wir, y mae Duw yn barnu pob gweithred, hyd yn oed yr un guddiedig, boed dda neu ddrwg." Preg. 12.14

Dim cuddio na dianc

Yn ôl dysgeidiaeth yr Ysgrythur, felly, does dim dianc na chuddio rhag cyfiawnder Duw. Mae hyn yn rhybudd difrifol ac yn gysur i ni.

Mae'n rybudd rhag ceisio cuddio pechod a rhedeg i ffwrdd oddi wrth Dduw fel Jona gynt. Mae'n rhybudd i beidio â meddwl oherwydd bod rhai pobl yn dianc i bob golwg rhag canlyniadau eu drygioni yn y byd hwn, y bydd dianc terfynol rhag gorsedd barn y nef.

Mae'n gysur i wybod bod barnwr perffaith gyfiawn yn mynd i weinyddu ei farn berffaith yn y pendraw, sef Iesu Grist. Ni allwn feddwl am berson gwell na mwy cymwys i fod yn Farnwr cyffredinol yn yr achos mwyaf erioed. Cadwodd y ddau lwyth a hanner eu haddewid i Moses a Duw, a chawsant eu tir (Joshua 22.1-4).

Fe gawn ni etifeddu lle yn y nefoedd trwy edifarhau am ein pechod ac ymddiried yn Iesu Grist a'i aberth dros ein pechodau ar y groes; dyma'r unig ffordd i gael ein cyfrif yn gyfiawn yn Nydd y Farn.

"Bydd y dinasoedd yn noddfa rhag y dialydd, fel na chaiff y lleiddiad ei ladd cyn iddo sefyll ei brawf o flaen y cynulliad."
Numeri 35:12

Mae Julian Assange, sefydlydd Wikileaks, wedi cael noddfa yn llysgenhadaeth Ecwador yn Llundain ers 2012. Roedd awdurdodau Sweden yn ceisio'i estraddodi oherwydd cynhuddiadau yn ei erbyn, ac roedd yn ofni cael ei drosglwyddo gan Sweden i U.D.A. i gael ei groesholi ynglŷn â rhyddhau cyfrinachau pwysig o'r wlad honno.
Yn Numeri 35 mae hanes sefydlu chwe dinas noddfa i'r Israeliaid wrth iddyn nhw gyrraedd gwlad Canaan, tair bob ochr i'r Iorddonen.

Cefndir a phwrpas
Roedd y dinasoedd wedi eu gosod yn weddol gyfartal ar draws tiriogaeth Israel. Roedd hynny'n golygu bod pobl yn gallu ffoi iddyn nhw o unrhyw fan yn y wlad. Er mwyn hwyluso hyn, roedd Moses wedi gorchymyn bod ffyrdd da atynt er mwyn gallu eu cyrraedd yn gyflym.

Pwrpas y dinasoedd noddfa oedd rhoi lloches i rywun oedd wedi lladd person cyn iddo sefyll prawf. Os oedd yn euog o lofruddiaeth byddai'n derbyn y gosb eithaf. Os oedd yn euog o ddyn-laddiad, byddai'n cael aros yn y ddinas noddfa nes bod yr archoffeiriad yn marw.

Roedd rhaid i'r lleiddiad ffoi yn gyflym cyn i'r 'dialydd gwaed' ei ddal a'i ladd, sef perthynas agosaf y sawl a laddwyd, oedd â hawl i ddial.

Tra bod y sawl oedd yn euog o ddyn-laddiad yn aros yn y ddinas noddfa, doedd dim hawl gan y dialydd gwaed i'w ladd. Felly roedd yr Arglwydd yn diogelu dau beth: Nad oedd y lleiddiad yn cael ei ladd (doedd dyn-laddiad ddim yn gofyn y gosb eithaf); ac nad oedd yn rhydd nes i'r archoffeiriad farw (roedd yn dal yn euog o ladd). Felly roedd y ddinas noddfa yn lloches a charchar yr un pryd, fel carchar agored.

Darlun o'r efengyl

Mae Cristnogion wedi meddwl am hyn fel cysgod o'r efengyl ar hyd y blynyddoedd, yn rhoi noddfa i bechadur yn Iesu Grist, ac mae hynny'n wir wrth gwrs, ond dwi ddim yn siwr fod hynny'n amlwg o sefyllfa'r dinasoedd noddfa yn yr Hen Destament.

Mae'r lleiddiad yn ddarlun o'r pechadur. Dyma berson oedd yn gyfrifol o ladd yn anfwriadol. Mewn un ystyr gallwn ddweud bod hyn yn ddarlun o'n pechod ni. Dywed Paul ei fod "gynt yn ei gablu, yn ei erlid, ac yn ei sarhau. Ar waethaf hynny, cefais drugaredd am mai mewn anwybodaeth ac anghrediniaeth y gwneuthum y cwbl." (1 Tim.1.13)

Mae'n rhestru pechodau difrifol: cabledd, erledigaeth a sarhad (trais di-didrugaredd). Ond roedd wedi eu cyflawni mewn dallineb a marweidd-dra ysbrydol. Roedd yn ddall i ogoniant person Iesu Grist, i'r Efengyl, ac i ddifrifoldeb ei erledigaeth a'i gabledd. Heddiw hefyd mae dynion yn ddall i ddaioni, prydferthwch a gogoniant Duw ac i erchylltra a drygioni pechod. Mae cymaint o anwybodaeth o wirionedd yr efengyl, cymaint o anghrediniaeth ddall.

Yn ein cyflwr naturiol, cyn ein deffro gan yr Ysbryd Glân, ryn ni mewn gelyniaeth â Duw. Ryn ni'n methu â phlygu iddo, yn methu â gweld ein pechod, ein hangen am Grist a pha mor addas yw Ef i ni fel Gwaredwr.

Dinas Noddfa

Dyma ddarlun o fywyd dynoliaeth yn y byd hwn. Beth sy'n rhyfedd yw nad yw Duw yn ein cosbi a'n damnio'n syth am ein pechod a'n gwrthryfel yn ei erbyn. Yn ei drugaredd a'i ras mae'n ein cynnal ac ein cadw, ymhell y tu hwnt i'n haeddiant. Mae'n cynnal gelynion, cablwyr, erlidwyr a chaseion fel Saul.

Ond er fod y lleiddiad yn saff tra'i fod yn byw yn y ddinas noddfa – doedd e ddim yn rhydd. Doedd e ddim gartref. Doedd e ddim yn cael gadael. Gallai farw yn y ddinas noddfa os oedd yr archoffeiriad yn ifanc.

Er bod gennym fywyd yn y byd – dyn ni ddim yn rhydd mewn gwirionedd. Dyn ni ddim yn rhydd o euogrwydd ein pechod. Dyn ni ddim yn rhydd i fwynhau Duw nac i fyw er ei glod a gwneud daioni yn ei olwg. Os byddwn farw heb Iesu Grist byddwn farw mewn euogrwydd a chaethiwed a daw uffern wedyn.

Rhyddid

Yr unig ffordd o ddod yn rhydd o euogrwydd am ddyn-laddiad oedd os byddai'r archoffeiriad yn marw, sef yr un oedd wedi ei eneinio ag olew arbennig i gynrychioli'r bobl gerbron Duw.

Dyma ddarlun gwych o Iesu Grist. Gallwn gael gwir ryddid wrth i ni gredu ym marwolaeth ein Harchoffeiriad mawr, yn wir does dim ffordd arall. "Os y Mab a'ch rhyddha chwi, rhyddion fyddwch yn wir."

Diolch am drugaredd Duw – nid yn unig yn peidio â'n dinistrio'n syth am ein pechodau, ond hefyd am farwolaeth Iesu Grist ein Harchoffeiriad ar Galfaria, sydd yn dod â gwir ryddid a maddeuant o bob pechod i'r sawl sydd yn credu yn ei aberth yn ein lle.

"Duw'r oesoedd yw dy noddfa, ac oddi tanodd y mae'r breichiau tragwyddol."
Deuteronomium 33:27

Does dim rhyfedd i'r adnod yma fod yn gysur ac yn galondid i gredinwyr ar hyd y canrifoedd. Mae'n canolbwyntio ar gryfder di-flino parhaus ein Duw, sydd ar gyfer ei bobl.

Cefndir
Bendith Moses yw cynnwys y bennod yma, cyn iddo fynd i ben Pisga a marw. Fel Jacob yn Genesis 49, mae'n cyhoeddi bendith ar lwythau Israel cyn eu gadael. Mae adnodau 26-29 yn cloi bendith Moses, ac yn cyfateb i bump adnod cyntaf y bennod. Pwyslais y paragraff cyntaf yw cariad yr Arglwydd yn rhoi ei Gyfraith, ei gyfamod i'w bobl ar Seina. Mae'n frenin arnynt, a hwythau'n bobl uniawn ger ei fron (Jesurun). Pwyslais yr adran olaf yw cymorth a chynhaliaeth barhaus yr Arglwydd, i achub ei bobl a rhoi buddugoliaeth derfynol iddynt.

Duw Jesurun
Enw arall ar Israel yw hwn ac mae'n golygu yr un uniawn, gonest. Dyma fwriad yr Arglwydd i'w bobl wrth gwrs, eu bod yn byw yn gyfiawn ger ei fron. Y mae wedi ein hachub o gaethiwed pechod, y mae wedi dod i fyw ynom trwy ei Ysbryd, ac felly dylem fod yn newynu a sychedu am gyfiawnder, a dylem fod yn sanctaidd fel y mae ein Tad nefol yn sanctaidd. Yn 32.15 caiff Jesurun ei gyhuddo o fynd yn dew ar fendithion helaeth y Goruchaf, ond o wrthryfela yn ei erbyn a'i ddiystyru. Dyna hanes Israel dro ar ôl tro gwaetha'r modd. Eto, mae'r Arglwydd yn Dduw iddynt, oherwydd ei ffyddlondeb i'w addewid i Abraham, Isaac a Jacob. Mae'r un tueddiad gennym ni fel Cristnogion i greu eilunod yn ein calonnau, a throi ein serch oddi wrth ein Harglwydd a'n Prynwr bendigedig sydd wedi ennill bendithion ysbrydol di-rif yn y nefolion leoedd i ni.

Duw'n marchogaeth

Mae'r darlun o'r Arglwydd yn marchogaeth trwy'r nef yn ei bortreadu fel un yn llywodraethu'r byd o'i nef gyda'i hollallu anfeidrol sydd yn gweithredu o blaid ei bobl. Mac'n anodd peidio â meddwl am Dduw yn dod mewn cnawd, fel petae'n carlamu i Fethlehem ac i'n daear i'n helpu ni. "Marchogodd ar gerwb a hedfan, gwibiodd ar adenydd y gwynt ... Gwaredodd fi rhag fy ngelyn nerthol." (Salm 18.10,16) Mae'r darlun ohono'n dod ar y cymylau yn gwneud i ni feddwl hefyd am ei ail-ddyfodiad pan ddaw i sefydlu ei deyrnas o wir heddwch a chyfiawnder yn amlwg gerbron pawb, ac i weithredu barn ar yr annuwiol a sathru ei elynion dan draed am byth. "Wele, y mae'n dyfod gyda'r cymylau, a bydd pob llygad yn ei weld, ie, a'r rhai a'i trywanodd, a bydd holl lwythau'r ddaear yn galaru o'i blegid ef." (Datguddiad 1.7)

> *"Wele'n dyfod ar y cwmwl,*
> *Mawr yw'r enw sy iddo'n awr;*
> *Ar ei glun ac ar ei forddwyd*
> *Ysgrifenwyd ef i lawr;"* W.W.

Duw'n gartref

Mor bwysig i genedl oedd wedi crwydro'r anialwch am bedwar deg o flynyddoedd oedd clywed am gartref barhaus. Mae'n debyg bod 'trigfan' yn well cyfieithiad na 'noddfa.' Serch hynny, mae'n ddarlun o le diogel i fyw ynddo. Mae llawer o bobl yn ein byd yn byw mewn mannau sydd yn agored i ddaeargryn, tra bod eraill yn profi llifogydd cyson. Ym Mehefin 2017 aeth bloc o fflatiau 27 llawr yn Grenfell, Llundain yn wenfflam. Roedd llawer yn cysgu gan feddwl eu bod yn saff, ond y gwir oedd bod eu cartrefi uchel yn garchar marwol.

Mor hyfryd yw'r darlun o'r Arglwydd fel cartref diogel i'n henaid. Mae'n ein galw i ddod ato yn ein pechod a'n hangen, ac i wneud ein nyth yn ei fynwes, fel petae. Ac mae ei freichiau fel sylfaen oddi tanom, yn sail cadarn na all symud byth. Mae'r darlun o fraich yr Arglwydd yn gyffredin yn yr Hen Destament ac yn cyfleu nerth achubol Duw. "Deffro, deffro, gwisg dy nerth, O fraich yr Arglwydd;" (Eseia 51.9)

Mae'r darlun o freichiau lluosog Duw yn awgrymu ei allu di ddiwedd i'n hachub a'n cadw'n ddiogel. Mae'n Dduw tragwyddol, y tu hwnt i bob mesur ac amser, ac felly mae ei nerth, ei ras, ei gariad a'i ofal yn ddifesur a dibendraw hefyd.

Mae hyn yn golygu darpariaeth gyson o ŷd a gwin, bwyd a diod, sef Gair Duw a'i Ysbryd Glân yn fara beunyddiol ac yn ddŵr bywiol. Mae'n darian i'n hamddiffyn ac yn gleddyf i ymladd trosom.

Dyma ddarluniau gwych o ddarpariaeth ein Duw anfeidrol i'w blant. Gadewch i ni ddod ato trwy Iesu Grist, gadewch i ni aros ynddo, er mwyn cael cynhaliaeth ddiogel ym mhob sefyllfa, gan wybod "y bydd i'r hwn a ddechreuodd waith da ynoch ei gwblhau erbyn Dydd Crist Iesu." (Philipiaid 1.6)

"Tra oedd Josua yn ymyl Jericho, cododd ei lygaid a gweld dyn yn sefyll o'i flaen â'i gleddyf noeth yn ei law. Aeth Josua ato a gofyn iddo, "Ai gyda ni, ynteu gyda'n gwrthwynebwyr yr wyt ti?" Dywedodd yntau, "Nage; ond deuthum yn awr fel pennaeth llu'r Arglwydd.""
Joshua 5:13,14

Mae'r Israeliaid wedi croesi'r Iorddonen i wlad yr addewid. Mae dinas gaerog Jericho o'u blaenau â'i waliau cadarn. Dyma hanes 'dyn' arbennig iawn yn cwrdd â Josua er mwyn dweud wrtho fod yr Arglwydd, Duw Israel o'u plaid er bod Jericho ar gau iddynt i bob golwg.

Milwr Mawr
Roedd Joshua yng nghysgod muriau trwchus Jericho pan gododd ei olwg. Mae rhai yn awgrymu bod ei ben i lawr am ei fod yn gweddïo. Pwy yw'r milwr â'i gleddyf noeth yn ei law sydd yn ymddangos o'i flaen? Doedd Josua ddim yn ei 'nabod.

Dyn, ond nid unrhyw ddyn; Mab y Dyn, sef Mab Duw yn ymddangos mewn ffurf ddynol cyn dod mewn cnawd yn derfynol ym Methlehem.

Cleddyf noeth
Mae'n ymddangos fel milwr sydd yn barod ar gyfer y frwydr. Mae hyn yn ein hatgoffa o'r hyn welodd yr asen ac yna Balaam wrth deithio i felltithio Israel ar ran Balac, brenin Moab. "Yna agorodd yr Arglwydd lygaid Balaam, a phan welodd ef angel yr Arglwydd yn sefyll ar y ffordd, a'i gleddyf yn barod yn ei law, plygodd ei ben ac ymgrymu ar ei wyneb." Roedd yr angel fel petae'n rhwystro Balaam ond yna cafodd fynd ymlaen ar yr amod na fyddai'n adrodd dim ond neges yr angel.

Gwelodd Dafydd angel yr Arglwydd hefyd "yn sefyll rhwng daear a nefoedd, â'i gleddyf noeth yn ei law wedi ei estyn dros

Jerwsalem." Y tro yma roedd yr angel yn dwyn cosb ar bobl Israel oherwydd balchder Dafydd yn gwneud cyfrifiad o'i bobl er mwyn brolio yn ei lwyddiant brenhinol.

Cyfaill ynteu gelyn?

Yn ystod yr ail ryfel byd byddai gard yn herio person nad oedd yn ei adnabod trwy ofyn os oedd yn ffrind neu'n elyn (friend or foe). Mae Josua yn gwneud rhywbeth tebyg iawn gyda'r milwr dieithr.

Mae'r ateb yn negyddol, gan nad yw'n aelod o unrhyw fyddin. Yn wir mae'n gapten ar fyddin arbennig iawn, sef llu yr Arglwydd, byddin o angylion nefol. Dyma eiriau o galondid eithriadol i ddyn a byddin oedd ar fin mynd i'r gad! Dyw'r cyfrifoldeb am y frwydr yma ddim ar ysgwyddau Joshua na'i ddynion yn y pendraw. Mae byddin uwch a Phennaeth mwy yn arwain y gad.

Tir sanctaidd

Mae Josua'n plygu a moesymgrymu i'r Cadfridog sydd o'i flaen gan ofyn am ei gyfarwyddyd a'i orchymyn. Mae'r ymateb yn annisgwyl; nid 'I'r gad!' mae'n ei glywed, ond "Tyn dy sandalau oddi am dy draed." (fel Moses a'r berth yn llosgi) Byddem yn meddwl fod hyn yn amser i wisgo 'sgidiau a rhyfela, nid eu tynnu. Mae'n alwad i addoli yn gyntaf, cyn meddwl ymosod ar Jericho. Mae Josua'n ufuddhau.

Nid dod i ymuno yn y rhengoedd wnaeth y Milwr mawr, ond dod i gymryd yr awenau. Yn llyfr Datguddiad darllenwn fod arweinwyr saith eglwys Asia yn llaw dde y Crist gogoneddus, yn cael eu cynnal ganddo, ac felly yn ddibynnol arno ac yn atebol iddo. (1.16,20) Hefyd caiff ei ddisgrifio fel un â chleddyf llym daufiniog yn dod allan o'i enau.

Cyfarwyddyd y Cadfridog

Yna daw'r gorchmynion milwrol, ac mae'n nhw'n gwbl annisgwyl hefyd, oherwydd ni fydd angen dringo'r waliau, dryllio pyrth y ddinas na chloddio twnel. Mae'r ddinas yn llaw y Pennaeth yn barod, a chaiff ei rhoi yn llaw Joshua ymhen yr wythnos. Gwaith y fyddin fydd cerdded o gwmpas y ddinas unwaith bob dydd am chwe diwrnod, a seithwaith ar y seithfed dydd. Byddai saith offeiriad yn cario saith utgorn o flaen arch y cyfamod (arwydd o bresenoldeb Duw). Ar y seithfed dydd roedd yr offeiriad i ganu'r utgorn, a'r fyddin i floeddio, a byddai'r waliau'n disgyn.

Mae sawl neges bwysig i ni yn yr hanes yma:
Fel Cristnogion, ryn ni ar ein ffordd i'r nef. Mae'r bywyd Cristnogol yn frwydr yn erbyn diafol, cnawd a byd. Mae'n frwydr i gyrraedd y nef ac i ennill rhagor o bobl at Grist. Camgymeriad mawr yw meddwl bod buddugoliaeth eglwys Iesu Grist yn dibynnu arnom ni.

Diolch bod yr Arglwydd Iesu yn gapten ein hiachawdwriaeth a'i fod eisoes 'wedi gorchfygu a mynd trwy dymhestloedd dŵr a thân.' Ein braint ni yw ei addoli trwy gadw'n golwg arno, aros ynddo a dilyn ei air yn ffyddlon.

"Bu'r Israeliaid yn anffyddlon ynglŷn â'r diofryd; cymerwyd rhan ohono gan Achan fab Carmi, fan Sabdi, feb Sera o lwyth Jwda, a digiodd yr Arglwydd wrth yr Israeliaid."
Joshua 7:1

Dyma hanes un person, ac efallai un teulu o Israel yn cyflawni pechod slei gan feddwl na fyddai neb callach, ac y byddai'r cadw-mi-gei yn bensiwn ar gyfer y dyfodol. Mae'n ein hatgoffa pa mor ddifrifol yw pechod, ei effaith ar eraill yn ogystal â ni'n hunain, ac mai'r canlyniad mwyaf difrifol yw'r niwed mae'n gwneud i'n perthynas â Duw.

Cefndir
Mae'r Israeliaid, dan arweiniad Josua, wedi dod i mewn i wlad yr addewid o'r diwedd. Maen nhw wedi cael buddugoliaeth ysgubol yn Jericho. Mae pawb yn eu hofni, gan wybod bod y Duw mawr o'u plaid. Y ddinas nesaf ar eu ffordd oedd Ai, ac wedi anfon ysbïwyr, daeth neges yn ôl nad oedd angen y fyddin gyfan i drechu dinas fechan fel hon, byddai mintai o ddwy neu dair mil yn fwy na digon.

Colli fu eu hanes serch hynny, colli rhyw dri dwsin o ddynion, a hwythau'n cael eu cwrso nes bod eu calonnau fel jeli.

Crafu pen
Doedd Josua a henuriaid Israel ddim yn deall beth oedd yn bod. Felly, dyma ddangos eu gofid a'u galar gerbron Duw trwy rwygo'u dillad a thaflu llwch dros eu pennau. Pam fod yr Arglwydd wedi trafferthu dod â nhw'r holl ffordd o'r Aifft, gyda rhyfeddodau'r Môr Coch a'r Iorddonen, dim ond iddyn nhw gael eu difetha gan yr Amoriaid? Fydd pobl y wlad ddim yn ofni Duw rhagor! Pam y fath golled gywilyddus nawr?

"Beth yw'r achos bod fy Arglwydd
Hawddgar grasol yn pellhau?
Yn guddiedig neu yn gyhoedd
Mae rhyw bechod yn parhau:" W.W.

Canfod

Dywedodd yr Arglwydd yn blaen wrth Josua nad oedd angen iddo alaru na gofidio, dim ond symud y pechod o blith y gynulleidfa. Roedd rhywun wedi cymryd rhan o'r diofryd.

Roedd y diofryd yn rhywbeth oedd i'w neilltuo a'i gyflwyno'n llwyr i Dduw, naill ai trwy ei ddinistrio neu ei roi i drysorfa'r cysegr. Dyma ddywedodd Duw am Jericho: "Y mae'r ddinas a phopeth sydd ynddi i fod yn ddiofryd i'r Arglwydd.....Ond gochelwch chwi rhag yr hyn sy'n ddiofryd; peidiwch â chymryd ohono ar ôl ei ddiofrydu, rhag gwneud gwersyll Israel yn ddiofryd." (Josua 6.17,18)

Felly, roedd rhywun wedi gwneud y gwersyll cyfan yn destun dinistr trwy gadw rhai eitemau o Jericho iddyn nhw eu hunain. Dyma Duw yn gorchymyn i Josua ddod â phawb o'i flaen fesul llwyth, nes dod o hyd i'r sawl oedd wedi cadw'r diofryd iddo fe'i hunan.

Cuddio

Wedi dod o hyd i'r troseddwr, daw'r cyfan i'r golwg. Mae Achan yn cyffesu iddo bechu yn erbyn yr Arglwydd, a'i fod yn gwbl ymwybodol o'i fai. Mae'n cyfaddef ei drachwant wrth weld mantell hardd, arian ac aur, a'i fod wedi ildio i'r temtasiwn i'w cymryd iddo fe'i hunan, yn hytrach na'u gadael fel diofryd i'r Arglwydd.

Pechod cudd oedd y broblem. Hynny yw, roedd y pechod yn guddiedig o olwg Josua a'r henuriaid, ond nid o olwg Duw. Does dim cuddio oddi wrth y Duw Hollbresennol. Daliwyd Achan.

Does dim arbed arno fe na'i deulu. Mae'r Arglwydd yn cymryd pechod o ddifrif, ac mae'n derbyn y gosb eithaf am ei drosedd. Mae'n bur debyg bod ei deulu'n ymwybodol o'i weithred ac maen nhw'n marw hefyd.

Dydy Duw byth yn brwsio pechod o dan y mat. Rhaid delio ag e'n iawn.

Roedd Achan a'i deulu wedi bod yn hynod o farus, a meddwl mwy amdanyn nhw'u hunain nag am ewyllys yr Arglwydd a diogelwch eu cyd-genedl. Trugaredd Duw oedd yn gyfrifol am y ffaith na chollwyd mwy yn y frwydr yn Ai.

Mae'r Testament Newydd yn dweud wrthym y dylem fod yn llym gyda phechod yn eglwys Iesu Grist hefyd. Mae'n wir nad theocrasi mohoni, ond dylai ddisgyblu pechod mewn ffordd briodol. Cyhoeddodd Paul ddedfryd o esgymuno ar ddyn oedd yn euog o bechod difrifol yng Nghorinth, gyda'r bwriad o'i adfer petai'n edifarhau go iawn. Onibai iddyn nhw weithredu disgyblaeth byddai'r lefain drwg wedi ymestyn i'r holl does. (1 Corinthiaid 5.1-8) Mae'r Arglwydd Iesu'n dweud bod rhaid tynnu llygad a thorri llaw a throed – rhaid bod yn llym wrth osgoi pechod. Mae hynny'n well na chael ein hunain yn uffern.

Dyma hanes i'n sobri. Does dim dianc oddi wrth Dduw wrth aros yn ein pechod a cheisio'i guddio. Cymaint gwell yw ei gyffesu'n agored: "Os cyffeswn ein pechodau, y mae ef yn ffyddlon ac yn gyfiawn, ac felly fe faddeua inni ein pechodau, a'n glanhau o bob anghyfiawnder." 1 Ioan 1.9

"A dyma'r tair mintai yn seinio'r utgyrn ac yn dryllio'r piserau, gan ddal y ffaglau yn eu llaw chwith a'r utgyrn i'w seinio yn eu llaw dde; ac yr oeddent yn gweiddi, "Cleddyf yr Arglwydd a Gideon!""

Barnwyr 7:20

Dyma hanes o'r Arglwydd yn rhoi buddugoliaeth ryfeddol i bobl Israel dros eu gelynion. Roedden nhw'n 'fyddin' o 300 yn erbyn 135,00 ac yn eu hwynebu gyda ffaglau, utgyrn a bloedd! Dyma strategaeth fuddugol yr Arglwydd trwy Gideon, ac mae gwersi pwysig i ni os rŷn ni am ennill ein brwydrau ysbrydol yn erbyn Satan a phechod.

Cefndir
Roedd hwn yn gyfnod tywyll a drwg yn hanes Israel. Er eu bod wedi dod i wlad yr addewid roedden nhw'n mynnu troi oddi wrth eu Gwaredwr mawr at dduwiau gwag yr Amoriaid o'u cwmpas. O ganlyniad, byddai eu gelynion yn eu gwasgu'n gyson, nes eu bod yn troi nôl at Dduw Israel a chael barnwr i'w harwain i fuddugoliaeth a llonydd. Pan fyddai'r barnwr yn marw, bydden nhw'n llithro nôl at y duwiau gwag.

Yn amser Gideon, Midian oedd y prif elyn, yn disgyn ar y wlad bob cynhaeaf i ddwyn y cnwd a gadael Israel yn dlawd, yn ofnus ac yn gwbl ddi-hyder. Roedd hyn wedi digwydd seithwaith, a dyna pam roedd Gideon yn dyrnu ŷd mewn cafn gwin er mwyn bod yn guddiedig. O'r diwedd, galwodd y bobl ar yr Arglwydd am help a daeth proffwyd di-enw â neges oedd yn galw am edifeirwch, a daeth help mewn ffordd anarferol ac annisgwyl.

Galwad Gideon
Gawsoch chi ymwelwyr annisgwyl heb fod mewn cyflwr da iawn i'w derbyn? Angel yr Arglwydd ddaeth at Gideon – Mab tragwyddol Duw yn ymddangos fel negesydd nefol cyn dyddiau ei gnawd – a

dweud bod yr Arglwydd gydag e a'i fod yn ŵr dewr. Sut allai hyn
fod yn wir? Roedd Gideon a'i bobl yn wan ac yn ofnus, a doedd e
ddim yn bwysig chwaith.

Ond datgan oedd yr Angel fod yr Arglwydd gyda nhw ac y
byddai E'n gwneud Gideon yn gryf a dewr.

Wedi i'r 'ymwelydd' wrthod y cawl, ysu bwyd Gideon a
diflannu, sylweddolodd Gideon taw 'Angel yr Arglwydd' fu gydag
e a chredodd y byddai'n siwr o farw ar ôl gweld Duw. Cafodd
gadarnhad mewnol o dangnefedd Duw, a bod yr Arglwydd yn
Jehofa Shalom i'w bobl.

Profion ffydd

Does neb yn hoff iawn o brofion – prawf ysgol, prawf gyrru; mae'r
Beibl yn llawn hanesion pobl Dduw yn cael profion ffydd. Cafodd
Gideon dri:

Y gwaith cyntaf oedd adfer addoliad Yahweh. Bu'n rhaid i Gideon
chwalu allor Baal ei dad ac adfer allor yr Arglwydd. Mae mor drist
bod dyn o Manasse wedi mynd yn offeiriad i Baal. Gwnaeth Gideon
ei waith gyda'r nos gan ei fod yn ofni'r bobl. Cafodd gefnogaeth
annisgwyl ei dad, oedd fel petae wedi ei ddeffro i'w ffolineb ysbrydol.
Cafodd ei fab enw newydd, sef Jerwbaal, oedd yn gwahodd Baal i
ddial arno, os oedd Baal yn bod.

Y prawf nesaf oedd safle Gideon fel arweinydd. Mae'n ceisio arwydd
gan Dduw gyda'r cnu. Roedd hyn yn dangos gwendid ei ffydd a'i fod
yn araf i ufuddhau i Dduw trwy arwain y fyddin. Serch hynny, mae
Duw yn amyneddgar a thrugarog iawn gyda'r credadun gwan ac
anwadal, ac mae'n ei sicrhau a'i galonogi. Dylem fod yn ofalus rhag
dynwared Gideon er bod yr Arglwydd mor druagrog.

Yn olaf daw prawf maint y fyddin. Mae Jerwbaal wedi casglu byddin
o 32,000 at ei gilydd, ac roedd hynny'n well na dim, er bod 135,000
gan y gelyn. Serch hynny, erbyn y diwedd mae'r rhif y fyddin i lawr i
300 gyda'r ofnus a'r llai gwyliadwrus wedi mynd gartre. Roedd Duw

am fynnu mai Fe oedd sail y fuddugoliaeth ac mai Fe fyddai'n cael y clod.

Calondid breuddwyd

Yna mae'r Arglwydd yn anfon Gideon at wersyll y Midian i glywed sgwrs. Mae un yn adrodd breuddwyd wrth y llall, am dorth fawr gron yn rholio trwy'r gwersyll a chwalu pob pabell. Mae'r llall yn dehongli hyn fel darlun o Gideon oherwydd bod Duw gydag e. Ymateb Gideon yw plygu i addoli mewn diolch ac yna casglu'r fyddin fach i ymosod yn syth.

Y fuddugoliaeth

Dyma ffurfio cylch o gwmpas y gwersyll, torri'r piserau oedd yn gorchuddio'r lampau, canu'r utgyrn a bloeddio, 'cleddyf yr Arglwydd a Gideon.' Yn y panic ddaeth yn sgîl hyn, lladdwyd nifer o'r Midianiaid gan ei gilydd ac erlidiwyd y lleill nes cael buddugoliaeth lawn.

Diolch i Dduw am hanes rhyfeddol sydd yn darlunio i ni elyniaeth Satan a phechod. Mor bwysig yw glynnu wrth ein Gwaredwr, nid troi oddi wrtho. Ei allu a'i amynedd Ef sydd yn ein gwneud yn fwy na choncwerwyr, rhag syrthio nôl i afael y diafol, a hynny trwy ffydd.

"Gwthiodd yn nerthol, a chwympodd y deml ar yr arglwyddi a'r holl bobl oedd ynddi, ac felly lladdodd Samson fwy wrth farw nag a laddodd yn ystod ei fywyd." Barnwyr 16:30

Dyma ddiweddglo hanes enwog Samson. Llwyddodd i drechu gelynion Israel, sef y Philistiaid, wrth dynnu colofnau teml Dagon a miloedd o Philistiaid i lawr ar ei ben.

Y Gelyn
Yn nechrau pennod 13 fe welwn fod yr Arglwydd wedi caniatáu i bobl Israel gael eu gormesu gan y Philistiaid oherwydd eu drygioni, eu haddoliad o Baal yn hytrach na Jehofa, a'u penderfyniad i wneud beth oedd yn iawn yn eu golwg eu hunain, nid yng ngolwg Cyfraith Duw.

Roedd y Philistiaid, plant Cham mab Noa, wedi ymsefydlu yng ngorllewin Canaan, wrth fôr y Canoldir. Roedd Gasa yn un o'u prif ddinasoedd gyda theml fawr i Dagon ynddi.

Roedd y gelyn wedi gwasgu Israel am bedwar deg mlynedd cyn i'r Arglwydd godi Barnwr arall i achub Israel o'u gafael. Y tro yma, mae un gwahaniaeth trawiadol; does dim cofnod fod y genedl wedi galw ar yr Arglwydd am help hyd yn oed, ond ei fod Ef yn ei ddaioni a'i ffyddlondeb wedi camu i'r bwlch a threfnu cymorth trwy Samson.

Y Gwin a'r Gwallt
Pan ddaw angel yr Arglwydd i gartref rhieni Samson, mae'n cyhoeddi y byddai'n Nasaread, ac na fyddai'n yfed na bwyta dim o ffrwyth y winwydden, ac na fyddai neb yn cael eillio'i ben na thorri ei wallt. Does dim sôn yma am yr elfen arall o ymrwymiad y Nasaread a gawn yn Numeri 6, sef nad oedd i gyffwrdd â chorff marw, hyd yn oed corff perthynas agos o'i deulu.

Mae'n amlwg y byddai Duw yn bendithio Samson os byddai'n ffyddlon i amodau'r Nasaread a osodwyd arno cyn ei eni. Wrth fradychu rhan o gyfrinach ei nerth i Delila, collodd ei wallt (a'i lygaid), collodd fendith yr Arglwydd a'i nerth, ac aeth fel dyn cyffredin.

Gwendid
Er fod llaw Duw ar Samson, fe welwn ei fod yn wan ac yn debyg i bobl ei gyfnod. Mynnodd briodi merch o Timna (pen. 14) er fod hynny'n groes i Gyfraith Duw. Fel y gweddill, roedd yn dilyn ei ffansi.

Doedd y ffaith fod yr Arglwydd wedi troi hyn yn fuddugoliaeth yn erbyn y Philistiaid ddim yn cyfiawnhau Samson, ond yn amlygu daioni Duw. Roedd yn wan gyda merched, a llwyddodd y ferch o Timna a Delila i'w hudo i fradychu cyfrinachau heb ormod o drafferth, gyda rhywfaint o ddagrau a'r linell i roi pwysau emosiynol: "dwyt ti ddim yn fy ngharu go iawn, neu fe faset ti'n egluro'r gyfrinach i mi." (14.16;16.15)

Gwaredwr
Cyn ei eni, dywedodd yr angel mai "ef fydd yn dechrau gwaredu Israel o law y Philistiaid." (13.5) Mae'n lladd tri deg o ddynion Ascalon, mae'n difetha cnwd ardal Timna, mae'n lladd mil o Philistiaid yn Lehi a lladdodd miloedd yn Gasa, gan gynnwys prif arweinwyr a llywodraethwyr y Philistiaid, wrth farw ei hunan.

Gras
Y peth mwyaf amlwg yn hanes Samson yw gras Duw. Trwy ras fe gafodd ei ddewis yn waredwr ac yn farnwr ar Israel cyn ei eni, heb amser i ennill haeddiant na chymhwyster.

Trwy ras y cododd Duw Samson heb i bobl Israel alw allan am help. Roedden nhw'n addoli Baal, yn gwneud beth oedd yn iawn yn eu golwg eu hunain, ac yn hapus i fod dan law y paganiaid Philistiaidd (roedd gwŷr Jwda yn ddigon hapus i roi Samson yn nwylo'r gelyn 15.11,12)

112

Trwy ras denfyddiodd yr Arglwydd Samson oedd yn llawn gwendidau a phechodau nad yw'r Beibl yn eu cuddio oddi wrthym.

Trwy ras fe ganiataodd yr Arglwydd i Samson gael adferiad gwallt a nerth tra'i fod yn malu blawd yng ngharchar Gasa. Rhoddodd Duw nerth arbennig i Samson yn wyneb gwawd a dirmyg addolwyr Dagon. Cafwyd buddugoliaeth ryfeddol i enw'r Arglwydd a cholled enbyd i enw Dagon trwy fod Samson wedi gwthio colofnau'r deml o'u lle.

Mae hanes Samson yn rhyfeddol. Mae'n dangos fod yr Arglwydd yn ffyddlon i'w gyfamod a'i addewid i wneud yn siwr y byddai had Abraham (Iesu Grist) yn fendith i'r holl fyd. Roedd hyn yn golygu diogelu Israel dros y canrifoedd er gwaethaf eu ffolineb pechadurus.

Mae'r hanes yn dangos fod yr Arglwydd yn siwr o ddiogelu ei ogoniant hefyd. Er y gallai Duw ddefnyddio gwaredwr amherffaith iawn fel Samson, yng nghyflawnder yr amser daith y Gwaredwr perffaith i waredu pobl o bob llwyth, gwlad iaith a chenedl, gan ei offrymu ei hunan ar groes Calfaria er ein mwyn.

"Oherwydd i ble bynnag yr ei di, fe af finnau; ac ym mhle bynnag y byddi di'n aros, fe arhosaf finnau; dy bobl di fydd fy mhobl i, a'th dduw di fy Nuw innau."
Ruth 1:16,17

Dyma un o'r ymadroddion prydferthaf yn y Beibl. Dyma hefyd gyffes ffydd brydferth yn Nuw Israel gan ferch o Moab.

Cefndir

Mae'n debyg bod yr hanes yma'n perthyn i gyfnod y Barnwyr, a chyfnod Gideon yn benodol. Cyfnod ysbrydol tywyll oedd hwn ar y cyfan. Roedd Ruth wedi dod i gysylltiad â Duw Israel trwy deulu Elimelech o Fethlehem, teulu duwiol.

Roedd y teulu o bedwar wedi mudo o Jwda i Moab mewn amser o brinder a newyn. Er ei fod yn awyddus i ofalu am ei deulu, mae hefyd yn wir fod Elimelech wedi dangos diffyg ffydd yn addewid Duw i ddarparu ar gyfer ei bobl yng ngwlad yr addewid. Priododd un o'r meibion, sef Chilion, â Ruth, Moabes fyddai wedi ei magu i addoli'r duw Cemos. Unwaith eto, doedd hyn ddim yn unol ag ewyllys yr Arglwydd yn ei Gyfraith. Dywedodd Duw trwy Moses am bobl y gwledydd yng Nghanan ac o'i chwmpas: "Paid â gwneud cytundeb priodas â hwy trwy roi dy ferched i'w meibion a chymryd eu merched i'th feibion, oherwydd fe wnânt i'th blant droi oddi wrthyf ac addoli duwiau eraill," (Deut.7.3,4)

Felly, daeth Ruth i gysylltiad ac i berthynas â phobl Dduw pan nad oedden nhw ar eu gorau. Serch hynny, fe ddaeth y cysylltiad yn fendith aruthrol i Ruth, a daeth hi yn un o deulu Duw ac i berthyn i linach y Meseia.

Colled

Mewn cwta ddeng mlynedd roedd Naomi, gwraig Elimelech, wedi colli ei gŵr a'i dau fab. Pan aeth yn ôl i Fethlehem dywedodd wrth bobl y dref i beidio â'i galw yn Naomi (hyfryd) ond Mara (chwerw), "oherwydd bu'r Hollalluog yn chwerw iawn wrthyf."

Roedd hyn yn golygu bod Ruth wedi colli ei phriod, a'r peth naturiol fyddai iddi aros ym Moab a mynd yn ôl at ei phobl. Dyna oedd anogaeth Naomi iddi hi ac Orpa, gan nad oedd dim ganddi i'w gynnig iddynt, dim cyfoeth na mab arall. Er i Orpa fynd gartre, mynnodd Ruth lynnu wrth Naomi, ei phobl a'i Duw. Pam?

Cyffes

Beth oedd cymhelliad Ruth? Mae rhai wedi awgrymu piti, eraill serch tuag at Naomi. Mae'r ateb llawn i'w gael yn nes ymlaen yn yr hanes, yng ngeiriau caredig Boas, "Bydded i'r Arglwydd dy wobrwyo am dy weithred, a bydded iti gael dy dalu'n llawn gan yr Arglwydd, Duw Israel, y daethost i geisio nodded dan ei adain." (2.12)

Er gwaethaf gwendidau ysbrydol teulu Bethlehem, roedd Ruth wedi gweld rhywbeth o ddaioni a gras yr Arglwydd yn eu bywydau. Er fod Naomi'n dweud i'r Hollalluog fod yn chwerw wrthi, nid oedd wedi troi oddi wrtho. Mae'n amlwg ei bod yn dal i lynnu wrtho, ac mae'n siwr fod Ruth wedi ei gweld yn profi nerth a thrugaredd yr Arglwydd er gwaetha'r amgylchiadau. Mae ei chyffes, a'i ffyddlondeb dilynol, yn esiampl i ni sydd yn proffesu ffydd yn yr Arglwydd Iesu Grist.

Fy Nuw

Nid Cemos ond Jehofa. Roedd yn cyffesu ffydd bersonol yn Nuw y cyfamod. Credodd Ruth yn nyddiau niwlog tystiolaeth yr Hen Destament, ond cawn ni ein galw i ymddiried yn yr Arglwydd ddaeth o'r nef i farw dros ein pechodau ac atgyfodi i'n cyfiawnhau.

Fy mhobl

Yn dilyn ymrwymiad i'r Arglwydd daw ymlyniad wrth ei bobl. Dyma wnaeth Paul yn Namascus. Dyma gyffesu na all fod yn gredinwraig annibynnol. A does dim sôn am 'sant' unigol yn y Testament Newydd, ond saint sydd yn perthyn i eglwys, cynulliad o bobl wedi eu galw allan o'r byd i fod yn bobl arbennig yr Arglwydd.

Ple bynnag yr ei

Nesaf, mae'n awyddus i rannu yn llawenydd a thristwch ei bobl. Gadawodd ei theulu Moabaidd i wynebu dyfodol oedd yn ymddangos yn dywyll a diaddewid wrth uniaethu a Naomi a phobl Dduw. Roedd yn debyg i Moses a ddewisodd oddef adfyd gyda phobl Dduw yn hytrach na mwynhau pleser pechod dros dro.

Lle y byddi di farw

Mae'n addunedu ei bywyd cyfan i'r Arglwydd a'i bobl, ar ôl dyddiau Naomi! Cadwodd Ruth ei hadduned, tra bod rhai proffeswyr brwd yn cwympo nôl ac yn gwadu'r Arglwydd mewn adegau anodd. O am ras i ddyfalbarhau tan y diwedd.

Fel hyn y gwnelo'r Arglwydd imi

Mae'n cyfri'r gost o lynnu wrth Dduw Israel a Naomi. Mor hawdd yw cymryd adduned aelodaeth o eglwys Iesu Grist yn ysgafn a'i daflu naill ochr pan mae'n ein siwtio.

Wrth sylwi ar gyffes ac adduned hyfryd Ruth, mae'n werth holi'n hunain am ein hymroddiad i'n Harglwydd a'n hymlyniad i'w bobl.

"Yr ydych chwi yn dystion fy mod i heddiw wedi prynu holl eiddo Elimelech a holl eiddo Chilion a Mahlon o law Naomi. Yr wyf hefyd wedi prynu Ruth y Foabes, gweddw Mahlon, yn wraig imi i gadw enw'r marw ar ei etifeddiaeth, rhag i'w enw gael ei ddiddymu o fysg ei dylwyth ac o'i fro. Yr ydych chwi heddiw yn dystion o hyn."
Ruth 4:9,10

Ffoaduriaid

Ryn ni'n gyfarwydd â phobl yn ffoi o'u cartref a'u gwlad oherwydd terfysg a rhyfel yn ein dyddiau ni. Mae stori llyfr Ruth yn olrhain hanes teulu Elimelech o Fethlehem yn mudo i Moab oherwydd newyn, a'r pen-teulu a'r ddau fab yn marw cyn i Naomi'r weddw ddod yn ôl gydag un ferch-yng-nghyfraith sydd wedi mynnu glynnu wrthi hi a'i Duw.

Ar ôl dod nôl, mae Ruth yn gweithio'n galed i gael bwyd i'r ddwy, ac wrth wneud hynny mae'n cyfarfod â Boas. Mae hwn yn berson hyfryd yn ei ffordd o drin Ruth. Beth sy'n codi calon Naomi yn arbennig yw ei fod yn berthynas i'w chyn-ŵr.

Dan arweiniad ei mam-yng-nghyfraith mae Ruth yn gofyn i Boas am ei help i glirio dyled ei berthynas – trwy'r symbol o godi cwr ei fantell drosti. Mae yntau'n ei pharchu'n fawr ac yn addo sortio'r mater.

Pryniant

Ym mhennod 4 mae Boas yn mynd i borth Bethlehem i drafod y mater gerbron yr henuriaid (10). Nid Boas oedd y pethynas agosaf, felly caiff hwnnw'r cynnig cyntaf i brynu tir Elimelech. Mae'n cytuno'n hapus gan feddwl ychwanegu at ei stad a chael Naomi a Ruth fel tenantiaid.

Yna mae Boas yn egluro dyletswydd y prynwr i briodi Ruth hefyd er mwyn parhau enw'r teulu, yn ôl Cyfraith Duw (Lef. 25.25 a Deut.25.5).

Mae'n gwrthod ail ran ei ddyletswydd ac yn fforffedu ei hawliau i Boas.

Mae un esboniwr yn gweld y prynwr cyntaf yn ddarlun o Gyfraith Duw yn Eden ac ar fynydd Sinai. Gan fod dyn wedi eu torri, mae'n bechadur sydd mewn dyled mawr i Dduw. Ond all y gorchmynion ddim ei achub oddi wrth ei bechod na chlirio'i ddyled.

Dim ond Iesu Grist all wneud hyn. Cadwodd Ef orchmynion Duw yn berffaith ac yna rhoes ei fywyd i lawr o dan felltith y Ddeddf er mwyn ein rhyddhau o'n dyled a'n prynu'n rhydd os down at Grist i ofyn am ei nawdd. Fe yw ein Boas ni!

Prawf

Y symbol gweledig o hyn oedd tynnu'r esgid. Dyma'r arwydd nad ef oedd â'r hawl i gerdded trwy'r tir a'r eiddo, a'i fod yn gwrthod priodi Ruth. Roedd yn trosglwyddo hawl y prynu i Boas. Doedd dim rhwystr nawr.

Am fod Iesu Grist wedi cadw'r gorchmynion ac ufuddhau i ofynion y Gyfraith gyda'i aberth, roedd y Ddeddf yn tynnu ei sandal, fel petae.

"Mae'r ddeddf o dan ei choron,
cyfiawnder yn dweud 'digon',
A'r Tad yn gweiddi 'bodlon',
     Yn yr Iawn,"   Gwilym Cyfeiliog

Felly, does dim hawl gan y Gyfraith i gerdded trosom. Does dim condemniad i'r rhai sydd yng Nghrist Iesu. A does dim hawl gan Satan i'n cyhuddo chwaith, oherwydd gallwn bwyntio at ein Prynwr sydd wedi clirio'r holl ddyled.

Fel roedd y sandal wedi ei thynnu, mae carreg fedd Iesu wedi ei symud hefyd. Fel roedd deg tyst i'r cyfnewid hwn, mae tystion i fryniant mawr yr Efengyl. Duw y Tad yw'r tyst cyntaf wrth atgyfodi ei Fab i'n cyfiawnhau ar ôl iddo farw trosom. Yna roedd y gwragedd, y disgyblion a mwy na phum cant o lygad-dystion i gyd.

Pendraw

Dyma'r gynulleidfa yn cyhoeddi bendith ar y briodas. 'Boed Ruth fel Rachel a Leah' - yn famau i naw o feibion Jacob, sylfaen cenedl Israel. Mewn amser fe gafwyd mab, sef Obed, tadcu Dafydd, ac roedd y Meseia yn Fab Dafydd, wrth gwrs, sylfaen eglwys Dduw.

Boed y teulu fel teulu Peres. Mab gwraig i Jwda o'r enw Tamar oedd hwn. Roedd hithau wedi colli gŵr a dau frawd-yng-nghyfraith oedd yn gwrthod ei phriodi cyn cael Peres o Jwda. Roedd Boas yn llinach Peres.

Felly roedd llinach Jwda'n parhau eto ac arweiniodd hyn mewn amser at ddyfodiad y Llew o lwyth Jwda a Brenin brenhinoedd, sef Iesu. Dyma gyflawni'r broffwydoliaeth: "Ni fydd y deyrnwialen yn ymadael â Jwda, na ffon y deddfwr oddi rhwng ei draed, hyd oni ddaw i Seilo; iddo ef y bydd ufudd-dod y bobloedd."

Diolch am hanes hyfryd llyfr Ruth. Diolch am bryniant Boas oedd yn parhau hiliogaeth Elimelech fyddai'n arwain at y Meseia. Diolch ei fod hefyd yn gysgod hyfryd o bryniant Crist ar y groes i'n rhyddhau o ddyled pechod. Hefyd roedd eu priodas ffrwythlon yn gysgod o ffrwyth yr efengyl, sydd yn dod â meibion lawer i ogoniant.

"O Arglwydd y Lluoedd, os cymeri sylw o gystudd dy lawforwyn a pheidio â'm hanwybyddu, ond cofio amdanaf a rhoi imi epil, yna rhoddaf ef i'r Arglwydd am ei oes, ac nid eillir ei ben byth."
1 Samuel 1:11

Mae'r Beibl yn dangos i ni mai sut ryn ni'n delio â'n beichiau sydd yn cyfrif. Gallwn eu hanwybyddu, eu cario nes iddynt ein gwasgu, neu eu bwrw ar yr Arglwydd. Dyna wnaeth Hanna.

Cefndir
Y cefndir yw cartref Israelaidd tua 1100 C.C. Roedd Elcana yn ddyn uchel ei barch; roedd yn weddol gyfoethog ac yn ofalus o'i ddwy wraig, ac yn caru Hanna'n arbennig; roedd yn ddyn defosiynol, yn arwain ei deulu i Seilo bob blwyddyn, er gwaethaf llygredd meibion Eli. Serch hynny, doedd bywyd ddim yn fêl i gyd, oherwydd tra bod Peninna'n planta'n gyson, roedd yr Arglwydd wedi cau croth Hanna. Ar ben hyn, roedd ei chyd-wraig yn mynnu gwawdio Hanna nes torri ei chalon. Roedd y daith flynyddol i Seilo yn rhwbio halen yn y briw wrth i Elcana rannu darnau o'r offrwm i Peninna a'r plant, a dim ond un iddi hi.

Gwewyr di-obaith?
Mae'n hawdd meddwl bod gofid fel hyn yn ddiwedd y byd. Roedd y blynyddoedd yn mynd heibio a dim golwg o etifedd. Ond nid Hanna oedd y cyntaf na'r olaf i wynebu sefyllfa fel hyn. Roedd Sarai, Rebeca, mam Samsom ac Elisabeth mam Ioan Fedyddiwr wedi cael cyfnodau hir cyn cael plant.

Dyma egwyddor bwysig ynglŷn â 'modus operandi' Duw. Mae'n gweithredu'n wahanol i ddisgwyliadau dynol, ac weithiau pan mae pob gobaith dynol wedi diflannu. A siarad yn ddynol, roedd sefyllfa Hanna'n anobeithiol. Eto i gyd mae'r Arglwydd yn camu i'r sefyllfa i godi un o'i broffwydi mwyaf o'r teulu torredig yma, gyda gwraig oedd mewn anobaith a thorcalon. "Oherwydd nid fy meddyliau i yw eich mddyliau chwi, ac nid eich ffyrdd chwi yw fy ffyrdd i,' medd yr Arglwydd." Es.55.8

Gweddi a gobaith

Yn syth ar ôl swper yr offrwm – er nad oedd Hanna'n gallu bwyta – aeth Hanna i'r Tabernacl i dywallt ei chalon gerbron yr Arglwydd. Mae'n dod â'r sefyllfa at yr Arglwydd, a'r Arglwydd i ganol y sefyllfa.

> "At bwy'r awn, ein Iesu tirion,
> At bwy'r awn ond atat Ti?
> Gormod ydyw'n beichiau trymion
> I'n hysgwyddau egwan ni;
> Nid oes arall
> Ond Tydi a all eu dwyn." John Rees

Aeth at yr Arglwydd mewn dagrau, oherwydd does dim angen cuddio dim oddi wrtho Fe. Roedd yn credu y byddai'r Arglwydd yn sylwi ar ei chystudd, ac nid yn ei gwawdio fel Peninna: "Bwriwch eich holl bryder arno ef, oherwydd y mae gofal ganddo amdanoch." (1 Pedr 5.7) Roedd yn bwrw'i baich ar yr Arglwydd, nes bod ei gwefusau'n symud bymtheg y dwsin heb leisio gair, ac Eli'n tybio ei bod yn feddw. "Arllwysaf fy nghwyn o'i flaen, a mynegaf fy nghyfyngder yn ei bresenoldeb." (Salm 142.2)

Diolch bod gennym archoffeiriad mawr a thosturiol sydd yn cydymdeimlo â ni yn ein gwendidau, ac yn ein gwahodd i arllwys ein cwdyn ger ei fron. Yna mae'n gwneud adduned i gysegru ei mab i'r Arglwydd fel Nasaread. Ac nid addewid gwag dan bwysau oedd hyn, ond gwir ddymuniad i ogoneddu Duw yn ei bywyd ffrwythlon.

Gwobr Duw

Syrthiodd y pwysau oddi ar ysgwyddau Hanna yn syth ar ôl gweddïo. Nid bod ganddi'r ateb, ond bod y baich wedi ei godi wrth geisio'r Tad nefol. Dyma neges bwysig. Does dim angen i ni gario'n beichiau ar ein pen ein hunain, gallwn bwyso ar Ei fraich, achos "mae'n cario beichiau'r byd."

Yna daw ateb ffafriol o'r nef, a gallwn ddychmygu'r llawenydd a'r gorfoledd yn Effrata. Dim ond un enw iddo oedd ar feddwl Hanna, sef Samuel, 'gwrandawyd gan Dduw'. Cadwodd ei hadduned i'w gysegru i Jehofa a gwnaeth hynny cyn gynted ag yr oedd wedi ei ddiddyfnu. Mae'n dweud ei fod yn ei fenthyg i'r Arglwydd, mae'n awyddus i rannu ei rhodd gyda'r Rhoddwr, rhywbeth y gallwn anghofio'i wneud yn aml iawn.

Diolch am hanes Hanna, a diolch am ein Harglwydd hyfryd, sy'n gweithredu er ein lles pennaf mewn ffyrdd annisgwyl ac anhebygol, o'i gariad anfeidrol, y cariad a barodd iddo roi ei Fab yn Brynwr inni.

"oherwydd y rhai sy'n fy anrhydeddu a anrhydeddaf, a diystyrir fy nirmygwyr."
1 Samuel 2:30

Dyma osodiad bachog gan Dduw sydd yn addewid gwerthfawr ac yn rhybudd nerthol ar yr un pryd. Mae hanes teulu Eli a theulu Hannah yn dangos y gwirionedd hwn ar waith. Caiff Hannah a'i theulu eu hanrhydeddu tra bod Eli a'i deulu yn cael eu diystyru, a hynny gan yr Arglwydd. Mae hyn yn gwbl groes i'r disgwyl gan fod Eli a'i feibion yn offeiriaid i Yahweh, tra bod Elcana a'i briod yn Israeliaid 'cyffredin'.

Yr anrhydeddwyr

Hanna
Roedd mewn gwewyr oherwydd nad oedd ganddi blant. Roedd Peninna (ei chyd-wraig ffrwythlon) yn gwneud pethau'n lawer gwaeth trwy ei phryfocio a'i gwawdio bob munud. Roedd y teulu yn addolwyr ffyddlon a dyma fynd i'r Ŵyl yn Seilo fel arfer.

Mae'r gwahaniaeth rhwng sefyllfa'r ddwy wraig yn boenus o amlwg yn yr offrymau caiff eu rhannu i'r plant, ac mae Hanna'n arllwys ei chalon yn y cysegr. Mae'n erfyn am fab gan addo cysegru'r rhodd i'r Rhoddwr.

Bu Yahweh yn drugarog a chadwodd Hanna at ei gair. Mynnodd ogoneddu Duw yn hytrach na chadw'r mab gwerthfawr iddi hi ei hunan.

Samuel
Yn erbyn y cefndir o lygredd afiach oedd yn perthyn i deulu Eli, ryn ni'n clywed pethau cwbl wahanol am y bachgen ddaeth i weini yn y Tabernacl. Mae nodiadau byrion yn dod fel sêr golau yn y nos dywyll. Roedd y bachgen yn 'gwasanaethu'r Arglwydd gerbron yr offeiriad Eli.' (2.11); 'tyfodd y bachgen Samuel yn nhŷ'r Arglwydd'

(2.21); roedd Samuel 'yn dal i gynyddu ac ennill ffafr gyda Duw a'r bobl.' (2.26)

Yr anrhydedd

Wrth ddod i Seilo bob blwyddyn, byddai'r rhieni'n derbyn bendith gan Eli oedd yn cyfeirio at ragor o blant. Dyma'r Arglwydd yn darparu bywyd a ffrwythlondeb eto, a chawsant dri mab a dwy ferch. Roedd Hanna wedi rhoi i Yahweh, a nawr mae'r Arglwydd yn rhoi ac yn rhoi iddi hi.

Wrth i ni ddarllen ymlaen am Samuel ryn ni'n darllen y geiriau hyn: "Tyfodd Samuel, ac yr oedd yr Arglwydd gydag ef; ni adawodd i'r un o'i eiriau fethu. Sylweddolodd Israel gyfan, o Dan hyd Beerseba, fod Samuel wedi ei sefydlu'n broffwyd i'r Arglwydd." Beth allai fod yn fwy o anrhydedd na nawdd Duw a chydnabyddiaeth o hyn gan bobl Dduw!

Y dirmygwyr

Roedd gweddi Hanna'n cyfeirio at y 'trahaus' (2.3), 'y cedyrn' (2.4) a'r 'drygionus' (2.9), ac roedd y rheini yn yr offeiriadaeth. Dyw'r Beibl ddim yn eu gwyngalchu chwaith. Roedd addoliad Seilo yn ffars llwyr. Doedd gan Hoffni a Phinees ddim parch nac awydd i gydnabod ac anrhydeddu'r Arglwydd. Roedden nhw yn yr offeiriadaeth er eu mwyn eu hunain. Roedd hyn yn golygu dewis y darnau gorau o gig yr aberth cyn eu hoffrymu a llosgi'r braster. 'Ceisiwch yn gyntaf y gorau i ni, ac wfft i'r Arglwydd' oedd eu moto. Ar ben hynny, roedden nhw'n mynnu bod y merched oedd yn gweini wrth ddrws pabell y cyfarfod yn eu gweini nhw gyda chyfathrach rhywiol anghyfreithlon a ffiaidd.

Er ei fod yn gwybod am hyn, doedd eu tad ddim wedi gwneud llawer amdano. Mae'n wir ei fod yn eu rhybuddio nad oes gobaith iddyn nhw wrth ddal ati i bechu yn erbyn yr Arglwydd, ond roedd ei eiriau'n syrthio ar glustiau cauedig. Serch hynny, gallai Eli fod wedi eu diswyddo o leiaf.

Y ddiystyriaeth

Roedden nhw'n gwrthod gwrando ar eu tad 'oherwydd ewyllys yr Arglwydd oedd eu lladd.' (2.25) Mae'n bwysig sylwi ar y geiriau hyn. Nid bod yr Arglwydd yn eu lladd oherwydd eu bod yn gwrthod gwrando; y gwrthwyneb sy'n wir. Mae hyn yn golygu bod yr Arglwydd wedi eu traddodi i'w pechodau a'u canlyniadau trychinebus a thruenus. Mae Paul yn dweud y gall hyn ddigwydd fel barn Duw ar bechaduriaid. (Rhufeiniaid 1.24,26,28) Mater o amser oedd hi cyn iddyn nhw syrthio, a digwyddodd hynny mewn lladdfa dan law y Philistiaid, a bu farw'u tad yr un diwrnod pan glywodd y neges druenus. Ar ben hynny bu farw gwraig Phinees wrth eni mab a rhoi'r enw 'Ichabod' iddo mewn anobaith llwyr.

Hefyd cyhoeddodd yr Arglwydd farn ar ddisgynyddion pellach Eli. Byddai ei linach yn cael ei chwalu'n ddim i bob pwrpas, er eu bod o lwyth Lefi a theulu Aaron. Yr olaf i'w ddiswyddo o'r offeiriadaeth oedd Abiathar, yng nghyfnod Solomon, "er mwyn cyflawni gair yr Arglwydd a lefarodd yn erbyn tylwyth Eli yn Seilo." (1 Brenhinoedd 2.27) Diolch am yr addewid a'r rhybudd llym mewn un frawddeg gyfoethog. Boed i ni anrhydeddu'r Arglwydd o flaen pawb a phopeth: hunan, pleser, a hyd yn oed teulu.

"Felly trechodd Dafydd y Philistiad â ffon dafl a charreg, a'i daro'n farw, heb fod ganddo gleddyf." 1 Samuel 17:50

Dyma un o hanesion enwocaf y Beibl sydd bellach yn ddihareb am y gwan yn gorchfygu'r cryf. Roedd yn ymddangos bod Goliath y cawr yn gosod her annheg i'r Israeliaid, ond y gwir yw fod yr her yn annheg i Goliath, am ei fod yn herio Duw.

Cefndir
Saul anufudd, brenin cyntaf Israel, sydd ar yr orsedd. Gelyn pennaf Israel ar y pryd oedd y Philistiaid tua'r Gorllewin. Mae'r ddwy fyddin yn wynebu ei gilydd ar ddau fryncyn gyda dyffryn rhyngddynt, yn ardal Ela ac Aseca. Byddin y Philistiaid sydd hapusaf oherwydd bod ganddynt gawr o bencampwr hyf a heriol. Mae'r Iddewon, pobl Dduw, yn crynu yn eu sandalau nes bod Dafydd yn eu hatgoffa o'u Duw.

Her Goliath
Mae'r disgrifiad o Goliath yn creu argraff ar ein meddwl, fel y gwnaeth ar lygaid a chalonnau bach yr Israeliaid. Mae bron yn dair metr o daldra, a'i arfau'n pwyso mwy na 57 cilo. Mae'n rhaid bod siap go lew ar ei gludydd arfau! Mae ei lais fel taran, yn galw am rywun i'w ymladd wyneb yn wyneb. Mae'n ddigon i godi arswyd ar Saul a'i ddynion.

Does dim rhyfedd fod Saul yn cuddio rhywle yn y cefndir gan addo'i ferch i'w sawl allai ei ladd, a chyfoeth mawr a breintiau dinesig am oes.

Hyder Dafydd
Yna daw'r bugail bochgoch ifanc i lwyfan yr hanes. Cawn ychydig o genfdir ei deulu a'u cysylltiad â'r fyddin. Caiff Dafydd ei anfon ar neges i weld ei frodyr a chario tipyn o gynhaliaeth iddyn nhw.

Mae'n digwydd bod yno pan mae Goliath yn gosod ei her boreol byddarol.

Mae'n dechrau holi beth ddaw o'r person fyddai'n lladd y Philistiad enfawr. Mae ei frawd yn tybio mai hyfdra gwirion a cymhellion drwg sydd y tu ôl i eiriau ei frawd bach, ond mae'n bell iawn o'r gwir. O ddarllen adnod 26 yn ofalus, fe welwn fod Dafydd yn dod â'r Duw byw i'r darlun am y tro cyntaf yn y bennod. Mae Goliath yn sarhau Israel, pobl y Duw byw, ac felly mae'n sarhau yr Arglwydd, ac yntau'n anghredadun rhonc. Mae'r ergydion yn erbyn ei bobl yn ergydion yn erbyn Duw. Pan mae Saul o Darsus yn herio eglwys Crist mae Iesu'n dweud wrtho "pam yr wyt yn fy erlid i?" (Actau 9.4)

Mae Saul yn cael gwybod am eiriau Dafydd. Daw bugail Bethlehem o'i flaen i wirfoddoli i dderbyn her y cawr. Mae Saul dynol a chnawdol yn ceisio darbwyllo Dafydd ac yna rhoi arfogaeth filwrol iddo, ond does dim posib troi ei hyder cadarn yn Nuw Israel a'i benderfyniad i ddefnyddio arfau syml a chyfarwydd. Cafodd ei help wrth wynebu anifeiliaid rheibus, ac mae'n siwr y caiff ei gefnogaeth eto yn erbyn y bwystfil bygthiol o Gath.

Mor hawdd yw arswydo yn y frwydr ysbrydol yn erbyn diafol, cnawd a byd. Mor hawdd yw meddwl bod y frwydr yn dibynnu arnom ni a cheisio defnyddio arfau cnawdol ein nerth a'n gallu ni.

Agwedd Goliath

Dyw Goliath ddim yn meddwl llawer o'i wrthwynebwr. Dyma gyfle da i ymarfer ei hiwmor bachog. Ydy Dafydd yn meddwl mai ci yw'r cawr? Ydy e o ddifri'? Mater o funudau fydd yr ornest fach hon, cyn i'r crwt ifanc gael ei fwydo i'r 'sglyfaethod a'r bwystfilod. Mae mor hyderus nes bod colli'r dydd yn amhosib' yn ei olwg. Druan ag e medd gair Duw: "Daw balchder o flaen dinistr, ac ymffrost o flaen cwymp." Diarh. 16.18

Agwedd Dafydd

Os oedd Goliath yn llawn hyder ac yn llawn o'i hunan, mae Dafydd yn llawn hyder gwahanol. Iddo fe, yr hyn sy'n cyfri' yw nid yr arfogaeth ddynol, ond yr arfogaeth ysbrydol. Roedd hyder Goliath mewn cyhyrau, haearn a phren, tra bod hyder Dafydd yn Arglwydd y Lluoedd, Duw byddin Israel.

Dyma wers hyfryd mewn 'byw trwy ffydd.' Chollodd Dafydd ddim ei olwg o'r Arglwydd, beth bynnag am ei gyd-genedl. Roedd yn credu'r hyn roedd yn ei wybod am Dduw, ei allu a'i ffyddlondeb mawr, a doedd dim rheswm i ofni, felly. Faint ohonom ni sydd yn cyrraedd yr uchelfannau ysbrydol hyn yn ein bywyd? Faint ohonom sydd yn crynu ac yn arswydo ac yn pryderu, yn hytrach na dod â Duw i bob sefyllfa a dod â phob sefyllfa at yr Arglwydd. Ryn ni'n gwybod llawer mwy am ei gariad yng ngoleuni'r groes, heb sôn am ei addewidion ychwanegol am yr Ysbryd Glân i'n diddanu a'n nerthu.

O am gael y ffydd oedd gan Dafydd ar y diwrnod bythgofiadwy hwn!

"Meddyliodd Dafydd, 'Tybed a oes unrhyw un ar ôl o deulu Saul erbyn hyn, imi wneud caredigrwydd ag ef er mwyn Jonathan.'"
2 Samuel 9:1

Dyma hanes hyfryd am frenin sydd wedi ei sefydlu ar ei orsedd ac eto mae'n cofio addewid i'w ffrind gorau flynyddoedd ynghynt. Mae cadw'i air yn golygu gofalu am ei fab anabl a'i deulu bach. Mae'r stori hefyd yn ddarlun gwych o efengyl Duw a'i gyfamod i arbed ei bobl er mwyn ei Fab.

Yr hanes

Mae Dafydd bellach yn frenin Israel gyfan. Er ei eneinio flynyddoedd cyn hyn gan Samuel, bu'n rhaid iddo aros a goddef cenfigen mileinig Saul ac ar ôl ei gyhoeddi'n frenin Jwda cafodd wrthwynebiad gan Abner ac Isboseth am saith mlynedd cyn ei goroni'n frenin y wlad gyfan. Nawr mae'n cofio'i lw i Jonathan i ofalu amdano fe neu ei deulu ar ei ôl. Daw o hyd i Meffiboseth, ei alw i'r palas yn Jerwsalem, rhoi yn ôl tir a gwas Saul ei dadcu iddo, a threfnu iddo fwyta wrth fwrdd y brenin bob dydd.

Yr Efengyl – cyflwr dyn

Mae Meffiboseth yn ddarlun o ddyn yn ei gyflwr naturiol o bechod: Mae'n gloff, ac ni all weithio nac ymladd fel ei dad a'i daid. Yn yr un modd dyw pechadur ddim yn gallu caru Duw â'i holl galon, â'i holl feddwl nac â'i holl nerth, na charu ei gymydog fel ef ei hunan. Ni all dalu nôl am ddyled ei bechod trwy ddaioni chwaith, oherwydd bod staen pechod ar bopeth mae'n ei wneud.

Mae'n byw yn Lo-debar (dim porfa), ac mae enaid dyn mewn cyflwr llwm a thenau fel pechadur am ei fod heb Grist fel Arglwydd a Gwaredwr, heb Dad nefol, heb Frawd, heb nerth dwyfol yn ei fywyd ac heb obaith y tu hwnt i'r byd yma.

Y godwm

Pan roedd yn anabl? Pan ddaeth y newyddion fod Saul a Jonathan wedi syrthio ar Gilboa, bu'n rhaid i'r deulu ffoi, a dyma nyrs Meffiboseth yn ei ollwng nes torri ei bigyrnau mae'n siwr. Beth am anabledd ein pechod ni? Daeth pechod i ni oherwydd i'n rhieni cyntaf, Adda ac Efa, ffoi oddi wrth Dduw mewn gwrthryfel yng ngardd Eden.

Caredigrwydd Dafydd

Gofyn. Mae Dafydd yn gwneud ymholiadau ynglŷn â theulu Jonathan. Fe sy'n cymryd y cam cyntaf, ac felly mae gyda Duw. Cynlluniodd i achub dyn cyn creu y byd yn ei ragwybodaeth a'i gariad. Cyflwynodd i ni Waredwr oedd yn gwbl addas i ddynoliaeth syrthiedig a'i anfon i chwilio am ddefaid colledig.

Galw

Galwodd y brenin Meffiboseth i Jerwsalem er mwyn dangos caredigrwydd iddo – er fod y dyn cloff yn siwr o fod yn ofni'r gwaethaf gan ddisgwyl i Dafydd ddial am gasineb Saul yn ei erbyn. Cawn ni ein galw i garedigrwydd mawr gan Iesu Grist.

Tir

Cafodd ei etifeddiaeth nôl. Cawn ni ddod yn feibion i Dduw, ac yn etifeddion y nef a chyd-etifeddion â Christ o'r gogoniant nefol. Cawn ein bendithio â phob bendith ysbrydol yn y nefolion leoedd yn Nghrist: ein mabwysiadu, ein prynu'n rhydd o gaethwasiaeth pechod, ein galw'n genedl etholedig, ein selio ag Ysbryd Glân Duw.

Gwledda

Cafodd Meffiboseth fwyta wrth fwrdd y frenin, gyda'r teulu brenhinol, bob dydd. Gallwn ei ddychmygu'n eistedd ymhlith y teulu a dim gwahaniaeth rhyngddo fe a'r gweddill, gan fod ei gloffni wedi ei guddio o dan y ford! Ac mae hyn yn ddarlun gwych o'n derbyniad ni gan Dduw yn haeddiant Iesu Grist. Fel yr oedd y bwrdd yn cuddio traed Meffiboseth, mae cyfiawnder Iesu Grist yn cuddio gwarth ein pechod ni, wrth i ni gredu'n bersonol yn aberth Crist trosom fel ein Gwaredwr a'i dderbyn fel Arglwydd ein bywyd. Oherwydd ufudd-dod Iesu Grist yn ei fywyd di-bechod, a'i ufudd-dod yn marw fel Iawn dros ein bai, cawn ein derbyn yn blant Duw. Gallwn ddychmygu hefyd bod y bwyd gorau ar y bwrdd brenhinol. Ac fe gawn ni wledda ar Iesu Grist fel Cristnogion. Trwyddo Fe cawn dderbyn Ysbryd Glân Duw, trydydd Person y Duwdod, i fyw gyda ni a rhoi i ni heddwch gyda Duw, a chawn dangnefedd Duw yn ein calonnau – nad oes dim rhyngom ni a Duw bellach. Hefyd cawn lawenydd o brofi maddeuant llawn a derbyniad trwy Grist. Caiff cariad Duw ei dywallt yn ein calonnau, a chawn addewid o drugaredd a gras yn ei bryd ar hyd ein bywyd; trwy anawsterau, temtasiynau, treialon amrywiol a hyd yn oed erledigaethau. Dyma wledd feunyddiol y Cristion.

Gweision
Cafodd Meffiboseth was Saul a'i deulu i drin y tir iddo a darparu cynnyrch. Ac fe gawn ni weision Duw yn weision i ni. Mae angylion Duw yn weision i'w blant, a gweinidogion y Gair i ddarparu bwyd da ar ein cyfer, ac fel teulu'r Ffydd cawn y fraint o wasanaethu'n gilydd.

Diolch am yr hanes hyfryd yma, a'r darlun eglur o Efengyl ogoneddus Duw, a boed i ni fod yn brofiadol ohoni.

"Ond fe arhosodd Dafydd yn Jerwsalem. Un prynhawn yr oedd Dafydd wedi codi o'i wely ac yn cerdded ar do'r palas. Oddi yno gwelodd wraig yn ymolchi, ... Anfonodd Dafydd negeswyr i'w dwyn ato, ac wedi iddi ddod, gorweddodd yntau gyda hi."
2 Samuel 11:1,2,4

Dyma hanes enwog a thrist am odineb brenin mwyaf Israel. Mae'r hanes yn rhybudd i bob Cristion ynglŷn â pheryglon difrifol pechod a'i ganlyniadau, ond hefyd mae'n dangos trugaredd a gras rhyfeddol Duw.

Cefndir
Mae Dafydd yn frenin ar Israel gyfan erbyn hyn. Mae wedi bod yn llwyddiannus fel brenin milwrol ac mae ganddo deulu lluosog. Does dim rhaid iddo fynd i ryfel gan fod Joab ei nai yn abl ac yn ffyddlon iddo. Mae Dafydd yn dechrau meddwl am ymlacio tipyn a rhoi ei draed i fyny. Mae hyn yn beryglus i'r Cristion, oherwydd mae'r diafol yn siwr o ffeindio gwaith i ddwylo segur.

Cwymp Dafydd
Mae'n cael siesta bach diniwed i bob golwg. Mewn gwirionedd, mae'n aeddfed i demtasiynau nerthol iawn. Mae'n gweld Bathseba'n ymolchi, yn gweld ei noethni ac mae'n cyflawni godineb â hi yn ei feddwl, sydd yn arwain at y weithred, er iddo gael gwybod ei bod yn briod i un o'i filwyr mwyaf praff a theyrngar, Ureia. Dywed Job, "Gwneuthum gytundeb â'm llygaid i beidio â llygadu merch" (31.1) ac mae Iesu'n dweud mai'r llygad yw cannwyll y corff, ac os yw'n dywyll, mae'r holl gorff yn dywyll. Mor bwysig yw gofyn i'r Arglwydd i gadw'n llygaid yn bur, i'n cadw rhag trachwant sy'n arwain at dorri cyfraith Duw.

Cuddio cythreulig

Wedi cyflawni godineb daeth neges i'r palas yn dweud bod Bathseba'n feichiog. Dyma Dafydd yn mynd ati'n syth i gynllwynio, fel bod y geni i bob golwg yn ganlyniad perthynas Ureia a'i wraig. Dyma anfon amdano, holi am hynt y frwydr ac yna'i annog i fynd gartref at ei wraig. Ond roedd y milwr dewr yn fwy ffyddlon na'i gadfridog! Mae'n cysgu yng nghyntedd y palas oherwydd na all feddwl am fwynhau ei hun gyda'i wraig tra bod gweddill y bechgyn yn nannedd y frwydr. Felly, dyma Dafydd yn ceisio unwaith eto, trwy ei feddwi a phwyso arno i fynd gartre. Serch hynny, gorwedd gyda'r gweision wnaeth Ureia ac nid gyda'i wraig brydferth. Y cam olaf oedd ysgrifennu llythyr oedd yn sicrhau marwolaeth ei gymydog, trwy orchymyn iddo gael ei adael yn agored ar flaen y gad.

Roedd Dafydd yn parhau fel brenin parchus, crefyddol am ryw flwyddyn, a'r gymdoges yn wraig gyda phlentyn newydd-anedig yn y cartref brenhinol. Dyma ddangos llygredd pechod, yn arwain Dafydd o fodloni chwant cnawdol, hunanol, at frad, twyll a llofruddiaeth, heb sôn am ragrith mewn addoliad.

Canlyniadau

Doedd dim dianc i Dafydd, fel nad oes dianc i neb gerbron Duw. Caiff Nathan ei anfon i argyhoeddi'r brenin o'i bechod a dangos ymateb yr Arglwydd. Wrth i Dafydd weld a chyffesu ei bechod, roedd Duw yn fodlon maddau iddo, ond doedd Dafydd ddim am gael osgoi canlyniadau ei weithred ysgeler. Roedd wedi dangos diffyg diolch a diffyg teyrngarwch dybryd at y Duw oedd wedi ei fendithio gymaint, ac oedd yn barod i'w fendithio rhagor.

Byddai marwolaeth yn rhedeg trwy deulu Dafydd, gyda marwolaeth y plentyn bach a rhai o'i feibion hŷn hefyd. Byddai rhai o wragedd Dafydd yn cael eu cymryd gan fab iddo, a fyddai'n codi ac yn gwrthryfela a chynllwynio yn ei erbyn. Yn y penodau nesaf fe welwn y cyfan a ddywedodd gŵr Duw yn dod yn wir. Roedd pechod y funud a'r cuddio cythreulig wedi dod â chanlyniadau difrifol i Dafydd frenin.

Caredigrwydd Duw

Serch hynny, cyhoeddodd yr Arglwydd ei fod yn maddau i Dafydd. Sail hyn oedd bod Dafydd yn credu Duw ac yn credu'r addewidion am had Abraham fyddai'n fendith i'r holl fyd, sef Iesu. Roedd yn gwybod rhywbeth am yr Un fyddai'n cyflawni'r holl aberthau a'r seremonïau.

Yn ei drugaredd rhyfeddol, caniataodd Duw i Dafydd a Bathseba gael plentyn arall, sef Solomon, brenin nesaf Israel! Trwy ras Duw, cafodd Dafydd ei dorri o'i falchder a'i ddiogi a gwelwn ei edifeirwch yn Salm 51.

Diolch i'r Ysbryd Glân am wneud yn siwr fod yr hanes tywyll yma am un o sêr Israel yn cael ei gofnodi. Mae'n profi nad oes neb ohonom y tu hwnt i demtasiwn na chwymp i bechod, fel mae hanes wedi dangos ar hyd y blynyddoedd. Boed i ni wylio a gweddïo, a diolch am drugaredd a gras rhyfeddol Duw, a'i lanhad o bob pechod trwy aberth gostus ei Fab.

"Oherwydd fel hyn y dywed Arglwydd Dduw Israel: 'Nid â'r celwrn blawb yn wag na'r stên olew yn sych hyd y dydd y bydd yr Arglwydd yn rhoi glaw ar wyneb y tir.'"
1 Brenhinoedd 17:14

Dyma hanes rhyfeddol Elias a'r weddw o Sareffath. Mae'n dangos fod yr Arglwydd yn gweithredu cyfiawnder a gras hefyd, a'i fod yn rhydd i weithredu mewn ffyrdd sydd yn gwbl annisgwyl i ni.

Cefndir

Ryn ni yng nghyfnod Ahab, brenin annuwiol Israel, teyrnas y gogledd tra bod Jwda yn y de. Roedd wedi priodi Jesebel, merch brenin Sidon, a daeth hi ag addoliad Baal i ganol bywyd crefyddol Samaria a'r deyrnas. Yng nghanol yr holl anffyddlondeb ysbrydol roedd Elias yn wir broffwyd ac roedd 7,000 o addolwyr ffydlon.

Cerydd

O ganlyniad i ddrygioni'r teulu brenhinol, cyhoeddodd Duw trwy Elias y byddai sychder nes iddo ddweud yn wahanol. Roedd hyn yn cyflawni rhybudd Cyfraith Duw: "Gwyliwch rhag i chwi gael eich arwain ar gyfeiliorn, a gwasanaethu duwiau estron a'u haddoli. Os felly, bydd dicter yr Arglwydd yn llosgi yn eich erbyn; bydd yn cau y nefoedd fel na cheir glaw, ac ni fydd y tir yn rhoi ei gynnyrch,..." (Deut.11.16,17) Nid geiriau gwag yw rhybuddion Duw; er ei fod yn hynod amyneddgar ac araf i ddig y mae hefyd yn gyfiawn. Byddai pawb yn dioddef oherwydd barn Duw ar ei bobl.

Arwydd arall o farn Duw fyddai diflaniad Elias a distewi gair Duw yn Israel am gyfnod. Falle byddai Ahab a'i wraig yn falch o hyn, fel y mae pobl heddiw yn crefu am gael eu gadael yn llonydd gan Dduw i fyw eu bywydau hebddo. Ond yn y Beibl, mae absenoldeb ei air yn farn: "'Wele'r dyddiau yn dod,' medd yr Arglwydd Dduw, 'pan anfonwyf newyn i'r wlad; nid newyn am fara, na syched am ddŵr, ond am glywed geiriau'r Arglwydd.'" (Amos 8.11)

Peth arall oedd yn dangos barn Duw ar Israel oedd ei ffordd annisgwyl o ofalu am ei was ffyddlon. Yn gyntaf fe'i hanfonodd y tu hwnt i'r Iorddonen a chomisiynu cigfran, aderyn 'aflan,' i weithredu fel cludwr pizza 'Domino' i gario bwyd iddo bob dydd, tra'i fod yn yfed o nant Cerith.

Ar ben hynny, cafodd Elias ei yrru'n bell i'r gogledd, y tu hwnt i ffiniau Israel i Sareffath. Gallwn weld yr eironi wrth i'r proffwyd roedd Jesebel yn ei gasáu gael gwely a brecwast gyda gweddw o deyrnas baganaidd ei thad. Eto, roedd Yahweh yn symud ei ffafr oddi wrth Israel wrth fendithio'r weddw o blith y Cenhedloedd. Dyma bwynt Iesu yn synagog Nasareth: "yr oedd llawer o wragedd gweddw yn Israel yn nyddiau Elias....Ond nid at un ohonynt hwy yr anfonwyd Elias ond yn hytrach at wraig weddw yn Sarepta yng ngwlad Sidon." (Luc 4.25,26)

Cais annisgwyl

Wrth i Elias landio yn y gogledd, daeth â bendith grasol yr Arglwydd i fywyd caled y wraig weddw a'i mab. Dyma brawf arall fod cylch grasol Yahweh yn ymestyn y tu hwnt i Israel yn amser yr Hen Destament, fel gyda Melchisedec, Jethro, Rahab, Ruth, Namaan ac Ebedmelech. Mae hyn yn blaenbrawf o'r amser pan fyddai Duw yn estyn "i'r Cenhedloedd hefyd yr edifeirwch a rydd fywyd." (Actau 11.18)

Dyma'r ymwelydd yn gofyn am ddŵr a bara 'run pryd. Aeth y wraig ar ei llw bod ei sefyllfa faterol yn hynod o druenus. Roedd ei hadnoddau yn dirwyn i ben. Roedd ar fin paratoi eu swper olaf iddi hi a'r mab.

Gwnaeth gŵr Duw gais oedd yn ymddangos yn galed a braidd yn hyf, a dweud wrthi i godi bwyd o'i phrinder iddo fe gyntaf. Ond o ddarllen yn ofalus fe welwn fod y cais 'caled' wedi ei gyflwyno rhwng calondid ac addewid fel brechdan blasus.

Yn gyntaf llefarodd Elias y geiriau cysurlon, 'Paid ag ofni.' Dyma eiriau a glywn yn y salmau ac ar wefusau ein Harglwydd Iesu. Maen nhw'n llawn hyder dwyfol i roi tangnefedd i'r galon ddynol.

Yna daw'r addewid bendigedig y byddai cyflenwad blawd ac

olew'r cartref yn parhau nes i'r glaw ddisgyn ar y wlad eto. Felly, dyw'r cam o ffydd a ofynnir amdano ddim mor annheg na mor afresymol ag y mae'n edrych ar y cyntaf. Dyma yw ffydd: mentro ar air Duw cyn gweld y canlyniadau. Cymrodd y wraig y cam, a chafodd brofi gwyrth bob tro yr aeth at y celwrn blawb a'r stên olew. Nid bod y llestri'n gorlifo, ond byth yn wag. "Ond ceisiwch yn gyntaf deyrnas Dduw a'i gyfiawnder ef, a rhoir y pethau hyn i gyd yn ychwaneg i chwi." (Mathew 6.33)

Diolch am hanes i'n hatgoffa fod Duw yn gyfiawn, ac yn ceryddu ac yn cosbi'r sawl sy'n mynnu ei wrthod, ond ar yr un pryd ei fod yn rasol ac yn mynnu rhoi ei fendith i eraill sydd yn fodlon ei gymryd ar ei air.

"Apeliodd gwraig un o'r proffwydi at Eliseus a dweud, 'Bu farw dy was, fy ngŵr, ac yr oedd yn ddyn duwiol, fel y gwyddost; ac y mae'r echwynnwr wedi dod i gymryd fy nau blentyn yn gaethion iddo.'"
2 Brenhinoedd 4:1

Dyma hanesyn hyfryd am weddw ffyddlon i broffwyd duwiol. Mae mewn gwir angen oherwydd dyled, ac mewn perygl o golli ei dau fab i gaethwasanaeth. Wrth iddi apelio at Dduw trwy ei was, mae'n gweld na fydd Duw "yn gwrthod cyfiawnder i'w etholedigion, sy'n galw'n daer arno ddydd a nos." (Luc 18.7)

Credadun anghenus
Dyw ffyddlondeb a duwioldeb ddim yn warant na chawn anawsterau amrywiol ar daith bywyd. Mae'r wraig yma wedi colli ei phriod, ac fel petae hynny ddim yn ddigon, mae ar fin colli ei meibion trwy ddyled.

Roedd ei gŵr yn ddyn duwiol, yn berson prin iawn yn y dyddiau hynny. Roedd addoliad Baal ym mhobman oherwydd dylanwad brenhinoedd drwg. Felly, bu'r proffwyd yma yn nofio yn erbyn y llif. Doedd e ddim wedi cyfaddawdu, ac eto mae ei anwyliaid mewn picil. Mae hyn yn ein hatgoffa fel y gall pethau drwg ddigwydd i bobl Dduw. Y gweinidog ffyddlon sydd yn darganfod fod y cancr wedi dod nôl, a bydd yn gadael ei deulu ar ôl. Y Cristion ffyddlon sydd yn colli ei blant mewn damwain car yn cael ei achosi gan ddreifar meddw.

Credadun anghenus
Eto mae gan y weddw ffydd yng nghanol ei hargyfwng. Mae'n troi at yr Arglwydd trwy alw ar ei was.
"Rwy'n troi fy wyneb, Iesu da,
O bobman atat Ti,
Ym merw blin y byd a'i bla,
Dy wedd sy'n hedd i mi." J.T.J."

Mae ganddi ffydd syml sydd yn glynnu wrth Dduw, yn dweud ei chwyn heb ddweud rhagor. Dyw hi ddim yn meddwl dweud wrth yr Arglwydd na'i was beth i'w wneud, ond gadael y cyfan wrth ei draed, fel petae. Wrth fwrw ei baich ar Eliseus mae'n ei fwrw ar yr Arglwydd, ac mae'n siwr o brofi ei gynhaliaeth: "Bwrw dy faich ar yr Arglwydd, ac fe'th gynnal di; ni ad i'r cyfiawn gael ei ysgwyd byth." (Salm 55.22)

Credadun gwerthfawr
Nid yn unig mae ganddi ffydd; mae Duw o'i phlaid. Yn y bennod flaenorol dyw Eliseus ddim yn fodlon edrych ar y brenin Joram oherwydd ei ddrygioni a'i annuwioldeb. Nawr, mae'r proffwyd yn dangos pob awydd i gynorthwyo'r weddw fach ddi-enw. Er ei bod yn ddi-nod a di-enw, mae ganddi glust yr Arglwydd trwy'r proffwyd, sydd werth gymaint mwy na statws brenhinol heb Dduw. Mae gan bob Cristion ffordd i ddod at ei Dad nefol trwy Iesu ein Harchoffeiriad mawr. Yn ei enw Fe, gawn glust a chymorth parod yr Hollalluog.

Cais i'n cynnwys
Yna mae Eliseus yn gofyn beth sydd ganddi, nid er mwyn iddi deimlo'n waeth oherwydd ei phrinder, ond er mwyn ei chynnwys yn yr hyn y mae Duw am ei wneud. Wrth ateb, mae'n nodi pa mor llwm yw ei hadnoddau. Does dim ond un ystenaid o olew ganddi. Mae'n dweud hyn gan ddangos pa mor bitw oedd hynny yn wyneb y ddyled a'i hanghenion i'r dyfodol. Eto i gyd, mae Duw yn dechrau ei waith rhyfeddol gyda'r union beth sydd yn dangos ei thlodi enbyd. Mae hyn yn ein hatgoffa o ffordd Iesu o weithredu hefyd. Pan oedd tyrfa o bum mil o ddynion (heb sôn am wragedd a phlant) eisiau bwyd, gofynnodd i'r disgyblion faint o dorthau oedd ganddynt. Roedd y pum torth a'r ddau bysgodyn yn chwerthinllyd o annigonol i borthi'r dorf, ac eto dechreuodd Iesu'r gwaith gwyrthiol o'u digoni gyda'r annigonol.

Cuddio

Yn olaf, mae Elieus yn dweud wrth y wraig weddw i gadw hyn yn dawel. Heblaw gofyn am botiau gwag gan gymdogion, does neb yn gwybod beth sy'n digwydd. Mae'n debyg bod hyn er mwyn osgoi balchder wrth rannu stori bersonol. Mae perygl o hyd i ni gael peth o'r clod wrth gael sylw wrth dystio i ryw ddarpariaeth wyrthiol gan yr Arglwydd.

Dim ond y teulu, y proffwyd a'r Arglwydd sy'n gwybod am y cyflenwad gwyrthiol (a ni wrth gwrs). Roedd digon o olew i bob stên, a gwerthiant hynny'n ddigon i glirio'r ddyled a byw ar y gweddill i'r dyfodol.

Dyma enghraifft arall o ddarpariaeth helaeth ein Duw i'w blant oedd yn ddi-enw a di-nod yng ngolwg y byd. Mor dda yw Jehofa Jire!

"Yr oedd Namaan capten byddin brenin Syria yn ddyn uchel gan ei feistr ac yn fawr ei barch, am mai trwyddo ef yr oedd yr Arglwydd wedi gwaredu Syria. Ond aeth y rhyfelwr praff yn ŵr gwahanglwyfus."
2 Brenhinoedd 5:1

Dyma gyflwyniad y Beibl i hanes Namaan, hanes gŵr estron a brofodd gras Jehofa mewn ffordd arbennig. Cawn ynddi nifer o wersi pwysig ynglŷn â sut mae Duw yn gweithio wrth dorri i mewn i fywyd person.

"Rhagluniaeth fawr y nef"
Gwelwn lwyddiant byddin Syria yn cael ei briodoli yn y pendraw i'r Arglwydd. Ar yr un pryd mae'n llywio bywydau personol - megis y forwyn ddi-enw a rwygwyd yn boenus o'i chartref duwiol Iddewig a'i symud yn ddi-seremoni i Syria i weini ar gapten y gâd a'i deulu paganaidd. Onibai amdani hi, byddai Namaan heb wellhad corfforol nac ysbrydol.

Cyfryngau a rhwystrau
Os oedd morwyn ffyddiog Israel yn gyfrwng yng nghynllun achubol, grasol Duw, roedd brenin anghrediniol y genedl yn rhwystr. Roedd ei ymateb llawn dryswch a dychryn i lythyr Aram yn nodweddiadol o'r agwedd ddi-gred a di-geisio-Duw oedd yn Israel ar y pryd. Roedd yn arweinydd i bobl Dduw, ond doedd dim gwir ffydd yn Yahweh ganddo, mae'n esiampl drist o grefydd allanol heb realiti mewnol.

Tynnu'r gwynt o'r hwyliau
Daeth Eliseus i'r adwy a gwahodd Namaan i'w gartref di-nod yn y wlad. Mae'n ddoniol i feddwl am y 'retinue' rhwysgfawr yn cyrraedd bwthyn bach y proffwyd. Beth dd'wedodd y cymdogion? Chafodd y capten ddim croeso llys-genhadol chwaith, ond neges gan was i

ymdrochi seithwaith yn afon brwnt yr Iorddonen! Cafodd ei drin fel dyn gwahanglwyfus (rhywbeth tebyg i 'psoriasis' gwael falle) oedd angen gwellhad; ac onid pechadur aflan sydd angen glanhad Efengyl Crist yw pob un ohonom gerbron Duw mewn gwirionedd? Onid dyma sut ddylem ni drin pob person ddaw i gysylltiad â'n heglwysi?

Duw yr annisgwyl

Roedd Namaan wedi darlunio a chynllunio yn ei feddwl sut roedd y proffwyd yn mynd i'w wella. Roedd y presgripsiwn yn ei law, fel petae. Roedd yn disgwyl arwyddion cyhoeddus gan y proffwyd ei hunan o leiaf. Nid amgylchiadau ein troedigaeth ni sydd yn bwysig chwaith. Gallwn alw ar yr Arglwydd mewn oedfa, mewn cartref, neu ble bynnag.

Un ffordd

Yn ein byd ôl-fodern ble mae 'gwirionedd' pawb yn amrywiol iawn, mae clywed mai Iesu Grist yw'r unig ffordd at yr unig wir Dduw byw yn ergyd ysgytwol. Dyna ddysgodd Namaan. Ymolchi yn yr Iorddonen fudr oedd ffordd Duw o'i wella, a gallai dderbyn neu wrthod y moddion.

I rai, mae efengyl Crist wedi ei groeshoelio yn dramgwydd, ac yn ffolineb i eraill, ond i'r sawl sydd yn ymddiried ynddo, mae'n ddeinameit Duw.

Mae Duw yn defnyddio gweision Namaan i'w ddarbwyllo i dderbyn meddyginiaeth Eliseus. Maen nhw'n tynnu trimins y croeso a'r pampro urddasol disgwyliedig er mwyn i'w meistr weld gwir gynnig o iachâd, ac felly does dim i'w golli ond mymryn o falchder.

Ffrwyth gras

Yn ei ras, mae'r Arglwydd yn iacháu Namaan yn gorfforol ac yn ysbrydol. Mae ei groen fel croen plentyn. Fel gyda Iesu, mae'r claf yn cael adferiad llwyr, ond hefyd mae'n dod yn grediniwr. Mae'n cyffesu Jehofa fel y gwir Dduw; mae'n addunedu na fydd yn addoli unrhyw dduw arall, ac yn gofyn am bridd Israel i adeiladu allor arno yn Syria i Dduw Israel; mae'n cyfeirio at ei hun fel 'dy was' wrth siarad ag Eliseus. Mae'n awyddus i fendithio'r proffwyd ag anrheg ac mae'n gofyn am oddefiad pan fydd yn mynd i deml Rimmon yn rhinwedd ei swydd.

Gehasi yn gwyro gras Duw

Er bod Eliseus yn bendant ei wrthodiad o rodd Namaan, mae golwg Gehasi ar bethau'n dra gwahanol. Mae'n torri gorchmynion Duw yn deilchion. Mae'n chwennych eiddo'r capten cyfoethog, yn dweud celwydd, ac mae'n cymryd enw'r Arglwydd yn ofer wrth dyngu ei fwriad i'w hunan. Talodd yn ddrud am ei bechod wrth dderbyn gwahanglwyf Namaan fel cosb. Mae pechu yn erbyn goleuni gras Duw yn ddifrifol, ac mae Paul yn cyhoeddi wrth y Galatiaid bod melltith Duw ar unrhyw un fyddai'n pregethu 'efengyl' arall fyddai'n ychwanegu unrhyw beth at waith Crist fel ffordd i'n hachub.

Diolch am hanes sydd yn darlunio gras achubol Duw, a'r pechod difrifol o weithio yn erbyn y gras hwnnw.

"Pan ddaeth y gwahangleifion hyn i gwr y gwersyll, aethant i mewn i un o'r pebyll, a bwyta ac yfed; ac yna aethant ag arian ac aur a dilladau oddi yno a'u cuddio;" 2 Brenhinoedd 7:8

Fuoch chi mewn sefyllfa ble'r oedd gymaint o fwyd a diod a chyfoeth ar eich cyfer fel nad oeddech yn siwr ble i ddechrau? Dyma sefyllfa ysbrydol y sawl sydd yn adnabod Iesu Grist fel Ceidwad.

Cefndir

Dyma hanes rhyfeddol o Samaria yn amser y brenin Jehoram, amser o newyn gan fod Benhadad brenin Syria yn gwarchae ar y ddinas. Mentrodd pedwar dyn gwahanglwyfus i wersyll byddin Syria yn llwgu, a dim i'w golli. Er syndod mae holl adnoddau'r fyddin yno, ond dim milwyr! Maen nhw'n rhannu'r newyddion â'r brenin ac mae digonedd eto yn Samaria.

Newyn ysbrydol

Cosb Duw am eilunaddoliaeth oedd y gwarchae. Mae'n gwneud i ni feddwl am newyn ysbrydol, sydd yn ganlyniad ein pechod yn troi yn erbyn Duw heb ei garu â'n holl galon na charu'n cymydog fel ni ein hunain.

Mae'n gwneud i ni feddwl am newyn ysbrydol Cymru ar hyn o bryd. Mae gair Duw yn brin. Nid bod prinder Beiblau, ond mae prinder addolwyr gyda mannau addoliad yn cau o hyd, ac mae prinder cyhoeddi'r Efengyl Feiblaidd.

Os oes archwaeth am Dduw gan rywun heddiw, gall dderbyn pob math o fwyd cymysg, fel trueiniaid Samaria yn talu ffortiwn am ben asyn! Bydd rhai sectau yn defnyddio'u fersiwn eu hunain o'r Beibl, ac yn cyhoeddi credoau amrywiol sydd yn groes i neges yr Ysgrythur ynglŷn â Pherson Duw y Tad, y Mab a'r Ysbryd Glân. Bydd cymysgwch wedyn ynglŷn â sut i adnabod Duw.

Mae rhai oddi mewn i'n heglwysi yn tynnu oddi wrth y Beibl

gan wadu'r creu, y goruwchnaturiol, a'r gobaith nefol. Dyn ni ddim yn gweld llawer yn cael eu hargyhoeddi o bechod ac yn cofleidio'r Arglwydd Iesu.

Argyfwng

Arwydd o argyfwng Samaria oedd y ddwy wraig yn berwi'r baban bach. Mae'r apostol Paul yn disgrifio argyfwng ysbrydol pan mae dynion yn crwydro oddi wrth Dduw yn Rhufeiniaid 1: Dim diolch na gogoniant i Dduw; addoli eu duwiau ffals eu hunain; anfoesoldeb rhywiol; cyfunrhywiaeth; drygioni, trachwant, cenfigen, llofruddiaeth, cynnen, cynllwyn a malais.

Bygwth Eliseus

Roedd Jehoram am ladd y proffwyd ffyddlon. Roedd am roi'r bai ar ddyn Duw, ac felly ar Dduw hefyd. Roedd yn anwybyddu ei bechod ei hun a'r angen i edifarhau a phlygu gerbron Duw. Roedd mynd ar addoliad Baal, a delwau yn Dan a Bethel o hyd. Dyma ymateb dyn yn amal mewn trychineb. Mae'n barod i ofyn 'ble mae Duw?' er nad yw wedi meddwl fawr ddim am Dduw na'i gyflwr ger ei fron cyn hynny.

Y gwahangleifion

Roedd y rhain ar wahân. Doedden nhw ddim yn Samaria oherwydd y gwahanglwyf. Dyma ddarlun ohonom ni yn ein pechod. Dyn ni ddim yn agos at Dduw oherwydd ein camweddau a'n pechodau: "ond eich camweddau chwi a ysgarodd rhyngoch a'ch Duw," (Eseia 59.2) Serch hynny, mae'r pedwar yn mentro i wersyll y gelyn gan nad oes dim i'w golli. Roedden nhw'n marw o newyn beth bynnag, a'r gwaethaf allai ddigwydd oedd bod y gelyn yn eu lladd.

Mae'r Efengyl yn galw arnom i droi at yr Arglwydd Iesu a mentro ato i geisio maddeuant, glanhad a derbyniad llawn gan Dduw.

"Mae gwahoddiad llawn at Grist,
oes i'r tlawd newynog trist." (Pedr Fardd).

Gwledd

Er syndod mae gwledd o fwyd, diod a dillad yn eu haros gan fod yr Arglwydd wedi peri i'r gelyn ffoi yn y nos. A phan ddown at Dduw trwy Iesu Grist, cawn ein synnu gan y croeso, y derbyniad, yr heddwch, y tangnefedd a'r llawenydd a gawn ganddo. Sut mae hyn? Oherwydd fod Iesu Grist wedi byw bywyd ufudd a dibechod ac wedi marw i dalu dyledion ein pechod ni ar Galfaria.

Wrth iddynt fwyta, yfed a storio'r trysor, sylweddolodd y gwahangleifion eu bod ar fai am beidio â rhannu'r newyddion da â Samaria. Felly, dyma wneud. Dyma gomisiwn yr Arglwydd i ni hefyd.

Diolch am wledd Efengyl Iesu Grist. Gadewch i ni ei mwynhau, a'i rhannu gydag eraill hefyd.

"Gweddïodd Jabes ar Dduw Israel, a dweud, "O na fyddit yn fy mendithio ac yn ehangu fy nherfynau! O na fyddai dy law gyda mi i'm hamddiffyn oddi wrth niwed rhag fy mhoeni!" Rhoddodd Duw ei ddymuniad iddo."
1 Cronicl 4:10

Taer weddi

Dyma gofnod o weddi gan ddyn o'r enw Jabes, yng nghanol rhestr hir o lwythau Israel ar ôl i'r genedl ddod nôl o gaethglud Babilon. Mae'n ddiddorol iawn fod un o lwyth Jwda yn cael ychydig mwy o sylw, a chawn wybod bod ei weddi syml wedi ei hateb yn gadarnhaol gan yr Arglwydd.

Mae Iago yn dweud wrthym fod gweddi daer yn beth effeithiol iawn, ac mae gweddi Jabes yn llawn angerdd. Y cyfan cawn wybod amdano yw bod ei enw yn adlewyrchu'r boen brofodd ei fam wrth ei eni. Er gwaethaf hynny, daeth yn ddyn mwy anrhydeddus na'i frodyr ac yn ddyn duwiol, mae'n amlwg. Does dim rhaid i ni gael ein cyfyngu gan ein gorffennol na'n hamgylchiadau rhag profi bendithion helaeth Duw ar ein bywyd.

Gwir fendith

Mae'r cais cyntaf yn gofyn am fendith fawr gan Dduw mawr. Roedd Jabes yn gwybod am Dduw Israel o'i blentyndod, am ei ryfeddodau yn rhyddhau'r genedl o'r Aifft a'u harwain i wlad yr addewid mewn modd goruwchnaturiol. Mae'n gweddïo ar sail pwy yw Jehofa Israel. Mae adlais o'r fendith archoffeiriadol i gadw, llewyrchu ei wyneb, trugarhau a rhoi tangnefedd i'w bobl (Numeri 6.24-26).

Ydy hi'n weddi hunanol, ac felly'n annheilwng? Wel onibai am fendith Duw ar ein bywyd, allwn ni fyth â bod yn fendith i eraill. "Bydded Duw yn drugarog wrthym a'n bendithio,... er mwyn i'w ffyrdd fod yn wybyddus ar y ddaear," (Salm 67.1,2.) Heb aros yn Iesu Grist, allwn ni ddim dwyn ffrwyth ysbrydol.

Terfynau ehangach

Rhannwyd gwlad Canaan rhwng llwythau Israel yn amser Joshua. Roedd gwerthu etifeddiaeth yn beth pechadurus, a dyna pam nad oedd Naboth yn fodlon colli ei winllan i'r brenin Ahab. Wrth gydnabod daioni Duw yn ei etifeddiaeth, roedd Jabes am i'r Arglwydd ehangu ei fendith iddo.

Os ydym yn edrych yn gywir ar beth mae'r Arglwydd wedi ei roi i ni, fe welwn fod gofyn am ei fendith gynyddol yn iawn. Heddiw fe fyddem ni'n gweddïo rhywbeth fel hyn: 'Arglwydd, a wnei di ymestyn fy nghyfleoedd i gyffwrdd bywydau eraill er dy glod.' Dywedodd William Carey, 'tad cenhadaeth fodern', "Disgwylia bethau mawr gan Dduw, ymdrecha bethau mawr dros Dduw."

Llaw yr Arglwydd

Nid gofyn am fendith fawr Jehofa er mwyn bod yn annibynnol arno mae Jabes. Gyda mwy o fendith daw angen am fwy o gynhaliaeth. Dyn ni ddim fel plant yn dysgu reidio beic nes nad oes angen olwynion bach na llaw oedolyn i'n cynnal. Dywedodd Iesu, "ar wahân i mi ni allwch wneud dim." (Ioan 15.5) Wedi i Jacob gael ei fendithio gan y Gŵr ym Mheniel, roedd yn gloff byth wedyn, ac yn pwyso ar ffon. O weld rhywfaint o ogoniant Duw, a'n haeddiant o uffern a rhyfeddod ei ras, down yn bobl ddrylliedig. Dyw plant Duw ddim yn dod yn fawr, ond yn ddibynnol ar Dduw mawr.

Mae 'llaw yr Arglwydd' yn derm Beiblaidd am ei nerth a'i bresenoldeb ym mywyd ei bobl. "Yr oedd llaw yr Arglwydd gyda hwy, a mawr oedd y nifer a ddaeth i gredu." (Actau 11.21)

Nerth yr Ysbryd Glân yw hyn wrth gwrs. Dim ond y ffaith fod Duw ar waith trwy'r apostolion allai gyfrif am y gwyrthiau a'r troedigaethau lu ryn ni'n gweld yn llyfr yr Actau. Roedd aelodau'r Eglwys Fore'n cael eu llenwi'n gyson â'r Ysbryd wrth weddïo am nerth i ddal ati i dystio i Grist.

Amddiffyn yr Arglwydd

Yn olaf mae Jabes yn gofyn i'r Arglwydd ei gadw rhag niwed a phoen. Mae hon yn weddi bwysig iawn. Mae'r Arglwydd Iesu yn ein dysgu i ofyn i'n Tad nefol, "a phaid â'n dwyn i brawf, ond gwared ni rhag yr Un drwg." (Math.6.13) Mae hon yn strategaeth allweddol a phwysig iawn er mwyn cadw'n bywyd o dan fendith Duw. Mae'n gais i'n cadw rhag colli tir i Satan. Mae rhagor o fendith Duw yn dod â rhagor o gyfleoedd i syrthio i bechod hefyd. Faint o arweinwyr Cristnogol llwyddiannus sydd wedi syrthio i bechod gan greu llanast yn eglwys Iesu Grist a thu hwnt! Mae ymosodiadau'r diafol yn siwr o ddod fel mae bendith y nef yn dod arnom. Rhaid peidio â dibynnu ar ein doethineb, ein profiad na'n teimladau ni. Rhaid erfyn am gael ein cadw rhag temtasiynau.

Cafodd Jabes ateb ffafriol i'w weddi. Gadewch i ni ddefnyddio'r weddi hon yn ein bywydau heddiw, er mwyn bod yn anrhydeddus yng ngolwg yr Arglwydd, "oherwydd y rhai sy'n fy anrhydeddu a anrhydeddaf."

"Gwnaeth Asa yr hyn oedd dda ac uniawn yng ngolwg yr Arglwydd ei Dduw."
2 Cronicl 14:2

Tasen ni yn angladd Asa brenin Jwda, gallem ddychmygu clywed ei fod yn llinach Dafydd Frenin a Solomon. Byddai rhywun yn nodi ei deyrnasiad hir o 41 mlynedd. Cafodd fuddugoliaeth nodedig yn erbyn Ethiopia a thawelu bygythiad Baasa, brenin Israel. Bu'n gyfrifol am adeiladu a chadarnhau llawer o ddinasoedd yn Jwda, Yr adnod uchod yw'r deyrnged bwysicaf serch hynny. Beth fyddai gair Duw yn dweud am ein bywyd ni?

Diwygiwr doeth
Daeth Asa i frenhiniaeth Jwda mewn dyddiau ysbrydol tywyll. Roedd Rehoboam ei dadcu wedi gadael i ddrygioni fynd ar led yn Jwda gydag addoliad Baal ac Ashera. Caniataodd yr Arglwydd i frenin yr Aifft ymosod ac ysbeilio teml Dduw a thŷ'r brenin hefyd. Bu ei dad Abeia yn frenin am dair blynedd yn unig, a dilynodd lwybr ei dad.

Serch hynny, newidiodd Asa gyfeiriad y teulu gan droi at yr Arglwydd a newid pethau yn Jwda. Symudodd allorau'r duwiau gau a chwalu delwau Ashera. Cafodd y deyrnas lonydd am ddeng mlynedd, a gwnaeth yn fawr o'r cyfle i adeiladu a chryfhau dinasoedd Jwda.

Mae cyfnodau o lonydd ym mywyd y Cristion yn gyfnod i adeiladu ein ffydd a'n gwybodaeth o'r Arglwydd, nid i segura a byw bywyd bydol, ofer. Mor hawdd yw cael ein cyflyrru gan bobl o'n cwmpas, boed yn Gristnogaeth mewn enw neu'n anffyddiaeth ymosodol.

Pan ddaeth ymosodiad dan arweiniad brenin Ethiopia a'i luoedd grymus - miliwn yn erbyn tri chan mil, heb sôn am y cerbydau – galwodd Asa ar yr Arglwydd mewn gweddi daer a chael buddugoliaeth hynod. Nid geiriau gwag yw addewid yr Arglwydd i anrhydeddu ei anrhydeddwyr. Os byddwn yn ffyddlon i Grist mewn amseroedd tawel a digyffro, cawn brofi ei nerth wrth ei geisio mewn adegau anodd hefyd.

Datblygu pellach

Wrth i'r brenin buddugol ddod tuag adre, daeth y proffwyd Asareia i'w gyfarfod â neges hyfryd yn ei annog i ddal ati i geisio'r Arglwydd a mwynhau ei fendith ar y wlad. Roedd ymateb Asa yn gadarnhaol, ac aeth ati i wneud rhagor o waith diwygio yn y wlad. Roedd hyn yn golygu tynnu rhagor o allorau i dduwiau ffals ac adfer allor yr Arglwydd. Galwodd gynulleidfa o'i bobl at ei gilydd i Jerwsalem, tyrfa yn cynnwys rhai o deyrnas Israel oedd wedi dod draw ato am ei fod yn dduwiol. Cynhaliwyd addoliad a gwnaeth y bobl gyfamod gwirfoddol i geisio Duw eu tadau â'u holl galon. Cawsant lonydd eto am gyfnod sylweddol.

Dyma wers bwysig. Ar ôl profi bendith Duw yn ein bywyd mae'n hawdd mynd yn falch a chael ein baglu i bechod.

Derbyniodd Asa'r neges i lynnu'n ostyngedig wrth ei Dduw, ac arweiniodd y bobl i wneud hynny. Mor bwysig yw gwneud hyn yn gyson yn ein bywydau ni hefyd. Oes eilunod sy'n cael gormod o le yn dy galon ar hyn o bryd? Ydy addoliad yr Arglwydd yn ganolog, boed yn ddefosiwn personol, teuluol neu'n addoliad cyhoeddus yn y cwrdd. Gadewch i ni offrymu'n hunain yn wirfoddol ar allor ei wasanaeth.

Dirywiad

Dyw'r Beibl byth yn cuddio nac yn gwyngalchu'r cymeriadau sy'n ymddangos ynddo. Roedd Asa yn wir grediniwr, ond pellhaodd oddi wrth yr Arglwydd yn niwedd ei ddyddiau. Dyma rybudd llym i ni hefyd.

Pan ddaeth Baasa, brenin annuwiol Israel, i osod pwysau ar Jwda, trwy gryfhau Rama (ar bwys Bethel), talodd Asa frenin Syria i ymosod ar Israel gan dorri'r cytundeb heddwch oedd ganddynt. Roedd y strategaeth yn llwyddiant gwleidyddol a chafodd Jwda lonydd eto.

Er y llwyddiant gwleidyddol, methiant ysbrydol ofnadwy oedd hyn.

Doedd Asa ddim wedi galw ar yr Arglwydd y tro yma, dim ond cymryd arian y cysegr i dalu Benhadad. Roedd wedi colli cyfle euraid i gael buddugoliaeth filwrol ac ysbrydol arall fel y cawsai yn erbyn Ethiopia.

Y tro yma doedd Asa ddim yn fodlon derbyn gair y proffwyd ac fe'i taflodd i'r carchar.

Ar ben hynny, dechreuodd y brenin wasgu ar ei bobl, yn hytrach na'u harwain yn ddoeth a duwiol fel cynt. Pan ddaeth tostrwydd cas i'w ran, trodd at y doctoriaid yn hytrach na'r Ffisygwr mawr.

Dyma berygl balchder ysbrydol. Oherwydd ei fendithion blaenorol, aeth Asa'n falch nes ei fod yn pwyso llai a llai ar yr Arglwydd, a dirywiodd ei fywyd i ddiweddglo trist, pan ddylai fod yn fuddugoliaethus.

Diolch am hanes y brenin Asa sydd yn llawn gwersi ymarferol a buddiol ysbrydol i ni heddiw. Gadewch i ni gysegru'n hunain i'r Un a'i cysegrodd ei hun drosom ni ar y groes, a gwneud hynny'n ostyngedig drwy ein hoes.

"Y mae ein Duw yn rhoi cymorth i bawb sy'n ei geisio, ond daw grym ei lid yn erbyn pawb sy'n ei wadu."
Esra 8:22

Ystyr yr enw Esra yw 'yr Arglwydd sy'n cynorthwyo' a dyma oedd cred a phrofiad real Esra mewn cyfnod cythryblus yn hanes Jwda. Mae'r hanes yn cynnwys nifer o wersi pwysig i blant Duw ym mhob oes.

Cefndir
Roedd Esra o deulu archoffeiriadol. Mae'n debyg ei fod yn rhyw o fath o gynrychiolydd i'r Iddewon yn ymerodraeth Persia. Cafodd ei anfon nôl i Jwda yn 458 C.C. gan Artaxerxes 1 i lunio adroddiad ar y sefyllfa. Aeth yn ôl i Bersia dros dro ar ôl digwyddiadau llyfr Esra. Yn ôl llyfr Nehemeia, daeth eto i Jerwsalem a bu'n darllen Deddf Duw yn gyhoeddus ac yn cymryd rhan yng nghysegru muriau'r ddinas.

Cymorth Duw
Ei ffyddlondeb
Er nad yw Esra'n rhan o'r chwe phennod cyntaf, mae'r thema o ffyddlondeb Duw yn amlwg. Mae nifer o Iddewon yn dychwelyd o Fabilon yn 538 C.C. Arweiniodd yr Arglwydd y brenin Cyrus i roi rhyddid i leiafrifoedd ethnig yr ymerodraeth i fynd nôl gartref. Roedd hyn yn cyflawni addewid Duw trwy Jeremeia y byddai ei bobl yn dod nôl i'w gwlad ar ôl 70 mlynedd o gaethglud.

Rhan o'r datganiad brenhinol oedd gorchymyn i ail-adeiladu'r deml. Cafwyd y llestri a gymrodd Nebuchadnesar a nawdd cymdogion y Jwdeaid ym Mabilon.

Serch hynny, rhoddwyd stop ar y gwaith trwy wrthwynebiad Samariaid lleol. Anfonwyd llythyron i Bersia yn cyhuddo'r Iddewon o frad a gwrthryfel yn erbyn yr ymerawdwr a bu eu hymdrech yn llwyddiannus am gyfnod.

Mae'n bwysig cofio nad yw bendith yr Arglwydd yn golygu na ddaw gwrthwynebiad i'r gwaith. I'r gwrthwyneb, mae'n siwr o ddigwydd a dylem fod yn barod amdano. Dyma brofodd yr Arglwydd Iesu, yr apostolion a phobl Dduw erioed.

Ei air

Os oedd gair Duw wedi ei gyflawni gyda chyhoeddiad Cyrus, daeth gair eto gan yr Arglwydd trwy Haggai a Sechareia. Rhoesant siars ac anogaeth i'r bobl fynd ymlaen â'r gwaith adeiladu ac adfer. Pan ddaeth swyddogion Persia i holi am hyn, anfonwyd llythyr eto, at Dareius y tro yma, yn gwneud cais i archwilio'r archifau ym Mabilon i weld a oedd gorchymyn swyddogol i adfer Jerwsalem a'r deml.

Cafwyd ateb cadarnhaol y tro yma a nawdd swyddogol i orffen y gwaith o adeiladu'r deml. Cadwyd y Pasg am y tro cyntaf ers blynyddoedd lawer.

Ei ragluniaeth

Tipyn yn ddiweddarach daw Esra i'r hanes (7.1) Roedd yn ddyn duwiol "yn ymroi i chwilio cyfraith yr Arglwydd a'i chadw, ac i ddysgu deddfau a chyfreithiau Israel." Roedd yn byw dan fendith yr Arglwydd. Bu Duw yn help mawr i'w bobl trwy godi Esra yn ei gyfnod.

Cafodd gomisiwn gan Artaxerxes i hybu gwir addoliad y deml, i eithrio gweision y deml rhag talu trethi a'u hannog i ddysgu'r Gyfraith i'w pobl.

Gweddi a gwaith

Cyn dechrau'r daith yn ôl, cyhoeddodd Esra amser o ympryd a gweddi am fendith yr Arglwydd ar y siwrnai. Doedd e ddim wedi gofyn i'r brenin am warchodaeth filwrol oherwydd ei fod wedi tystio i gymorth Duw i'r rhai sy'n ei geisio o ddifrif.

Pam cyhoeddi ympryd a gweddi? Mae hyn yn egwyddor bwysig i ni ei chofio. Mae addewidion yr Arglwydd yn amodol. Oedd, roedd addewid o gymorth, ond i'r sawl fyddai'n ceisio'r Arglwydd. Dyw profi addewidion Duw ddim yn fater o roi arian mewn peiriant a chael tocyn, fel mewn maes parcio. Mae'r Arglwydd Iesu yn addo y bydd y Tad yn rhoi yr Ysbryd Glân i'r rhai fydd yn galw arno o ddifrif: "Oherwydd y mae pawb sy'n gofyn yn derbyn, a'r sawl sy'n ceisio yn cael, ac i'r un sy'n curo agorir y drws." (Luc 11.10)

Ar ôl cyrraedd mae Esra yn gweld bod problem ddifrifol yn Jwdea. Roedd nifer fawr o Iddewon wedi priodi gwragedd dieithr, oedd yn golygu bod dylanwad duwiau dieithr a ffals ar bobl Dduw. Cawn weddi daer Esra yn edifarhau ar ran y bobl yn 9.6-15, ac wrth i'r bobl glywed y weddi daw ysbryd o edifeirwch arnynt. Anfonodd nifer fawr o ddynion eu gwragedd a'u plant i ffwrdd gan ddileu eu priodasau cymysg.

Felly, gallwn weld help Duw i'w bobl yn amser Esra a chyn hynny. Gwnaeth yr Arglwydd yn siwr fod ei bobl yn dod nôl i'w mamwlad, bod y deml mewn lle a bod gwir addoliad yn digwydd gyda bywyd ymarferol yn dilyn Cyfraith Duw hefyd.

Roedd hyn yn rhan allweddol o gynllun Duw i gadw ei bobl nes i'r Meseia ddod, sef Iesu Grist ein Ceidwad ni. Diolch i Dduw am ei gymorth!

"Felly codasom yr holl fur a'i orffen hyd at ei hanner, oherwydd yr oedd gan y bobl galon i weithio." Nehemeia 4:6

Dyma ran o hanes ailadeiladu Jerwsalem yn amser Nehemeia ac Esra, yn y 5ed ganrif C.C. Mae'n hanes am weddi a gwaith caled wrth i Nehemeia a'i weithlu wynebu lawer i wrthwynebiad. Serch hynny, codwyd y waliau a'u cwblhau mewn 52 diwrnod.

Mae hanes llyfr Nehemeia yn dangos ffyddlondeb yr Arglwydd i'w addewidion a'i bobl, ac mae'n dysgu llawer i ni ynglŷn â'r gwaith o adeiladu eglwys Crist heddiw, wrth baratoi ar gyfer y Jerwsalem nefol.

'Addewidion mawr iawn a gwerthfawr'
Roedd Yahweh wedi addo i Abraham y byddai'n dod yn genedl fawr, ac y byddai'r genedl yn etifeddu gwlad Canaan. Serch hynny, roedd hefyd wedi rhybuddio'r bobl y gallen nhw gael eu symud o wlad yr addewid petaen nhw'n sathru ei Gyfraith: 'Yr ydych i gadw fy holl ddeddfau a'm holl gyfreithiau ac i'w gwneud, rhag i'r wlad, lle'r wyf yn mynd â chwi i fyw, eich chwydu allan.' (Lef.20.22)

Roedd hefyd wedi dewis Dafydd a'i linach yn frenhinoedd Israel, a Jerwsalem fel dinas y brenin, 'Ond dewisais Jerwsalem i'm henw fod yno, a dewisais Ddafydd i fod yn ben ar fy mhobl Israel.' (2 Cron.6.6)

Oherwydd bod pobl Israel wedi mynnu pechu yn erbyn yr Arglwydd gyda duwiau eraill, cafodd Jerwsalem ei llorio a chymrwyd y bobl i Babilon yn niwedd y 7fed ganrif C.C.

Roedd yr Arglwydd hefyd wedi addo adfer ei bobl ar ôl 70 mlynedd o gaethiwed, a dyna ddigwyddodd o dan y brenin Persiaidd Cyrus. Mae llyfr Esra yn rhoi sylw i ailadeiladu'r deml, tra bod llyfr Nehemeia yn canolbwyntio ar adfer waliau'r ddinas.

Mae'n bwysig i ni bod y genedl a'i phrif-ddinas wedi eu hadfer, gan fod ein Meseia yn fab Dafydd, ac yn dod i sefydlu ei eglwys, sef y Jerwsalem newydd, nefol. Roedd Iesu o deulu Dafydd, a dywedodd ei fod am adeiladu ei eglwys ac na fyddai pyrth uffern yn gallu ei gorchfygu.

Mae Duw yn cadw ei holl addewidion, ac mae'n hachubiaeth ni yn dibynnu ar hynny.

Baich Nehemeia

Pan glywodd Nehemeia yn Susan (tref Shush yn Iran heddiw) am gyflwr Jerwsalem, fe dorrodd ei galon. Bu'n gweddïo ac yn ymprydio, ac yna daeth cyfle i wneud rhywbeth am y sefyllfa. Cafodd ganiatâd gan Artaxerxes i fynd i Jerwsalem a nawdd hefyd i ail-adeiladu'r ddinas.

Mae hyn yn thema ganolog a phwysig yn llyfr Nehemeia, sef y balans rhwng gweddi a gwaith. Caiff y dywediad ei briodoli i C.H. Spurgeon y dylem weddïo fel petae popeth yn dibynnu ar Dduw, a gweithio fel petae popeth yn dibynnu arnom ni.

Ail-adeiladu yn wyneb gwrthwynebiad

Mae trulliad Xerxes yn casglu'r Iddewon at ei gilydd a dyma ddechrau ar y gwaith. Ym mhennod 3 cawn restr o adeiladwyr a chyfraniad pob un, boed yn offeiriaid, crefftwyr cain, menywod neu bennaethiaid.

Mae hyn yn ein hatgoffa fod yr Arglwydd yn cofnodi cyfraniad pob un o'i bobl i'w waith, a bod lle i amrywiol ddoniau yn eglwys Iesu Grist, ac nad yw ein llafur yn yr Arglwydd yn ofer.

Daeth gwrthwynebiad a rhwystr i'r gwaith o ddau gyfeiriad penodol. Daeth gelyniaeth 'allanol' gan Sanbalat (llywodraethwr yn Samaria), Tobeia yr Amoniad (swyddog Persiaidd, hefyd yn Samaria mae'n siwr), Gesem yr Arabiad (efallai un o'r Cedariaid oedd wedi setlo yn ymyl Jwda) a'r Asdodiaid (pobl Philistia).

Roedden nhw'n genfigennus o'r Iddewon, ac yn colli eu hawdurdod yn Jwda. Roedden nhw'n gwawdio'r gweithwyr a'r gwaith, yn lledu suon celwyddog mai gwrthryfel yn erbyn Persia oedd hyn, yn cynllwynio rhyfel yn erbyn Jerwsalem ac yn ceisio lladd Nehemeia.

Mae mor debyg i wrthwynebiad Satan a'r arweinwyr Iddewig yn erbyn Iesu, yr eglwys fore, a'r erlid ar 2 filiwn o Gristnogion heddiw (2018). Dywedodd Iesu y byddem yn profi gorthrymder yn y byd, ac felly y mae.

Hefyd daeth rhwystr 'mewnol' i'r gwaith wrth i benaethiaid yr Iddewon fyw yn fras ar gefn y werin. Daeth y gwyn i glustiau Nehemeia, a llwyddodd i arwain yr arweinwyr at edifeirwch (5.12).

Roedd Nehemeia yn ddyn gweddïgar a gweithgar; galwodd ar Dduw a rhoi trefn ar y gweithwyr, a rhoi arfau gwaith a rhyfel yn eu dwylo. Dyna sut y codwyd waliau Jerwsalem mewn pum deg dau diwrnod.

Diolch am hanes mor galonogol ac anogaethol. Wrth i ni fod yn rhan o adeiladu eglwys Crist ar sylfaen yr apostolion a'r proffwydi, gadewch i ni fod yn weddïwyr taer ac yn weithwyr cydwybodol a threfnus, nes i ni weld y "Jerwsalem newydd, yn disgyn o'r nef oddi wrth Dduw, wedi ei pharatoi fel priodferch wedi ei thecáu i'w gŵr."

"Sut y gallaf edrych ar y trybini sy'n dod ar fy mhobl? Sut y gallaf oddef gweld dinistr fy nghenedl?" Esther 8:6

Ydych chi'n cofio dysgu'r ddihareb hon yn yr ysgol: "Cas gŵr na charo'r wlad a'i maco"? Roedd Paul yn caru ei genedl: "ewyllys fy nghalon, a'm gweddi dros fy mhobl, yw iddynt gael eu dwyn i iachawdwriaeth." Yn yr adnod yma mae Esther yn pledio ar ran ei chenedl gerbron ei gŵr, y brenin Ahasferus.

Cefndir
Roedd Deddf y Mediaid a'r Persiaid wedi cyhoeddi bod cenedl yr Iddewon i'w dileu, oherwydd gwrthdaro rhwng Haman yr Agagiad, rhyw uwch-dywysog, a Mordecai yr Iddew. Twyllwyd y brenin i roi ei sêl ar ddeddf fyddai'n difa'r bobl ar draws ei Deyrnas ymhen blwyddyn.

Perygl ei chyd-genedl
Mae Esther yn cyfeirio at y "trybini sy'n dod ar fy mhobl". Yr hyn oedd yng ngolwg Paul ac a ddylai fod yn ein golwg ni yw trybini ein cyd-Gymry; ein perthnasau, ein cymdogion, ein cydwladwyr; pobl debyg i ni, ond heb adnabod Iesu Grist fel Arglwydd eu bywyd.

Dywed Iesu fod y sawl nad yw'n credu ynddo yn golledig. Oherwydd hynny, maen nhw ar lwybr llydan sy'n arwain i ddistryw tragwyddol. Maen nhw o dan gondemniad yn barod ac yn wynebu digofaint Duw am byth: "pwy bynnag sy'n anufudd i'r Mab, ni wêl fywyd, ond y mae digofaint Duw yn aros arno." (Ioan 3.36)

Does ganddyn nhw ddim gobaith: "cofiwch eich bod yr amser hwnnw heb Grist, yn ddieithriaid i ddinasyddiaeth Israel, yn estroniaid i'r cyfamodau a'u haddewid, heb obaith a heb Dduw yn y byd." (Eff. 2.12)

Yn amser Esther roedd yr Iddewon wedi cael gwybod am y cynllun difaol trwy lythyr, ac yn wylo, yn gofidio ac yn galaru.

Dyw pechaduriaid ddim yn sylweddoli, i raddau helaeth, pa mor ddifrifol yw eu cyflwr – ond ryn ni'n gwybod!

Consyrn Esther

Mae'r adnod yn dangos baich mawr Esther dros sefyllfa'i chenedl. Mae Mordecai wedi ei pherswadio fod ganddi gyfle arbennig i siarad ar ran ei phobl fel brenhines. Mae ganddi'r posibilrwydd o glust y brenin – er nad oedd gwarant o wrandawiad. Roedd hi mewn gwell lle na neb arall i wneud hyn.

Felly ninnau. Mae gan wleidyddion y grym, mae gan academyddion y gallu, ond gyda ni mae clust y Brenin.

Er ei bod yn ofnus, ac er y gallai golli ei bywyd hithau, mae'n fodlon mentro at y brenin "ac os trengaf, mi drengaf." Mae gan lawer gonsyrn dros y Gwasanaeth Iechyd yng Nghymru, cyflwr ein economi a safon ein haddysg, ond beth am gyflwr eneidiau anfarwol y genedl?

Consyrn ymarferol

Doedd dim hawl cyfreithiol gan Esther i fynd at y brenin heb wahoddiad. Tase fe mewn hwyliau gwael, gallai farw (fel Fashti o'i blaen). Y cam mawr cyntaf i Esther oedd gwneud y penderfyniad y byddai'n mentro nesáu at Ahasferus. Mae'n ymprydio a cheisio gweddïau eraill drosti yn y dyddiau cyn iddi fynd.

Fel Cristnogion, does dim angen ofni, mae gennym ddrws agored at yr orsedd. Beth am benderfynu gweddïo dros Gymru? Gallwn weddïo dros unigolion a thros ardaloedd. Beth am ein bro enedigol!

Pledio

Dyw Esther ddim yn trefnu llythyr yn enw'r brenin nac yn anfon negeswyr i bob cwr o'r Ymerodraeth – mae'n erfyn ar yr un sydd â'r awdurdod i wneud hyn, a gwneud beth na all hi ei wneud – sef arbed ei phobl. Dyna'n union beth ryn ni'n ei wneud mewn gweddi. Er y gallwn ni gyhoeddi'r efengyl a thystio i Iesu Grist, mae angen gwaith dirgel yr Ysbryd Glân i argyhoeddi person o bechod a'i arwain at y Gwaredwr. Dywedodd rhywun y dylem weithio fel petae popeth yn dibynnu arnom ni, a gweddïo fel petae popeth yn dibynnu ar Dduw.

Cydweithio
Roedd cyfraniad Mordecai yn holl-bwysig. Hefyd roedd morynion Esther a'r Iddewon lleol yn ei chynnal a'i chefnogi mewn gweddi. Mae hyn yn ein hatgoffa i weddïo dros ein gilydd. Mae gweddïo gyda'n gilydd hefyd yn help mawr, fel y mae'n fraint i weithio gyda'n gilydd yng ngwaith yr efengyl. Rhaid i ni gofio fod yr Arglwydd yn ateb gweddi, ac yn ymateb i ffydd y rhai sydd yn dod ato.

Mae angen Cymru yn enfawr, mae'r tywyllwch yn eang, ond ryn ni'n briodferch i Frenin y Goleuni, gwir Oleuni'r Byd. Gadewch i ni ddyfalbarhau mewn gweddi o eiriolaeth dros ein gwlad a'n cenedl.

"Oherwydd gwn fod fy amddiffynnwr yn fyw, ac y saif o'm plaid yn y diwedd; ac wedi i'm croen ddifa fel hyn, eto o'm cnawd caf weld Duw. "
Job 19:25-27

Ydych chi wedi meddwl am eich beddargraff; neu wedi dymuno creu gwaith o gelfyddyd fydd yma ar eich ôl - gwaith coed, cerflun, darlun neu ddarn o lenyddiaeth? Dymuniad Job oedd cofnodi ei eiriau i bara byth (ad.24). Cafodd ei ddymuniad, ac maen nhw wedi bod yn fendith ac yn galondid aruthrol i saint yr Arglwydd ar hyd y canrifoedd.

Datganiad ffydd
Cyd-destun y geiriau rhyfeddol hyn yw'r galar miniog o golli plant ac eiddo a'r boen ingol o golli iechyd, heb sôn am unigrwydd trwm wrth i'w 'gyfeillion' geisio ei berswadio mai cosb oedd hyn i gyd gan Dduw.

Er gwaethaf beth mae rhai pregethwyr yn ei ddweud, ychydig iawn o saint all gadw lefel uchel o ffydd a dewrder yng nghanol poenau a threialon mawr. Dywedodd J. Henry Jowett, un o bregethwyr mwyaf ei oes, mewn llythyr at ffrind: "Swn i'n hoffi tasech chi ddim yn fy ystyried yn gymaint o sant. Rych chi'n dychmygu nad ydw i'n berson lan a lawr, ond ar lefel uchel o gyrhaeddiad ysbrydol gyda llawenydd di-dor a di-gynnwrf. Dim o gwbl! Yn aml rwy'n gwbl druenus, ac mae popeth yn ymddangos mor llwydaidd."

Er gwaetha'r amgylchiadau, mae Job nawr yn mynegi hyder, hyd yn oed pe byddai farw, y byddai ganddo Brynwr a fyddai un diwrnod yn gweithredu barn o'i blaid ar y ddaear. Ar ben hynny, mae'n dweud ei fod yn disgwyl byw eto i weld ei Amddiffynnwr. Roedd yn ddatganiad o ffydd yn atgyfodiad y corff; ond nid y corff bregus, brau rhwygiedig yr oedd ynddo nawr. Byddai'n gweld Duw â'i lygaid ei hunan yn gwneud datganiad barnwrol o'i blaid.

Prynwr byw

Mae'r gair am Amddiffynwr yn cyfeirio at y perthynas agos oedd â hawliau cyfreithiol pwysig yn Israel. Roedd ganddo hawl i ddial gwaed ei 'frawd' (Deut.19.6-12). Roedd hawl ganddo hefyd i adfer eiddo ei frawd (Lef.25.23-24;). Gallai hefyd ryddhau ei 'frawd' oedd wedi ei werthu ei hun i wasanaeth (Lef.25.39-55). Gallai'r cyfnesaf hefyd fynd i'r llys ar ran perthynas oedd wedi cael cam (Diarh.23.10-11).

Mae'n amlwg bod y syniad o Amddiffynnwr yn bod cyn amser Moses, a'i fod yn gyfarwydd i Job hefyd.

Yn llyfr Ruth, Boas yw'r cyfnesaf oedd yn fodlon ac yn abl i weithredu ar ran Elimelech ac adfer ei linach trwy briodi Ruth. Mae Dafydd yn dweud mai'r Arglwydd yw ei graig a'i Brynwr a Salm 19, ac mae Eseia a Jeremeia'n cyfeirio at yr Arglwydd fel 'Gwaredydd' ei bobl.

Er bod Job yn disgwyl marw, mae ei Brynwr yn fyw, ac mae'n disgwyl byw gydag Ef, oherwydd mae'n Dduw y rhai byw, nid y meirw.

Amddiffynnwr

Mae Job eisoes wedi sôn am ei angen am ddyfarnwr (9.33,34) a bod ganddo Dyst yn y nef. Nawr mae'n dweud y bydd ei Brynwr yn dyfarnu o'i blaid rhyw ddiwrnod, a bydd Job yno i'w weld. Dywed Hebreaid 12.23 fod y Cristion wedi dod "at Dduw, Barnwr pawb", Un fydd yn barnu o'i blaid, yn ei ddyfarnu'n gyfiawn, yng nghyfiawnder Iesu Grist.

Wrth feddwl nad oedd cymaint o oleuni ar fywyd y dyfodol yn nyddiau Job, mae'r geiriau hyn yn destament rhyfeddol i'w ffydd, ac i ddatguddiad Duw iddo. Ac wrth feddwl am negyddiaeth gondemniol ei gyfeillion a'i boenau arteithiol, mae ei dystiolaeth yn fwy rhyfedd fyth.

Wrth gwrs, ryn ni'n gwybod mai Iesu Grist yw'r Prynwr byw. Cymrodd arno natur ddynol er mwyn profi profiadau dynion, marw dros ein pechodau ac yna mynd nôl i'r nef i'n cynrychioli gerbron y Tad. Mae'n fodlon ac yn abl i'n hachub oddi wrth ein pechod. Cyn hir bydd yn sefyll ar y ddaear ac yn gweinyddu barn; ac yn dyfarnu o blaid ei bobl.

'O'm cnawd'

Mae cryn ddadlau wedi bod ynglŷn â'r ymadrodd yma. Mae B.W.M. yn cyfieithu diwedd adnod 26: "eto caf weled Duw yn fy nghnawd:" sydd yn awgrymu atgyfodiad corfforol. Mae'n debyg mai'r cyfieithiad mwyaf llythrennol o'r Hebraeg yw "o'm cnawd". Mae hynny'n dangos ei obaith y bydd yn gweld Duw er y byddai ei gorff presennol yn darfod, gan ei fod yn disgwyl marw o'i boenau. Sut allai weld Duw ond gyda chorff newydd?

Diolch am ddatganiad clir, ffyddiog Job, yng nghanol y fath golledion a phoenau. Diolch i Dduw y gallwn ni fod yn fwy hyderus mewn gwirionedd, gan fod gennym oleuni pellach y Testament Newydd.

> *"Mi wn fod fy Mhrynwr yn fyw,*
> *A'm prynodd â thaliad mor ddrud...*
> *Ac er fy malurio'n y bedd,*
> *Caf weled Ef eto'n fy nghnawd."* T. J. (Llyfr Emynau M.C. 1882)

"Dangosi i mi lwybr bywyd; yn dy bresenoldeb di y mae digonedd o lawenydd, ac yn dy ddeheulaw fwyniant bythol."
Salm 16:11

Un rhagoriaeth fawr i'r ffydd Gristnogol yw bod gennym 'ddyfodol gobeithiol' yn Iesu Grist. Roedd hyn yn wir am Dafydd wrth edrych ymlaen at y Meseia, fel y mae'n wir amdanom ni sydd yn edrych yn ôl arno, fel petae. Hyn yw cresendo'r salm, ac fe edrychwn yn gyflym ar y cwbl sydd yn arwain at y fath ddiweddglo.

Ei loches
Mae'r salm yn dechrau gyda gweddi i'r Arglwydd gadw Dafydd. Mae Iesu hefyd yn gweddïo dros ei bobl, y cânt eu cadw rhag yr Un drwg. Felly dylem ddefnyddio'r un weddi ein hunain.

Er bod llawer o ymgynghorwyr ariannol yn dweud wrth bobl i beidio â rhoi eu holl bres mewn un man, mae Dafydd fel petae wedi rhoi ei wyau i gyd mewn un fasged. Does ganddo ddim baglau eraill i bwyso arnynt.

Does dim daioni ganddo hebddo Fe. Does dim un o'n gweithredoedd yn dda heb ei wneud o'r galon i ogoneddu Duw. Daw pob rhodd dda a phob rhoi daionus oddi wrtho Fe. Felly, mae popeth sydd yn ei gau allan, yn ei anghofio, yn ei herio, yn anufuddhau iddo – yn ddrwg!

Ei gyd-locheswyr
Mae cyfieithiad B.W.M. a Beibl.net o adnod 3 yn wahanol, yn dweud fod Dafydd yn ymhyfrydu yn y saint sydd yn y wlad. Nhw yw ei arwyr, a chyda nhw y mae am fod wrth lochesu yn yr Arglwydd.

Yn ystod yr ail ryfel byd, roedd pobl yn mynd i lochesau rhag y bomiau erchyll, ac yn cael cwmni eraill yno. Roedd tipyn o gymuned yn cael ei ffurfio yn y llochesau hyn mae'n debyg. Dyna ddarlun da o eglwys Iesu Grist, ble ryn ni'n cyd-lochesu ynddo Fe fel ei bobl.

Dyw e ddim am ddilyn y rhai sy'n troi at dduwiau eraill. Roedd nifer yn Israel yn troi at Baal neu dduw arall, a chadw troed mewn dau wersyll. Cawn ni ein temtio o hyd i ddilyn duwiau gwag fel Pleser, Materoliaeth, Dyneiddiaeth yn ogystal â chrefyddau eraill. Dim ond Un gwir Dduw all roi iachawdwriaeth i ni.

Ei etifeddiaeth

Yr Arglwydd yw ei drysor mawr. Dyma'i gyfran, ei shâr. Mae'n gwneud i ni feddwl am rannu gwlad Canaan rhwng y llwythau yn amser Joshua. Chafodd llwyth Lefi ddim tir oherwydd, "yr Arglwydd fydd eu hetifeddiaeth hwy". Y Duw mawr yw ei ran a'i etifeddiaeth. Duw tu hwnt i fesur, Duw hollalluog, Duw yr amhosibl, y Duw dihysbydd.

Mae'n darlunio'i ddarn tir ysbrydol fel plot mewn man bendigedig. Gallwn ddychmygu 'afon y bywyd' yn rhedeg heibio, a 'Rhosyn Saron' yn tyfu gerllaw, ac y tu cefn iddo mae 'Craig yr Oesoedd'. Dyma sy'n wir am bawb sydd yn adnabod Iesu Grist fel Ceidwad.

Ei gynhaliaeth

Caiff ei gynnal gan gyngor gwerthfawr gair Duw. Sut ddaeth i wybod amdano; ei gariad ei ras a'i achubiaeth? Sut ddaeth i ddibynnu arno? Sut gaiff hyfforddiant ar gyfer bywyd? Cyfarwyddyd Duw yw ei lamp a'i oleuni wrth wrando arno, myfyrio arno a'i fyw bob dydd. Gair Duw yw'r Gogledd Magnetig sydd yn help i ddarganfod pob cyfeiriad a'r cyfeiriad cywir mewn bywyd.

Oherwydd hynny mae ganddo gynhaliaeth gadarn wrth ei ymyl. Mae fel pren fawr sy'n cael ei glymu wrth ymyl coeden ifanc denau gwantan, fel na chaiff ei symud mewn gwynt a storm. Dyma ddarlun hyfryd o berthynas y Cristion â'r Gwaredwr cryf i'r gwan.

"ti yw f'amddiffynfa gadarn,
ti yw 'Mrenin, ti yw 'Nhad,
ti dy hunan oll yn unig
yw fy iachawdwriaeth rad." W.W.

Ei lawenydd a'i obaith

Felly, mae'n llawenhau yn yr Arglwydd, a daw'r un anogaeth i ni yn Philipiaid 4.4. Mewn treialon, stormydd, erledigaeth a themtasiynau, mae'n addo na fydd yn ein gadael nac yn cefnu arnom.

Ac oherwydd na chaiff y Sanct (yr un teyrngar), sef y Meseia, ei adael ym Mhwll Distryw, mae Dafydd yn gwybod y caiff ef ei godi o'r bedd hefyd. Mae Pedr (Actau 2) a Phaul (Actau 13) yn dweud mai cyfeirio at Iesu mae'r geiriau hyn. Does dim rhaid i ni ofni'r bedd felly.

Mae'r Ficer Pritchard yn cymharu hyn â'r ofn o fynd i wely dieithr damp slawer dydd. Mae'n dweud fod Iesu wedi 'twymo'r' bedd ar ein cyfer, fel nad oes angen i ni boeni am fynd iddo: "Gorweddodd yn y beddrod, i dynnu'r tamp o'i waelod."

Felly mae'r Arglwydd wedi agor llwybr bywyd tragwyddol i Dafydd a ninnau. Mae'r addewid i'r gwir grediniwr o gael bod ar ddeheulaw Crist yn y gogoniant a chael mwyniant llawn ei bresenoldeb gogoneddus i bob tragwyddoldeb.

"Y mae'r nefoedd yn adrodd gogoniant Duw, a'r ffurfafen yn mynegi gwaith ei ddwylo." Salm 19:1

Mae rhywun wedi dweud bod y salm hyfryd yma yn cyfeirio at ddau lyfr Duw – llyfr y greadigaeth a llyfr y Gyfraith. Trwy'r ddau lyfr yma mae Duw yn siarad ac yn ei ddangos ei hun i ni.

Y greadigaeth

Erbyn hyn mae'r mwyafrif yn ein cymdeithas ni yn gweld popeth ond Duw ym myd natur. I rai mae natur yn dduw ac i eraill mae'n ddamwain pur sydd wedi esblygu trwy siawns. Mae rhai yn ceisio priodi esblygiad â chreadigaeth Duw er nad yw hynny'n fy argyhoeddi chwaith.

Yn ôl yr Ysgrythurau, mae'r greadigaeth yn gweiddi atom ynglŷn â'r Creawdwr: "Yn wir, er pan greodd Duw y byd, y mae ei briodoleddau anweledig ef, ei dragwyddol allu a'i dduwdod, i'w gweld yn eglur gan y deall yn y pethau a greodd." (Rhufeiniaid 1.20)

Cân heb eiriau

Mae Dafydd yn dweud mai lleferydd sydd fel rhaeadr yw hon, ac eto ni chlywir ei sŵn. Mae'n hollol blaen er nas clywir â'r glust. Mae dydd a nos yn cyhoeddi gogoniant Duw fel ei gilydd. A chaiff y neges ei chario i eithafoedd byd, wrth gwrs. Mae'n gwneud imi feddwl am ddinasoedd ble mae'r hysbysebion neon yn fflachio ddydd a nos, i ddweud wrthym pa mor flasus yw rhyw fwyd a pha mor bert yw'r dillad diweddaraf.

Mae fflachiadu'r sêr a golau'r lleuad yn hysbysebu gogoniant llachar eu Creawdwr a disgleirdeb ei allu mawr. Yn y dydd mae'r haul yn gwneud y gwaith yma, fel priodfab newydd briodi yn llawn egni, ac fel rhedwr marathon yn gwisgo dillad ac esgidie rhedeg Noddwr y greadigaeth fawr. Fel mae golau a gwres yr haul yn cyrraedd pawb, mae gwybodaeth o Dduw yn eu cyrraedd hefyd, nes eu bod yn ddiesgus.

Geiriau gweladwy, clywadwy

Ar ben hynny, mae'r Arglwydd Dduw yn siarad â ni trwy air ysgrifenedig, y gellir ei ddarllen a'i glywed. Os oedd Dafydd yn cyfeirio at y Pumllyfr, gallwn ni gyfeirio at y Beibl cyfan.

Mae'n cynnwys cyfraith i ddangos beth sy'n gywir ac anghywir; mae'n dystiolaeth werthfawr o ewyllys Duw er mwyn i ni gael gwybod; mae ynddo ddeddfau i'n cadw rhag gwyro; mae'r gorchmynion yn ein cadw rhag bod mewn anwybodaeth; mae'n ein dysgu sut i blesio'r Arglwydd a byw yn lân; mae ei ordinhadau yn ein harwain ar lwybr cyfiawnder.

Ei werth yw ei fod yn rhoi gwybodaeth, goleuni, cyfarwyddyd a bywyd. Mae'n drysor gwell nag aur, yn para byth ac yn safon arhosol. Mae'n felys, yn fwyd i'r enaid ac yn antiseptig rhag pechod. Mae'n ein hanrhydeddu â'r gwir trwy ein rhybuddio o ganlyniadau ein drygioni a'r wobr o adnabod Duw.

"Y mae pob Ysgrythur wedi ei hysbrydoli gan Dduw ac yn fuddiol i hyfforddi, a cheryddu, a chwyiro, a disgyblu mewn cyfiawnder." (2 Timotheus 3.16)

Geiriau bywyd

Mae Dafydd yn sylweddoli bod gair Duw yn dangos ei bechod iddo. Nid yn unig y beiau cuddiedig, ond y rhai beiddgar hefyd, ac mae'n awyddus i fod yn rhydd ohonynt.

Mae'n deall hefyd na all ef ei hunan olchi ei lygredd, dim ond Duw, trwy ei ras a'i drugaredd. Mae'n hiraethu ac yn sychedu am fod yn iawn gerbron yr Arglwydd. Mae hyn yn dystiolaeth ryfeddol gan un oedd â Beibl mor fach o'i gymharu â'n Beibl ni. Roedd yn deall fod Duw yn gweld y galon ac yn dymuno gwirionedd oddi mewn.

Roedd yn deall hefyd bod ffordd o lanhad, ffordd o faddeuant, oedd yn cael ei ddarlunio yn seremonïau ac aberthau'r Gyfraith. Roedd hyn yn pwyntio 'mlaen at yr aberth fawr ar Golgotha, a'r gwaed sydd yn ein glanhau o bob pechod.

"O Arglwydd dysg im chwilio
I wirioneddau'r Gair,
Nes dod o hyd i'r Ceidwad
Fu gynt ar liniau Mair;
Mae ef yn Dduw galluog,
Mae'n gadarn i iachau;
Er cymaint yw fy llygredd,
Mae'n ffynnon i'm glanhau." (G. S. Canaan)

Diolch i'r Arglwydd am ei wneud ei hun yn hysbys i ni. Diolch am leferydd di-baid distaw'r greadigaeth ac am dystiolaeth gyfoethog yr Ysgrythurau. Diolch eu bod yn dangos Duw galluog, mawr; Duw sydd yn ein hanrhydeddu â gwybodaeth o'r gwirionedd; Duw a ddaeth atom yn ei Fab annwyl, a Duw sydd yn dangos i ni fywyd tragwyddol yn Iesu Grist.

"Duw lefarodd wrth ei bobl, Halelwia!
A doethineb yw ei eiriau, Halelwia!
'R hwn sydd â chlustiau nawr gwrandawed,
'R hwn sydd â chlustiau nawr a glyw;
Ti sydd yn ceisio ffordd doethineb,
Gwrando eiriau Duw." W.F.Jabusch (cyf.G.C.Evans)

"Yr Arglwydd yw fy mugail, ni bydd eisiau arnaf." Salm 23:1

Mae'n bur debyg mai dyma'r adnod a'r salm fwyaf adnabyddus ohonynt i gyd. Mae llawer ohonom wedi cael y fraint o ddysgu'r salm ar ein cof, a chaiff ei darllen mewn angladdau Cristnogol yn gyson hefyd.

Yr Arglwydd

Yahweh, neu Jehofa yw testun y salm. Dyma'r Duw tragwyddol, heb ddechrau na diwedd iddo ac heb fesur arno. Ystyr y gair 'cywydd' yw mesur, ac mae'r Arglwydd y tu hwnt i bob mesur. Does dim cyfyngu ar ei gariad, ei sancteiddrwydd, ei ras na'i ddaioni. Does dim rhyfedd bod y salm yn llawn mynegiant o ffydd fywiol, hyder personol, llawenydd a buddugoliaeth o'i dechrau i'w diwedd.

Mae'n ostyngeiddrwydd mawr ar ran y Duw anfeidrol i ddarlunio'i hunan fel bugail i'w bobl. Dywed Jacob fod Joseff wedi derbyn nerth arbennig "trwy enw'r Bugail, Craig Israel;" Mae'n rhyfeddod ac yn hyfrydwch i feddwl bod y Duw mawr yn cymharu ei hun i berson sydd yn dangos ei gariad a'i ofal diddiwedd dros ei bobl.

Fy mugail

Cysur mawr y salm yw yr hyn yw'r bugail i'r ddafad. Mae'n eiddo'r Bugail, a'r Bugail mawr yn eiddo iddo fe. Mae rhywun wedi dweud bod y salm gyfoethog hon fel cist yn llawn trysor. Er mwyn agor y gist a mynd at y trysor mae angen allwedd, a'r cymal yma yw'r 'goriad.

Roedd Dafydd yn gwybod bod yr Arglwydd yn fugail iddo oherwydd ei fod wedi clywed ei lais.

Mae'n sôn am effaith pwerus ei lais ar y byd naturiol (Salm 29); Mae ei air yn wirionedd ac yn gyngor y gall ddibynnu'n llwyr arno (Salm 33.4,11). Mae hyn yn gwneud i ni feddwl am berthynas y Bugail Da â'i ddefaid: "bydd yn cerdded ar y blaen, a'r defaid yn ei ganlyn oherwydd eu bod yn adnabod ei lais ef." (Ioan 10.4)

Mae wedi profi atebion i'w weddïau am help droeon (Salm 34.6), sydd yn ein hatgoffa o neges Jehofa i Moses o'r berth yn llosgi: "Yr wyf wedi gweld adfyd fy mhoblyn yr Aifft a chlywed eu gwaedd o achos eu meistri gwaith," (Ex.3.7)

Mae wedi profi ei achubiaeth a'i faddeuant o bechod (Salm 32.1-5), sydd yn ein hatgoffa o eiriau 'bugeiliol' Iesu yn Luc 19.10: "Daeth Mab y Dyn i geisio ac i achub y colledig."

"Y Bugail mwyn o'r nef a ddaeth i lawr
I geisio'i braidd drwy'r erchyll anial mawr;" D.C.

Mae'n awyddus i gael ei arwain ganddo: "Arwain fi yn dy wirionedd a dysg fi," (Salm 25.5). Mae Jehofa yn Dduw i'w bobl mewn cyfamod. Dyma'r cyflwyniad i'r deg gorchymyn: "Myfi yw'r Arglwydd dy Dduw a'th arweiniodd allan o wlad yr Aifft, o dŷ caethiwed" (Ex.20.2). Cafodd pobl Israel eu hachub o'r Aifft a'u harwain i wlad yr addewid. Felly, roedd yr Arglwydd yn disgwyl iddyn nhw gadw'r gorchmynion o ddiolchgarwch am ei ras yn dewis a ffurfio cenedl o un dyn, ac yna'u harwain i wlad Canaan.

Pan mae Jacob yn bendithio'i feibion ar ddiwedd ei oes mae'n dweud: "Y Duw y rhodiodd fy nhadau Abraham ac Isaac o'i flaen, y Duw a fu'n fugail imi trwy fy mywyd hyd heddiw, yr angel a'm gwaredodd rhag pob drwg, bydded iddo fendithio'r llanciau hyn." (Genesis 48.15) Mae llawer yn credu mai Duw y Mab, sef ein Harglwydd Grist, oedd yr angel a frwydrodd gyda Jacob ym Mheniel. Fe hefyd a ddywedodd pan ddaeth mewn cnawd: "Myfi yw'r Bugail da."

Gallwn ni adnabod yr Arglwydd fel ein Bugail ni trwy wrando ar ei lais yn ein galw, a thrwy lynnu wrtho weddill ein dyddiau. Bydd Ef yn siwr o'n bugeilio fel y gwnaeth gyda Dafydd a phob un arall o'i braidd.

Daw holl gyflawnder Duw i ni trwy Iesu Grist – yr un y crewyd popeth trwyddo ac er ei fwyn – "Oherwydd gwelodd Duw yn dda i'w holl gyflawnder breswylio ynddo ef." (Col.1.19) Trwyddo Fe hefyd y cawn heddwch â Duw, "trwy ei waed ar y groes," a dyna sut y daw cyflawnder Duw yn eiddo i ni, oherwydd fod y Bugail yn eiddo i ni.

Ni bydd eisiau arnaf

Canlyniad y cymal cyntaf yw'r geiriau hyn. Os yw'r Hollgyfoethog Dduw yn fugail i ni, sut allwn fod mewn gwir eisiau? Mae gweddill y salm yn manylu ar yr adnod gyntaf, wrth gwrs.

Mae'r gair 'eisiau' yn golygu prinder neu ddiffyg. Dyma'r gair gaiff ei ddefnyddio am leihad y dyfroedd ar ôl y dilyw. Hefyd fe welwn y gair eto yn hanes y manna yn yr anialwch: "Nid oedd gormod gan y sawl a gasglodd lawer, na phrinder gan y sawl a gasglodd ychydig." (Ex.16.17)

Dywedodd Iesu: "Ni bydd eisiau bwyd byth ar y sawl sy'n dod ataf fi, ac ni bydd syched byth ar y sawl sy'n credu ynof fi." Ioan 6.35

Diolch am ddarlun y Bugail a'r cyflawnder sydd ynddo Fe i ni.

"Gwna imi orwedd mewn porfeydd breision, a thywys fi gerllaw y dyfroedd tawel," Salm 23:2

Mae ail adnod y Salm hyfryd yma yn cyfleu darlun bendigedig o orffwystra bodlon a thawel. Mae'n ein hatgoffa o addewid yr Arglwydd Iesu ym Mathew 11.28: "Deuwch ataf fi, bawb sy'n flinedig ac yn llwythog, ac fe roddaf fi orffwystra i chwi." Dyma brofiad Horatius Bonar o ddod at Iesu Grist:

"Mi ddeuthum at yr Iesu cu,
Yn llwythog dan fy nghlwyf;
Gorffwysfa gefais ynddo Ef,
A dedwydd, dedwydd wyf." H.B. cyf.

Mae'r salm yn ein hatgoffa mai nid gorffwysfa wrth ddod at Grist y tro cyntaf yn unig yw hyn, ond bodlonrwydd parhaus wrth gael arweiniad a gofal y Bugail.

Gorffwys

Yn y Dwyrain, gallai fod tipyn o waith teithio i gael porfa. Mwy na thebyg mae hon yn olygfa ganol dydd. Mae'r bore wedi bod yn gyfnod o gerdded a phori, ond nawr caiff y praidd orwedd mewn gwair hir bras. Nid pori mae'r ddafad nawr, ond gorffwyso.

Mae'r dyfroedd tawel yn ddyfroedd yr orffwysfa hefyd. Mae'n debyg mai lle y byddai teithwyr yn aros am seibiant a diod iddyn nhw'u hunain a'u hanifeiliaid yw hwn. Nid dŵr cyflym lle bydd dynion yn rafftio a chanwio sydd yma, oherwydd byddai dafad yn gwrthod yfed o ddŵr felly, hyd yn oed petae bron â marw o syched. Mae'n debyg bod bugeiliaid weithiau yn cael dafad wedi marw gyda llond bol o wair – ond dim dŵr. Mae gwlith yn bwysig iawn yn y Dwyrain gan nad oes glaw o hyd, dim ond yn y tymhorau gwlyb. Mae hyn yn ein hatgoffa o'n hangen ysbrydol am borfa gair Duw a dŵr yr Ysbryd Glân. Yr Ysbryd sydd yn dod â'r gair yn fyw i ni, ac yn dod â ni yn fyw i'r gair. Yr Ysbryd sydd yn goleuo a bywhau ein heneidiau trwy ddarllen a chlywed y Beibl. Yr Ysbryd sydd yn goleuo Iesu Grist i ni fel Gwaredwr ac Arglwydd perffaith i'n hangen.

Gorwedd

Mae'n debyg mai un o'r tasgau anoddaf i fugail yw cael y praidd i orwedd. Gall fod sawl rheswm am hyn:

Ofn

Wnaiff dafad ofnus ddim gorwedd. Daeth ofn i brofiad Adda wedi iddo bechu yn erbyn Duw yn Eden: "Clywais dy sŵn yn yr ardd, ac ofnais oherwydd fy mod yn noeth, ac ymguddiais." Doedd dim ofn yr Arglwydd cyn hynny. Wrth anufuddhau a ffoi oddi wrtho daeth yr ofn. Ond daw heddwch a thawelwch i'r enaid eto yn Iesu Grist: "Yr wyf yn gadael i chwi dangnefedd; yr wyf yn rhoi i chwi fy nhangnefedd i fy hun. Nid fel y mae'r byd yn rhoi yr wyf fi'n rhoi i chwi. Peidiwch â gadael i ddim gynhyrfu'ch calon, a pheidiwch ag ofni." Ioan 14.27 Mor swynol yw'r geiriau 'nac ofnwch, braidd bychan.' Daw'r ymadrodd nac ofnwch 366 tro yn y Beibl!

Gwrthdaro

Fydd y praidd ddim yn gorwedd os bydd tensiwn yn eu plith. Credwch neu beidio, mae bwli neu ddau i'w cael mewn diadell fel mewn grŵp o bobl. Mae eisiau bod yn flaenaf. Mae'n cerdded at y defaid eraill, yn stampio'r traed ac yn agor cannwyll ei lygaid yn fawr gan edrych yn ffyrnig. Bydd yn mynd o gwmpas y gweddill nes eu bod i gyda ar eu traed ac ar bigau'r drain!

Gall hyn ddigwydd ymhlith Cristnogion mewn eglwys hefyd wrth gwrs. Gall cynnen a chenfigen godi rhwng brodyr a chwiorydd am bob math o resymau gwahanol. Efallai bod mwy o ddoniau gan rywun arall; efallai bod llwyddiant ar weinidogaeth rhywun ar hyn o bryd; efallai ein bod yn dal dig am rywbeth ddigwyddodd flynyddoedd yn ôl er i ni ddweud ein bod wedi maddau i'r troseddwr.

Rhaid edifarhau yn syth, rhaid gweddïo bendith gyfoethog y nef ar ein gilydd, ac fe ddaw rhyddhad yn y man.

Pryfaid a chynrhon

Mae'n debyg bod cynrhon yn gallu lladd dafad. Cânt eu poeni'n ofnadwy ar brydiau nes iddyn nhw gael eu codi oddi ar eu traed a gorfod rhedeg i'r llwyni. Gall hyn fod yn ddarlun i ni o ofidiau a phryderon yn ein bywydau. Gofidiau am fwyd, dillad, a chant a mil o bethau cyfreithlon bywyd.

Cyngor gwerthfawr y Bugail Da yw ceisio'n gyntaf deyrnas Dduw a'r hyn sy'n iawn yn ei olwg ac yna disgwyl i bethau eraill ddisgyn i'w lle.

Angen bwyd a diod

Mae gorwedd yn arwydd o fola llawn. Mor bwysig yw porthi'n hunain ar air yr Arglwydd yn gyson, boed mewn darllen a myfyrio personol neu mewn oedfa. O'i esgeuluso daw'r ofnau i'n bygwth a'n llorio, daw oerni yn ein cariad a'n sêl at yr Arglwydd a gwaith yr Efengyl. Rhaid cofio mae bwriad yr Arglwydd yw ein digoni a'n bodloni trwy ei wirionedd, ei addewidion, trwy iddo rannu ei gyfrinachau â ni.

Diolch am orffwystra a bodlonrwydd i'r enaid yn Iesu Grist!

"ac y mae ef yn fy adfywio. Fe'm harwain ar hyd llwybrau cyfiawnder, er mwyn ei enw. Er imi gerdded trwy ddyffryn tywyll du, nid ofnaf unrhyw niwed, oherwydd yr wyt ti gyda mi."
Salm 23:3,4

Dyma adnodau hynod o brydferth a gwerthfawr sydd yn darlunio gofal yr Arglwydd o'i bobl wrth iddo'u hadfer pan fyddan nhw'n crwydro, a'u harwain yn ddiogel hefyd.

Y crwydro
Tuedd pob dafad yw crwydro, a thuedd y natur ddynol yw crwydro oddi wrth ein Bugail mawr. Mae'r sawl sydd heb gredu'n bersonol yn Iesu Grist yn dal ar goll, tra bod y Cristion yn ymwybodol o'r frwydr fewnol rhwng ei hen natur a'r natur newydd. Mae'r hen yn tynnu oddi wrth y Bugail Da tra bod y newydd yn tynnu ato. Mor hawdd yw colli'n hagosrwydd at Iesu Grist; colli ymwybyddiaeth o'i lais, colli realiti ein perthynas, colli ei noddfa a'i nerth.

Weithiau bydd dafad wedi troi ar ei chefn wrth fynd i le meddal a braf. Mae'n mynd yno heb y bugail, yn gorwedd, yn troi ac yn methu â chodi. Rhaid i ni fod yn ofalus rhag ceisio esmwythdra bydol yn hytrach nag esmwythdra yng Nghrist. Mor hawdd yw pwyso ar faglau materol yn hytrach nag ar addewidion yr Arglwydd. Rhan o'r broblem yma yw bod gwlân y ddafad yn rhy drwm, yn enwedig wrth ddod at amser cneifio. Gall hwn fod yn ddarlun ohonom ni'n byw ar y gorffennol; byw ar fendithion ddoe, ac efallai blwyddyn neu sawl blwyddyn yn ôl. Bryd hynny mae angen cneifio. Gall hyn fod yn anghyffyrddus, gall olygu llosg haul i'r defaid – ond mae'n well na marw! Ac mae'r Arglwydd Iesu'n sôn am y Tad yn torri canghennau'r winwydden er mwyn iddynt ddwyn mwy o ffrwyth.

Ond mae'r bugail yn barod i adael gweddill y praidd i geisio'r colledig a'r crwydredig. Mae'n fodlon ein ceryddu; mae'n fodlon gwneud ein bywyd yn anghysurus am dipyn er mwyn ein tynnu nôl ato, i bwyso'n llwyr arno, ac adnewyddu hyfrydwch ein perthynas gariadus ag E.

Yr arwain

Llwybrau cyfiawnder yw llwybrau'r Bugail. Wrth ddod i'r byd, dilynodd yr Arglwydd Iesu lwybr ufudd-dod a'i harweiniodd bob cam i'r groes. Roedd Mab Duw yn benderfynol o beidio â chael ei droi oddi ar y llwybr gan Pedr yng Nghesarea Philipi, Satan yn yr anialwch, na neb arall.

Llwybrau'r Cristion yw llwybrau'r Meistr felly. Dyma lwybrau ei addewidion: "Ymddiried yn llwyr yn yr Arglwydd, a phaid â dibynnu ar dy ddeall dy hun. Cydnabydda ef yn dy holl ffyrdd, bydd ef yn sicr o gadw dy lwybrau'n union." Diar.3.5,6.

Y lle peryclaf i'r ddafad yw'r man lle mae allan o olwg a chlyw'r bugail. Gall llwybrau pechod fod yn ddeniadol, yn llewyrchus i bob golwg ac yn esmwyth, ond hebddo Fe maen nhw'n ddi-gyfeiriad a niweidiol.

Mae llwybrau cyfiawnder yn ein hatgoffa mai'r llwybr o ufudd-dod i ewyllys Duw yw hwn; llwybr ei orchmynion. Mae'n ein harwain er mwyn ei enw, sef ei ogoniant ef yn ein diogelwch a'n hachubiaeth ni.

Cyfarch y Bugail

Dyma newid pwysig yn y salm. O fod yn sôn am y Bugail, mae'n siarad gydag Ef nawr. Mae hyn yn dangos perthynas agos, mynwesol. Byddai bugail y Dwyrain bant o gartref am gyfnodau hir ac ar daith hir gyda'r ddiadell, a dyma pam mae'r iaith mor bersonol.

Mae llawer yn credu bod yr adnod yma'n cyfeirio at ddiwedd y Gwanwyn, pan fyddai gwair yn dechrau tyfu ar y mynyddoedd a'r bryniau. Er mwyn mynd o'r tir isel at yr ucheldir byddai gofyn mynd trwy ddyffrynnoedd. Byddai hyn yn llai serth gyda mwy o wair a dŵr ar y ffordd, ond roedd hefyd yn golygu bod cysgodion tywyll hefyd.

Nid ofnaf

Mae'r ddafad yn cerdded, nid rhedeg na brysio – sy'n arwydd o dawelwch meddwl. Cawn ni'n hannog i rodio gyda Duw, fel Enoc, ac i rodio yn yr Ysbryd. Daw tawelwch ysbryd er gwaetha'r cysgodion a'u bygythion.

Daw amryw brofedigaethau i ran y Cristion hefyd gyda cholledion iechyd, swydd, annwyliaid, ond hefyd daw temtasiynau ac erledigaeth ar brydiau. Y diogelwch mawr yw gwialen a ffon y bugail (un fugeilffon mae'n siwr) i gyrraedd dafad ac ymladd anifeiliaid gwyllt.

Mae'n ddarlun hefyd o farwolaeth. Nid diwedd y daith mohono, ond glyn sy'n arwain i dragwyddoldeb. I'r Cristion mae'n arwain i baradwys gyda Christ, ac i dir uchel a gogoneddus nef a daear newydd. Ond does dim angen i'r praidd ofni tra bod y bugail o'u blaenau; ac mae'n Pencampwr ni wedi profi blas marwolaeth ar ein rhan, a'i goncro, er mwyn diddymu diafol a'n rhyddhau rhag ofn angau.

Diolch am adferiad ac arweiniad anffaeledig ein Bugail mwyn!

"Yr wyt yn arlwyo bwrdd o'm blaen yng ngwydd fy ngelynion; yr wyt yn eneinio fy mhen ag olew; y mae fy nghwpan yn llawn."
Salm 23:5

Mae gwahanol farn ynglŷn â'r adnod yma. Mae rhai yn credu bod delwedd y salm yn newid o berthynas y bugail a'r ddafad, i berthynas y gwesteiwr a'i westai.

Byddai hynny'n darlunio gwledd Dwyreiniol gyda bwrdd yn llawn danteithion tra bod y gelyn yn edrych o'r tu allan heb allu ymosod na gwneud dim. Byddai'n arferiad i eneinio pen gwestai ag olew, ac mae'r cwpan llawn yn cyfleu digonedd o win.

Yn bersonol, rwyf am ddilyn trywydd y rhai sydd yn gweld parhad o ddelwedd y bugail, a pharhad o'i ofal rhyfeddol dros ei braidd.

Y bwrdd
Roedd y gair a gyfieithir 'bwrdd' hefyd yn cyfeirio at ddarn o ledr, croen anifail y byddai bwyd yn cael ei osod arno. Gallai fod yn borfa wrth gefn oedd gan y bugail pan oedd prinder gwair i'r defaid.

Posibirwydd arall yw y gallai'r bwrdd gyfeirio at fan gwastad yn y mynydd-dir, sef 'plateau'. Y gair gan fugeiliaid Sbaen yw 'mesa' sef bwrdd. Dyna sydd y tu ôl i enw "Mynydd y Bwrdd" sydd yn ymyl Cape Town yn Ne Affrica.

Eto fyth, mae'n bosib mai cafn wedi ei godi oddi ar y ddaear yw'r ford. Os hynny, byddai bwyd ychwanegol yn cael ei roi ynddo. Roedd cael y bwyd mewn cafn oedd wedi ei godi oddi ar y ddaear yn diogelu'r defaid rhag codi parasitiaid a bacteria oddi ar lawr gyda'r gwair. Byddai'r rhain yn elynion peryglus iddynt.

Gelynion eraill fyddai brain a gwylanod mawr neu foncath yn hofran uwch eu pen. Os yw'n gweld dafad ar ei chefn bydd yn pigo'r llygaid i'w dallu ac yn pigo'r afu i'w lladd.

Eneinio'r pen

Mae'n debyg bod y bugail dwyreiniol yn cario fflasg o olew i roi ar friwiau dafad oedd wedi ei hanafu ei hun wrth geisio bwyd ymhlith y drain a'r mieri.

Darllenais am un oedd yn cymysgu olew llin, tar a sylffwr. Bwriad y gymysgedd oedd cadw pryfetach oddi ar ben y ddafad. Doedd dim dip i'w gael bryd hynny fel sydd heddiw. Gall pob math o bryfaid ymosod ar ben dafad: chwain trwyn, pryfaid du, gwybedyn pennau. Y perygl yw eu bod yn mynd trwy'r trwyn ac yn achosi haint ar yr ymenydd. Mae rhai yn achosi dallineb. Weithiau bydd dafad sydd wedi ei heffeithio yn bwrw ei phen yn erbyn craig neu'n ei rwbio ar y ddaear, neu'n rhedeg mewn cylchoedd nes diffygio'n llwyr.

Mor bwysig yw bod y bugail wedi eneinio pen y defaid. Ac mae'r Ysbryd Glân wedi dod ar y Cristion hefyd. "Fe'n hachubodd ni trwy olchiad yr ailenedigaeth ad adnewyddiad yr Ysbryd Glân, a dywalltodd ef arnom ni yn helaeth drwy Iesu Grist, ein Gwaredwr." Titus 3.5,6.

Mor bwysig yw inni ofyn i'r Arglwydd i'n llenwi'n barhaus â'r Ysbryd Glân er mwyn ein sancteiddio ni, a'n nerthu a'n cadw rhag gelynion ein henaid. Dywed C.H.Spurgeon: "dylem fyw o dan eneiniad dyddiol o'r Ysbryd Glân ar gyfer ein dyletswyddau beunyddiol. Ni allwn gyflawni ein gwaith fel Cristnogion yn y byd heb arddeliad, ac felly rhaid mynd at Dduw yr Ysbryd bob dydd."

Mae Satan am ein drysu a'n digalonni'n llwyr; ei nod yw ein gwahanu oddi wrth Iesu Grist trwy ein denu at bechod a'n cyhuddo trwy ddweud nad oes gobaith i ni ar ôl i ni bechu, ac ymosod arnom fel y gwnaeth ar Job trwy achosi colledion mawr a'n hannog i wadu Duw, ei herio a'i ddrwgdybio.

Y Cwpan

Byddai bugeiliaid yn y Dwyrain yn cario potelaid o ddŵr i roi diod i ddafad oedd wedi ymlâdd yn llwyr neu'n fregus oherwydd salwch ac afiechyd. Byddai rhai yn cymysgu'r dŵr â gwin.

Bydd rhai bugeiliaid mynydd heddiw yn cario dŵr wedi ei

gymysgu â brandi. Wrth ddod i lawr o'r mynydd-dir yn yr Hydref, mae'n bosib y daw ambell gawod o eirlaw neu eira hyd yn oed. Bydd y defaid, a'r ŵyn yn arbennig, yn sythu. Bydd y bugail yn arllwys ychydig lwyeidiau i lawr eu llwnc i'w cynhesu a'u bywhau.

Mae hyn yn ein hatgoffa o "gariad Duw wedi ei dywallt yn ein calonnau trwy'r Ysbryd Glân y mae ef wedi ei roi i ni." Rhuf.5.5

Mor helaeth yw darpariaeth y bugail ar gyfer ei braidd! Mor helaeth yw darpariaeth Duw i ni yn Efengyl Iesu Grist hefyd. Ni sydd ar fai os nad ydym yn cael ein digoni yn yr Arglwydd Iesu gerbron ein gelynion. Mae'r addewidion o ddarpariaeth y Bugail yno i ni gael eu profi.

Gadewch i ni wledda ar borfa'r Beibl bob amser, a mynnu ein bod yn cael ein heneinio a'n llenwi ag olew a dŵr yr Ysbryd Glân yn barhaus.

"Yn sicr, bydd daioni a thrugaredd yn fy nilyn bob dydd o'm bywyd, a byddaf yn byw yn nhŷ'r Arglwydd weddill fy nyddiau."
Salm 23:6

Dyma ni'n dod at ddiweddglo bendigedig y salm sydd yn dangos bod gofal y bugail yn para tan y diwedd.

Daioni

Mae'r Beibl yn dweud wrthym bod Duw yn dda. Mae ei daioni yn ymestyn i'w holl greaduriaid. Mae'n "peri i'w haul godi ar y drwg a'r da, ac yn rhoi glaw i'r cyfiawn a'r anghyfiawn." Mae hyn yn cynnwys ei elynion sydd yn ei gablu, ei wadu, ei ddwrdio a'i anwybyddu, heb sôn am ei braidd sydd wedi dod i gredu ac ymddiried ynddo.

Pan ddangosodd Duw ei hun i Moses, a pheri i'w holl ddaioni fynd heibio o'i flaen, dywedodd: "Yr Arglwydd, yr Arglwydd, Duw trugarog a graslon, araf i ddigio, llawn cariad a ffyddlondeb; yn dangos cariad i filoedd, yn maddau drygioni a gwrthryfel a phechod, ond heb adael yr euog yn ddi-gosb, ac yn cosbi plant, a phlant eu plant hyd y drydedd a'r bedwaredd genhedlaeth, am ddrygioni eu hynafiaid." (Ex.34.6,7)

Trugaredd

Mae'r gair yma'n gyfoethog iawn ei ystyr ac yn anodd ei gyfieithu ag un gair. Mae nifer yn awgrymu 'caredigrwydd cariadus' fel cyfieithiad sydd yn egluro'r ystyr. Dyma oedd yn gyfrifol am ein prynu ni'n rhydd o'n pechod a'n galw at braidd y Bugail. Dyma sydd yn peri ei fod yn addo bod yn Dduw i ni, a ninnau'n bobl iddo Fe yn Iesu Grist.

Mae rhai wedi meddwl am ddaioni a thrugaredd fel y cŵn defaid y tu ôl i'r praidd yn eu gwarchod a'u cadw tra bod y bugail yn arwain yn y tu blaen.

Mae Dafydd yn sicr o ofal parhaus ei Arglwydd. Ni fydd yn cymryd hoe na gwyliau am bythefnos na mis.

"Nid oes terfyn ar fy ngobaith,
Cyrraedd mae ymlaen o hyd;
Gyda'r Duwdod mae'n cydredeg,
Dyddiau'r ddau sydd un ynghyd:
Annherfynol
Ydyw fy llawenydd mwy." W.W.

Mor freintiedig yw'r ddafad yma i gael perthyn i'r fath Fugail! Mae'n ymffrostio ynddo, nid yn unig pan mae bywyd yn braf – ond mewn colledion ac ergydion a siomedigaethau hefyd. Dechreuodd Dafydd trwy ddweud 'ni bydd eisiau arnaf' ac wrth ddod at ddiwedd y salm, wedi rhestri bendithion yr Arglwydd, mae'n dweud bod ei ddaioni a'i drugaredd yn ei ganlyn holl ddyddiau ei fywyd.

Mae'n ein hatgoffa o'r hyn sydd yn wir am y sawl sydd wir yn eiddo'r Bugail Da; na all unrhyw anhawster godi, unrhyw ddilema ymddangos, unrhyw drychineb ddisgyn ar ei fywyd, heb iddo weithio er daioni yn y pendraw.

Dylem ni wedyn, fel praidd Crist, ddangos a gadael ar ein hôl ddaioni a thrugaredd tebyg i'r hyn a gawn gan ein Harglwydd. Dylem fod yn dda a thrugarog tuag at ein gilydd ac at ein cymdogion a'n gelynion.

Tŷ yr Arglwydd

Y Tabernacl oedd y darlun daearol o'r cysegr nefol yn nyddiau Dafydd, ac yna'r Deml o ddyddiau Solomon ymlaen. Y pwynt allweddol yw nid presenoldeb corfforol Dafydd mewn cysegr, ond cymundeb â Duw.

Mae gwir gymdeithas real â Duw yn uchafbwynt i'r holl fendithion mae person yn eu mwynhau wrth fod o dan ofal y Bugail mwyn.

Dyma ragflas a blaendâl o'r nefoedd mewn gwirionedd.

"O! Pam na chaff i ddechrau'n awr
Fy nefoedd yn y byd,
A threulio 'mywyd mewn mwynhad
O'th gariad gwerthfawr drud?" W.W.

O feddwl am berthynas y bugail daearol a'i ddefaid, mewn rhai gwledydd byddai taith y flwyddyn yn gorffen, erbyn y gaeaf, yng nghartre'r bugail, gyda'r praidd a'r bugail yn yr un teulu estynedig.

Mae'r Arglwydd Iesu yn rhoi addewid mawr i'w ddisgyblion o fynd i baratoi lle iddynt yn nhŷ ei Dad, o ddod i'w nôl yn ei ailddyfodiad ac o'u cymryd i fod gydag Ef. Dyma'i weddi yn Ioan 17.24: "O Dad, ... fy nymuniad yw iddynt hwy fod gyda mi lle rwyf fi, er mwyn iddynt weld fy ngogoniant..."

Mae llyfr Datguddiad yn rhoi cipolwg i ni ar dyrfa ddi-rif yn y nef, wedi dod trwy orthrymder mawr bywyd ar y ddaear, wedi eu golchi a'u glanhau yng ngwaed yr Oen, yn addoli Duw gerbron yr orsedd, ac yn cael eu bugeilio i dragwyddoldeb: "Ni newynat mwy ac ni sychedant mwy, ni ddaw ar eu gwarthaf na'r haul na dim gwres, oherwydd bydd yr Oen sydd yng nghanol yr orsedd yn eu bugeilio hwy, ac yn eu harwain i ffynhonnau dyfroedd bywyd, a bydd Duw yn sychu pob deigryn o'u llygaid hwy." Dat.7.16,17

Diolch am ddarlun bendigedig o berthynas fendigedig yr Arglwydd a'i bobl.

"Profwch, a gwelwch mai da yw'r Arglwydd."
Salm 34:8

Mae hysbysebu yn ddiwydiant mawr yn ein cymdeithas ni heddiw. Mae llawer o arian, egni a dychymyg y tu ôl i'r hysbysebion ar y stryd, ar y teledu neu ar y wê. Weithiau, mae'r hysbysebion yn fwy difyr na'r rhaglenni ar y teledu. Mae'n siwr bod llawer ohonom yn cofio rhyw hysbys am goffi, am gwrw neu am gar.

Wel, dyma'r brenin Dafydd yn hysbysebu ei Arglwydd, ac yn ei gymeradwyo'n fawr iawn trwy gyfrwng y salm. Fel gyda diweddglo sawl hysbyseb, mae'n ein hannog yn adnod 8 i beidio â chymryd ei air ef am hyn, ond i brofi'r mater drosom ni'n hunain.

Ymffrost Dafydd
Mae'n dweud ar y cychwyn ei fod yn ymhyfrydu yn yr Arglwydd. Yn y byd gwerthu, mae'n rhaid i werthwr da gredu yn y cynnyrch sydd ganddo. Mae Dafydd yn fodlon dweud wrth bawb am Jehofa.

"Na ddelo gair o'm genau,
Yn ddirgel nac ar go'dd,
Ond am fod Iesu annwyl
Yn wastad wrth fy modd." W.W.

Nid yw am beidio â'i ganmol, ac mae'n ei gymeradwyo i eraill sydd wedi eu bwrw'n isel, ac mae'n sicr y bydd y cymeradwywr a'r gwrandawr ufudd yn dyrchafu ei enw gyda'i gilydd.

Profiad Dafydd
Mae "peraidd ganiedydd Israel" yn darlunio'i brofiad o Dduw Israel mewn tair ffordd:

Ceisio mewn ofn
Mae'n dweud ei fod wedi profi amrywiol ofnau yn ei fywyd. Gallwn feddwl am y cyfnod pan roedd Saul yn ei erlid; yn taflu gwaywffon

ato ddwywaith ac yn ei gwrso ar hyd a lled y wlad. Mae'r teitl ar ben y salm yn awgrymu mai'r achlysur oedd pan oedd Dafydd wedi ffoi rhag brenin cyntaf Israel at Achis brenin Gath.

Pan adnabu gweision Abimelech y gwron o Israel, "ofnodd rhag Achis brenin Gath", a dechreuodd ymddwyn fel ynfytyn gan grafu drysau a glafoerio dros ei farf. Ceisiodd yr Arglwydd mewn gweddi yn yr adegau hyn. Chwiliodd o ddifrif amdano.

Gallwn chwilio'n arwynebol am rywbeth – rhywbeth eithaf dibwys fel pâr o sanau, efalle – neu os oes rhaid cael gafael ar ddogfen bwysig fel pasbort, byddwn yn troi'r tŷ wyneb i waered nes ei gael. Dyma'r chwilio, â'n holl galon, sydd yn cael clust yr Arglwydd.

Edrych mewn cywilydd

Mae hyn yn gwneud i ni feddwl am yr amser pan roedd y brenin wedi cyflawni godineb gyda Bathseba a threfnu marwolaeth ei phriod. Cawn gofnod o'i edifeirwch yn Salm 51: "Cuddia dy wyneb oddi wrth fy mhechodau, a dilea fy holl euogrwydd." (ad.9) Mae'n dweud nawr iddo brofi maddeuant grasol Duw ac nad yw'r euogrwydd yn aros gydag ef, "a bu i tithau faddau euogrwydd fy mhechod." (Salm 32.5) Gall edrych yn hyderus ar yr Arglwydd eto.

Gweiddi mewn argyfwng

Mae'n disgrifio'i hun mewn cyfyngderau yn adnod 6. Mae wedi ei fwrw'n isel, fel petae mewn pydew, ac ni all wneud dim ond galw am help. Ei ran ef oedd sgrechian am gymorth, a chlywodd yr Arglwydd a'i achub o'i gyfyngderau.

Felly, mae Dafydd yn dweud wrthym bod modd galw ar enw'r Arglwydd mewn ofn, cywilydd a gwendid, a'i fod yn clywed ac yn gwrando, heb wrthod y cais. Mae'n gwneud i ni feddwl am yr Arglwydd Iesu'n cymell pobl i ddod ato, beth bynnag eu cyflwr, ac yn addo groffwystra i'w heneidiau.

Gwersyll angylaidd

Yna mae Dafydd yn disgrifio amddiffyn Duw ar ei bobl, sydd yn ei ofni; yn ei gredu, yn ymateb iddo, yn ei gymryd ar ei air. Mae'r disgrifiad o wersyll angylaidd yn gwneud i ni feddwl am brofiad Eliseus a'i was yn Dothan.

Tra bod gwas y proffwyd yn gweld dim ond byddin, meirch a cherbydau Syria yn eu hamgylchynu, roedd Eliseus yn gweld meirch a cherbydau tanllyd nefol, a chafodd y gwas di-enw eu gweld hefyd. Dyna olygfa i weddnewid unrhyw sefyllfa, pa mor ddu bynnag y mae'n ymddangos.

Y gair ym Meibl William Morgan yw 'castella' ac mae'n gwneud i ni feddwl am adeilad cerrig cadarn i amddifyn brenin a'i bobl. Dyma ddarlun calonogol a hyfryd arall i bobl yr Arglwydd. Mae Dafydd yn mynd ymlaen i'n hannog i ymddiried a cheisio'r Arglwydd drosom ni'n hunain, gan addo inni na fydd eisiau arnom.

Wyt ti wedi ceisio'r Arglwydd a phrofi ei wrandawiad, ei achubiaeth, ei ras a'i faddeuant? Yr un yw angen dyn heddiw, boed yn ofnau, yn gywilydd neu'n gorneli tynn; ac mae'r Arglwydd yn para'r un hefyd, yn Wrandawr parod, yn Achubwr bodlon ac yn Waredwr galluog.

"Bûm yn disgwyl a disgwyl wrth yr Arglwydd, ac yna plygodd ataf a gwrando fy nghri."
Salm 40:1

Yn Awst 2010 bu damwain mwyngloddio yn Chile. Claddwyd tri deg tri o ddynion dros ddwy fil o droedfeddi dan ddaear am chwe deg naw diwrnod, cyn eu codi'n ddramatig i'r wyneb ac i ddiogelwch. Daeth sylw'r byd ar bwll aur a chopr San José.

Ac yn adnodau cyntaf y Salm yma mae Dafydd yn cofio achubiaeth yr Arglwydd yn ei fywyd. Mae'n defnyddio darlun o fod mewn pydew mwdlyd, heb obaith o ddod allan nes iddo gael ei godi gan Dduw.

Yr amgylchiadau
Mae'r darlun o bydew yn cyfleu tywyllwch a dyfnder anobeithiol, fel dyfnder tywyll y mwynglawdd ger Copiapó. Yn adnod 12 mae'r brenin yn sôn am ddrygau dirifedi ac am 'fy nghamweddau.' Ryn ni'n gwybod rywfaint am rai o bechodau Dafydd; yn cyflawni godineb, yn trefnu lladd Ureia, a'i falchder yn gwneud cyfrifiad yn nes at ddiwedd ei oes. Cawn y darlun o bechadur mewn 'carchar tywyll du.'

Eto nid oedd wedi ei wahanu'n llwyr oddi wrth Dduw. Gallai godi cri a disgwyl amdano. Doedd dynion Chile ddim wedi eu llwyr ynysu o'r byd y tu allan chwaith. Llwyddwyd i ddrilio twll chwe modfedd atynt, a danfonwyd 'colomenod', sef tiwbiau yn cynnwys dŵr, bwyd, tabledi, sgrîn i wylio pêl-droed, gwelyau o ryw fath, dominos a phethau eraill. Roedd camera wedi ei gysylltu trwy wifren hefyd fel bod modd gweld a chlywed y cloddwyr.

Gwelsom luniau'r dynion yn mwynhau'r ffwtbol ac yn chwerthin, er eu bod yng nghrombil y graig tywyll. Roeddem ni'n falch o weld y lluniau ac yn gwenu, ond prin y byddai neb yn awyddus i gymryd eu lle.

Mae hyn yn ein hatgoffa o gynhaliaeth Duw i bawb yn y byd.

Er bod pawb wedi pechu yn ei erbyn, nid yw'n peidio â'n cynnal, er ein bod yng ngharchar pechod, heb berthynas agos, real ag ef.

Yr achubiaeth

Mae'n amlwg na allai Dafydd ddringo o'r pydew, fel na allai'r mwyngloddwyr ddechrau ceibio a thyllu'r graig i ddringo dros ddwy fil o droedfeddu i'r wyneb. Byddai achubiaeth yn gorfod dod o'r tu allan.

Mae hyn yn ein hatgoffa o'r ffaith na allwn ni ein hachub ein hunain oddi wrth ein pechod. Mae'n cyflwr anobeithiol yn cael ei gyfleu i'r dim gyda'r metrau o wenithfaen oedd rhwng gwŷr Chile a'u hanwyliaid.

Felly, daeth llywodraeth Chile i'r adwy. Cafwyd cynllun achubiaeth cynhwysfawr a chostus, gyda help rhyngwladol. Daeth tri thîm drilio arbenigol i mewn, cafwyd gwasanaeth NASA a chorfforaethau o bob cyfandir bron. Cost y cyfan oedd $20 miliwn.

Yn rhyfeddol, fe dyllwyd at y dynion a gyrru capsiwl o'r enw Phoenix 2 i lawr ar wifren 'cable car' drwchus o'r Almaen.

Dywed Dafydd fod yr Arglwydd wedi gwrando ei gri, wedi plygu ato ac wedi ei godi o'r pwll lleidiog, o'r mwd a'r baw. Dyma ddarlun gwych a gwefreiddiol o achubiaeth Duw i bechadur yn Iesu Grist.

Cynllun Duw

Roedd gan Dduw gynllun achubol hefyd, medd y Beibl, oherwydd Iesu Grist yw'r "Oen a laddwyd er seiliad y byd." Cafwyd addewid yng ngardd Eden am Had y wraig a fyddai'n sigo pen y sarff, ac wedyn am had Abraham a fyddai'n fendith i'r holl ddaear, ac am Fab Dafydd a fyddai'n frenin ar orsedd gadarn hyd byth, ac am Was dioddefus a fyddai'n dioddef yn lle ac er mwyn ei bobl.

Roedd Duw yn fodlon anfon ei Fab ei hun atom, a daeth yn ddyn a bu fyw yn ddi-bechod; bu farw ar y groes a chodi'r trydydd dydd er mwyn agor ffordd bywyd tragwyddol i bob un a gredo ynddo.

Felly, daeth yr Arglwydd at Dafydd. Daeth y Phoenix 2 at y mwyngloddwyr o Chile, a daeth y gair yn gnawd.

Allwch chi ddychmygu teimlad y cloddwyr wrth weld y capsiwl yn cyrraedd? Doedd e ddim wedi ei baentio'n hardd, doedd dim byd crand amdano, ond roedd lle i un dyn ynddo ac addewid o gael eu codi i'r lan.

Dywed Eseia am y Gwas "nid oedd na phryd na thegwch iddo, na harddwch i'w hoffi wrth inni ei weld."

Eto i gyd fe godwyd y tri deg tri yn ddiogel, fe godwyd Dafydd ac fe godir unrhyw bechadur arall sy'n derbyn achubiaeth Crist.

Gallwn ddychmygu rhyddhad a gwefr gwŷr Chile wrth gyrraedd y wyneb, a dywed Dafydd fod Jehofa wedi gosod cân newydd yn ei enau – cân o fawl i Dduw.

Wyt ti'n dal yng nghrombil pechod, heb wybod am berthynas agos â Duw? Wyt ti'n cael dy gynnal ganddo o bell, fel petae?

Beth am ddod at Iesu Grist a chael dy godi i fynwes yr Hollalluog? Beth am ddod at Dduw nawr?

"Fel y dyhea ewig am ddyfroedd rhedegog, felly y dyhea fy enaid amdanat ti, O Dduw." Salm 42:1

Dyma ddarlun byw iawn o hiraeth a syched y salmydd am Dduw. Mae'n darlunio carw ifanc yn chwilio am ddŵr i dorri ei syched. Roedd y Wadis yn Israel yn sychu'n aml, a dŵr yn brin, a gallwn dychmygu'r hydd yn mynd o un man i'r llall i geisio rhyw ffrwd fach ffresh.

Neu mae'n bosib mai darlun o ewig yn cael ei hela sydd yma, gan fod y salmydd yn sôn am wawd y gelyn. Yna byddai'r anifail yn flinedig ac yn boeth ac ar lwgu o eisiau diod.

Y gofid

Nid nad yw'r salmydd yn gwybod am bresenoldeb Duw. Mae wedi ei brofi yn y cysegr, ar adeg gŵyl arbennig yng nghwmni addolwyr eraill y Tabernacl. Nid hiraeth am y cysegr o ran y pethau allanol yw hyn, ond am y Duw byw. Ac am ei fod yn caru Duw, mae'n caru'r cysegr a'r cynulliad a'r addoliad cyhoeddus.

Ond nawr dyw Duw ddim yn ateb nac yn ymateb wrth iddo'i geisio. Mae'n wynebu gwawd gelyn ac mae awgrym ei fod yn bell oddi wrth Jerwsalem. Mae'r gwawd a'r diffyg ymwybyddiaeth o bresenoldeb yr Arglwydd yn peri gofid mawr iddo. Dyw e ddim yn bwyta bwyd ond yn yfed ei ddagrau'n gyson.

Mae'n bwysig i ni sylweddoli y gall hyn ddigwydd i ni fel Cristnogion. Ryn ni wedi dod i berthynas real â Duw trwy ymddiried yn Iesu Grist. Ryn ni wedi profi maddeuant, heddwch cydwybod a thangnefedd Duw yn meddiannu'n calonnau a'n meddyliau. Serch hynny, ar wahanol adegau, am wahanol resymau, gallwn golli'r ymwybyddiaeth o bresenoldeb agos yr Arglwydd.

"Beth yw'r achos bod fy Arglwydd
Hawddgar grasol yn pellhau? W.W.

Mae Pantycelyn yn awgrymu bod rhyw bechod yn llechu yn ei fywyd a bod angen iddo edifarhau. Mae'r salmydd yn sôn am erledigaeth gelynion. Hefyd, mae'n calonnau yn oeri weithiau oherwydd ein bod yn rhoi ein bryd a'n serch ar bethau eraill o flaen yr Arglwydd.

Y cwestiynu a'r calondid

Mae'r salmydd yn dechrau siarad â'i hunan! Ryn ni'n gweld hyn yn aml yn y salmau. Mae llais ffydd yn delio gyda llais ofnau. Yn ôl Beibl William Morgan a Beibl.net, mae'r salmydd yn ei groesholi ei hunan ac yn rhoi siars iddi hunan hefyd. (ad.5)

Does dim rheswm am y digalondid mawr na'r pryder yma. Mae ganddo Dduw, sydd yn arbenigo mewn achub a gwaredu. Gall alw arno o bellafoedd y Gogledd-Ddwyrain, yn ardal Hermon a tharddiad yr Iorddonen. Mae'n gwybod y gall geisio Duw er ei fod yn bell o'r cysegr materol. Gall alw yng nghanol sŵn rhaeadrau'r afon, sydd yn gwneud iddo feddwl am ei ofidiau yn dod fel ton ar ôl ton ar ei ben.

Ac os oedd hyn yn wir am grediniwr yr Hen Destament, mae'n wir amdanom ni. Gallwn geisio'n Tad nefol unrhyw bryd, ac yn unrhyw le. Mae llen y Deml wedi ei rhwygo wrth i Iesu Grist farw trosom, a chawn ddod at orsedd rasol Duw ac i'w bresenoldeb sanctaidd yn ei enw, beth bynnag yr amgylchiad.

Mae'n cofio ffyddlondeb yr Arglwydd; ei ddaioni dibaid yn ei fendithion a'i drugareddau sydd yn dod bob bore o'r newydd. Wrth iddo fyfyrio ar hyn, ryn ni'n ei weld yn dod allan o'r twnel tywyll y mae wedi bod ynddo. Mae ganddo reswm i ganu bob nos, wrth edrych nôl ar y dydd. Er nad yw popeth o'i blaid, mae Duw o'i blaid, ac "Os yw Duw trosom pwy sydd yn ein herbyn?" (Rhufeiniaid 8.31)

Mae ganddo Graig fawr safadwy ynghanol llif ac ymchwydd y tonnau. Caiff gysgodi wrth y graig, caiff bwyso arni, caiff arllwys ei galon gerbron Duw (ad.9).

"Craig safadwy mewn tymhestloedd,
Craig a ddeil yng ngrym y lli;
Llechu wnaf yng Nghraig yr Oesoedd,
Deued dilyw, deued tân,
A phan chwalo'r greadigaeth,
Craig yr Oesoedd fydd fy nghân." Morswyn

Nawr mae'n cwestiynu Duw, ond nid mewn ffordd anghrediniol; cwestiynau ffydd yw'r rhain. Mae'n gofyn ble mae yr Arglwydd pan mae'r gelyn mor uchel ei gloch.

Mae'n disgwyl wrth yr Arglwydd ac yn gwybod na chaiff ei siomi. Dyw e ddim yn bodloni ar y sefyllfa, nac yn hapus heb brofi ymyrraeth Duw yn ei argyfwng presennol.

Diolch am salmydd sydd mor onest a real ac sydd yn anfodlon gydag ymdeimlad o bellter oddi wrth Dduw. Gadewch i ni fod yr un mor onest yn ein bywydau ni heddiw; gadewch i ni beidio â bodloni ar allanolion Cristnogaeth heb wybod am swpera gyda'r Arglwydd, a chael calon yn llosgi yn ei bresenoldeb bendigedig.

"Y mae Duw yn noddfa ac yn nerth i ni, yn gymorth parod mewn cyfyngder."
Salm 46:1

Dyma salm adnabyddus sydd wedi bod yn ffefryn gan bobl Dduw ar hyd yr oesoedd. Mae'n sôn am fawredd yr Arglwydd, ei nerth, ei amddiffyn a'i ffyddlondeb. A chan fod hynny'n para'r un heddiw, mae'r salm yn dal yr un mor berthnasol ag erioed.

Noddfa a nerth
Os yw tîm rygbi neu bêl-droed am fod yn llwyddiannus, mae angen ymosodwyr treiddgar a hefyd amddiffynwyr cadarn. Mae'r geiriau hyn yn ein hatgoffa fod ein Duw yn ein hamddiffyn ac yn ymladd trosom a chyda ni. Lluniodd Martin Luther emyn enwog yn seiliedig ar y geiriau hyn:
"Ein nerth a'n cadarn dŵr yw Duw,
ein tarian a'n harfogaeth."

Oherwydd hynny does dim rhaid i saint Duw ofni yng nghanol berw tymhestlog y byd. Mae adnodau dau a thri fel rhyw gawl o ddaeargryn, tir-lithriad, storm fôr a llifogydd.

Mae hyn yn golygu nad oes un storm mewn bywyd - boed yn storm natur neu'n un o'r amryw brofedigaethau all ddod i'n rhan – all ein llorio'n llwyr, gan ein bod yn saff yn Nuw, trwy adnabod Iesu Grist.

Mwynder a maeth
O ferw swnllyd yr ail a'r drydedd adnod, fe ddown i lonyddwch tangnefeddus dinas Duw, gyda'r pwyslais ar y ddinas fel preswylfa'r Hollalluog ymhlith ei bobl. Mae'r ddinas sanctaidd yn dawel a di-stŵr, gyda dim ond bwrlwm afon fel sain cefndirol.

Doedd dim afon yn rhedeg trwy Jerwsalem, dim ond dwy ffynhonnell gerllaw yn Gihon ac En-rogel. Serch hynny, cloddiodd y brenin Heseceia dwnel (diwedd yr 8fed - dechrau'r 7fed ganrif C.C.) i droi dŵr at ganol y ddinas o ffynnon Gihon. Gelwir hwn yn dwnel Siloam neu dwnel Heseceia. Roedd y sianel dan-ddaearol yn sicrhau bod digon o ddŵr yn dod i'r ddinas, hyd yn oed petae'r Asyriaid yn gwarchae o'i chwmpas. Gallai'r trigolion fyw yn hir iawn tra bod dŵr ffresh ganddynt.

Dyma ddarlun gwych o gyflenwad bywyd a nerth yr Ysbryd Glân i galonnau plant Duw, hyd yn oed pan mae stormydd amrywiol tu allan. Mae Iesu yn addo cyflenwad o ddŵr bywiol yr Ysbryd, nid yn unig i ddod i mewn i'r credadun, ond i orlifo allan ohono hefyd. "Pwy bynnag sy'n sychedig, deued ataf fi ac yfed. Allan o'r sawl sy'n credu ynof fi, fel y dywedodd yr Ysgrythur, y bydd ffrydiau o ddŵr bywiol yn llifo." (Ioan 7.37)

Nid yn unig mae gan eglwys Dduw yr Ysbryd Glân i'w chynnal, mae ganddi air Duw yn arf nerthol hefyd. Mae'r gair a fu'n gyfrwng i greu y byd hefyd yn toddi'r ddaear, a rhoi stop ar deyrnasoedd yn creu terfysg nes bod eraill yn gwegian. I bob ymerodraeth mae ei chyfodiad a'i chwymp, tra bod brenhiniaeth Duw'r nefoedd yn un "nas difethir byth, brenhiniaeth na chaiff ei gadael i eraill." (Daniel 2.44)

"Teyrnas ydyw na ddiflanna,
Rhodia'i deiliaid oll yn rhydd;
A phan syrth gogoniant anian,
Harddwch hon yn fwyfwy fydd." R.J.

Y rheswm am y tawelwch cadarn yw fod neb llai nag Arglwydd y Lluoedd o'n plaid (7 ac 11). Mae'n Arglwydd lluoedd daear a nef, mae'n ben ar luoedd y gelyn, beth bynnag eu bygythiad a'u nerth.

Ein castell cydnerth yw Duw Jacob, sef Duw sydd yn fodlon gwneud cyfamod gyda rhywun gwan, eiddil a thwyllodrus fel Jacob, a'i newid i fod yn dywysog gyda Duw, sef Israel. Dyma'r Duw sydd yn dod i berthynas o gariad â phechaduriaid trwy aberth gwaedlyd eu cynrychiolydd, Iesu Grist.

Tân a thangnefedd

Yn adnod wyth cawn ein gwahodd i weld gwaith yr Arglwydd ledled y ddaear. Y difrod, y dryllio a'r goelcerth gawn ein cyfeirio atynt yw canlyniad diwedd rhyfel trwy ostwng a gorchfygu'r gelyn. Roedd yn arferiad yn y dyddiau hyn i frenin buddugol losgi holl arfau'r gelyn yr oedd wedi ei faeddu.

Mae hyn yn ein hatgoffa o fuddugoliaeth Crist ar ddiafol, pechod a bedd, ac y bydd ei deyrnas fythol yn un o wir heddwch a chyfiawnder.

Felly cawn ein gorchymyn i ymlonyddu, sef i aros yn llonydd, ac i ystyried a chydnabod mawredd, gallu a ffyddlondeb ein Duw. Does dim rhaid i ni gynhyrfu nac ofni, does dim angen pryder na phanic, gan fod 'yr afael sicraf fry'.

Diolch am salm sydd yn canolbwyntio ar fawredd, gallu a gras ein Duw bendigedig. Diolch am y calondid ddaw i ni mewn drafferthion o wybod ein bod yn ddiogel wrth fod yng Nghrist, ac felly, yn Nuw.

"Y mae dy air yn llusern i'm troed, ac yn oleuni i'm llwybr." Salm 119:105

Dyma adnod adnabyddus a chalonogol iawn i saint Duw ar hyd y blynyddoedd. Mae goleuni yn llawenhau'r galon ac yn codi'r ysbryd, tra bod tywyllwch yn dod â'i ofnau a'i bryderon. Wrth i'r Salmydd gyfeirio at y Gair, mae'n sôn am bum llyfr cyntaf y Beibl, mwy na thebyg.

Cefndir

Dyma'r salm fawr, sydd yn cynnwys 176 o adnodau. Mae wedi ei rhannu'n 22 adran o 8 adnod yr un. Mae 22 llythyren yn yr wyddor Hebraeg, ac mae adnodau pob adran yn cychwyn gyda llythrennau'r wyddor yn eu tro. Felly, mae pob adnod yn y paragraff cyntaf yn dechrau gydag 'a', ac yn y blaen.

Thema'r salm fawr yw gair Duw, ei werth amhrisiadwy ar gyfer bywyd yn y byd, pwysigrwydd ei gadw a'i hyfrydwch.

Golau ar y ffordd

Dyma thema'r adran yma. Mor bwysig a gwerthfawr yw goleuni wrth deithio mewn tywyllwch, ac mor bwysig ydyw ar daith bywyd. Wrth gerdded mae angen lamp neu dortsh ac wrth fynd ar feic neu yn y car mae angen bwrw golau ar y ffordd o'n blaen.

Gall ein cadw'n ddiogel rhag peryglon fel lladron a gelynion a rhag maglau, er mwyn cyrraedd y pendraw, sef gogoniant y nef: "Oherwydd y mae gorchymyn yn llusern, a chyfarwyddyd yn oleuni, a cherydd disgyblaeth yn arwain i fywyd." (Diarhebion 6.23)

Mae'r salmydd wedi tyngu gerbron Duw i aros yng ngoleuni ei air trwy fod yn ufudd iddo. Mor werthfawr yw dysgeidiaeth y Beibl ar gyfer bywyd yn y gwaith a'r cartref; dewis ffrindiau; trin arian; trin y tafod a thrin ein gilydd fel Cristnogion a chymdogion.

Golau'n adfywio

Ar adegau daw gofid fel cysgod mawr drosom. Dyma sefyllfa'r salmydd ar hyn o bryd. Mae'r tywyllwch yma yn sugno'i nerth nes ei fod yn gwywo yn ei ysbryd. Mae fel planhigyn sydd wedi ei amddifadu o olau'r haul. Wrth iddo gael heulwen mae'n bywhau, yn sefyll yn stond, yn magu gwyrddni unwaith eto. Dyma mae addewidion gair Duw yn ei wneud i'w bobl dro ar ôl tro. Er enghraifft: "Fe allent hwy anghofio (mamau naturiol), ond nid anghofiaf fi di." (Eseia 49.15)

Goleuni gwybodaeth

Mae'r salmydd yn awyddus i roi offrwm o fawl a diolch gwirfoddol i'w Arglwydd. Mae'n Duw wrth ei fodd â rhoddwr llawen, oherwydd dyna sydd yn wir amdano fe, mae'n rhoi 'yn hael a heb ddannod'. Mae'n rhoi doethineb i'r sawl sy'n gofyn amdani mewn ffydd, mae wedi rhoi ei Fab annwyl yn Iawn dros ein pechod, "sut y gall beidio â rhoi pob peth i ni gydag ef?" (Rhufeiniaid 8.32) Mae'n diolch ac yn ceisio rhagor o addysg gwerthfawr barnau Duw.

Goleuni diogel

Mae'r salmydd, fel Dafydd, yn gwybod am berygl marwol. Taflodd Saul wawyffon ato ddwywaith, heb sôn am ei gwrso ar draws y wlad. Ble gwell i droi ond at air yr Arglwydd. Mae maglau a rhwydi ar hyd y ffordd, fel y ffrwydryn sy'n cael ei osod yn y ddaear yn barod i wneud niwed erchyll i'r sawl sy'n digwydd sefyll arno.

Mae gan y Cristion ei elynion hefyd, sef y byd di-gred o'i gwmpas, ei natur lygredig ei hunan sy'n tueddu at bechod a'r diafol sydd fel llew rhuadwy neu angel ffals y goleuni.

Mae goleuni'r Gair fel golau arbennig yr heddlu sy'n dangos lladron a throseddwyr yn y nos drwy synhwyro gwres eu cyrff. Hefyd mae fel y golau sbesial sy'n dangos trapiau electronig sy'n ynghlwm wrth fom.

Goleuni parhaus

Mae gair Duw yn sefyll byth, wedi i'r nef a'r ddaear fynd heibio. Mae'r salmydd yn gweld cyfoeth y Gair fel etifeddiaeth na all ei cholli. Mae sawl person wedi derbyn etifeddiaeth anferth ac wedi gwario a gwastraffu'r cwbl mewn fawr o dro.

Gyda gwaddol gair Duw mae hynny'n amhosibl! Am fod y Bcibl yn dangos Duw i ni, ac yn dangos y ffordd i'w adnabod yn Iesu Grist a'i groes, mae'r berthynas yna gyda Duw yn fywyd tragwyddol. Mae'n fywyd sydd yn para byth, ac o ansawdd difesur a dihysbydd.

"Dengys hwn y ffordd i'r bywyd
Drwy adnabod Iesu Grist." (Cas. T.Owen)

Gadewch i ni drysori gair Duw. Gadewch i ni ei dderbyn a'i gredu'n ostyngedig. Gadewch i ni ei ddefnyddio fel lamp a goleuni i'n llwybr, er mwyn i ni fynd ar daith bywyd yng nghwmni'r Arglwydd a chyrraedd yn saff i'r gogoniant nefol.

"Yr Arglwydd yw dy geidwad, yr Arglwydd yw dy gysgod ar dy ddeheulaw; ni fydd yr haul yn dy daro yn y dydd, na'r lleuad yn y nos."
Salm 121:5,6

Mae rhai unigolion, rhai teuluoedd, rhai grwpiau o bobl, yn ddigon pwysig i gael gard diogelwch i'w gwarchod. Fel arfer, teuluoedd brenhinol, arweinwyr gwleidyddol, sêr adloniant neu y byd chwaraeon; ac weithiau, unigolion neu deuluoedd cyfoethog iawn. Thema'r salm yma, yw bod yr Arglwydd yn geidwad i'w bobl, sydd ar daith 'o ganol byd i ganol nef.'

Patrwm
Mae'n bosibl bod y salm wedi ei chyfansoddi ar gyfer pererinion oedd yn teithio i ŵyl yn Jerwsalem. Ei mynyddoedd hi sydd yn yr adnod gyntaf. Efallai bod y salm ar gyfer rhan olaf y bererindod pan fyddai'r bryniau yn dechrau dod i'r golwg. Mae'n amlwg eu bod yn symbol o gadernid ac o gymorth yr Arglwydd a'i ofal cysgodol cyson dros ei blant.
Mae rhai yn deall adnod 1b a 3 fel cwestiwn, gydag adnod 2 a 4-8 fel atebion.

Cymorth
Gweithred naturiol wrth nesáu at Jerwsalem fyddai codi'r golwg i'r ddinas oedd ar y bryn. Dyma weithred bwysig iawn i bobl yr Arglwydd, er mwyn cadw'n golwg ar Iesu, "awdur a pherffeithydd ffydd." Yn ardal Arfon, a rhannau o Fôn hefyd, gallwch godi'ch golwg o nifer o fannau a gweld Eryri, Yr Wyddfa a'i chriw. Yn y tŷ, yn y car, wrth gerdded, wrth fynd i mewn ac allan o swyddfeydd, wrth siopa, yn y llys, yn yr ysbyty. Y gwir yw, ei bod yn hawdd byw ein bywyd heb godi'n golwg, er fod y bryniau mawr gerllaw. Nod Satan yw llenwi'n bryd â'r hyn sydd o'n cwmpas, heb bersbectif o'r dwyfol a'r goruwchnaturiol. Wrth godi'r golwg gyntaf, a'r galon

wedyn, gallwn brofi bendithion ac addewidion gogoneddus y Salm. Wrth ofyn y cwestiwn ynglŷn â tharddiad ein cymorth, yr ateb yw'r Arglwydd, sydd fel mynydd cadarn. Dywed Pedr bod etifeddiaeth na allwn ei cholli yn cael ei chadw y nef i ni, a'n bod ni yn cael ein cadw ar gyfer yr etifeddiaeth: "chwi sydd trwy ffydd dan warchod gallu Duw hyd nes y daw iachawdwriaeth, yr iachawdwriaeth sydd yn barod i'w datguddio yn yr amser diwethaf." 1 Pedr 1.5 Dyma help cadarn, effeithiol a chyson, gan Un sydd uwch na ni, yn fwy na ni, yn well na ni.

> *"Yn awr, hen deulu'r gollfarn,*
> *llawenhawn;*
> *mae'n cymorth ar Un cadarn,*
> *llawenhawn:"* Gwyilym Cyfeiliog

Ceidwad dibynadwy

O ddarllen adnod 3 fel cwestiwn, gallwn ddychmygu rhywun sydd yn chwilio am gard diogelwch da. Beth am ei C.V.? Pa mor wyliadwrus ydyw? Pa mor effro? All e gadw 'mlaen am oriau hir pan fo gofyn? Mae'r atebion yn gadarnhaol iawn wrth gymeradwyo'r Gwarchodwr perffaith.

Dyw'r Ceidwad yma byth yn cysgu nac yn hepian. Gan ei fod yn Hollalluog, dyw e ddim yn blino nac yn gwanhau nac yn gorfod adnewyddu ei nerth fel dynion meidrol: "O Arglwydd Dduw, gwnaethost y nefoedd a'r ddaear â'th fawr allu a'th fraich estynedig; nid oes dim yn amhosibl i ti." (Jeremeia 32.17)

Mae'r Arglwydd Iesu'n eiriol dros ei bobl yn y nef i wneud yn siwr y cawn ein cadw yn y byd rhag yr Un drwg: "Dyna pam y mae ef hefyd yn gallu achub hyd yr eithaf y rhai sy'n agosáu at Dduw trwyddo ef, gan ei fod yn byw bob amser i eiriol drostynt." (Heb.7.25) Sut allem beidio â theimlo'n saff gyda'r fath gard yn gofalu amdanom! Dyma Geidwad sydd yn gysgod, yn noddfa a nerth, yn darian a chuddfan, wrth ein penelin bob amser: "am ei fod ar fy neheulaw, ni'm symudir." (Salm 16.8)

Rhag pob drwg

Mae adnod 6 yn cyfeirio at haul crasboeth peryglus y dydd a lleuad y nos all ddallu dynion mae'n debyg. Mae'n darlunio gofal cyson, heb doriad. Mae'n darlunio gwarchodaeth gyflawn ar gyfer pob math o beryglon. Gallem feddwl am straen y dydd ac ofnau'r nos, pan mae pob pryder yn cael ei chwyddo ganwaith. Mae'r Arglwydd Iesu yn ein gorchymyn i beidio â phryderu ynglŷn â bwyd a diod a dillad ond i geisio yn gyntaf deyrnas Dduw a'r hyn sydd yn iawn yn ei olwg.

Byddai teithwyr Israel mewn perygl parhaus oherwydd lladron treisgar. Ac mae Satan, Tywysog y byd hwn yn bwriadu lladrata, lladd a dinsitrio bywydau dynion, wrth eu gwahanu oddi wrth Dduw a thynnu eu golwg, eu ffydd a'u hyder oddi wrth Iesu Grist. Serch hynny, mae Tywysog y byd hwn wedi ei farnu, wedi ei goncro, ac mae'n colli pobl bob dydd i deyrnas nefoedd.

Y Ceidwad sydd yn cadw'n heinioes tra'n bod ni ar y ddaear, ac felly ryn ni'n anfarwol tra bod gwaith ganddo ar ein cyfer yma. A bydd yn ein cadw yn ein holl amgylchiadau dyddiol, gŵyl a gwaith, ac yn holl gyfnodau ein bywyd.

Diolch am Geidwad bendigedig!

"Onibai i'r Arglwydd fod o'n tu – dyweded Israel hynny." Salm 124:1

Ydych chi'n mwynhau ymweld ag oriel lluniau? Mae'r salm yma fel cyfres o ddarluniau dramatig a chynhyrfus yn darlunio ymosodiadau ffyrnig a bygythiol, ond aflwyddiannus, oherwydd nerth yr arwr sydd o blaid y rhai dan fygythiad.

"Dianc o drwch blewyn;" fyddai'r teitl. Does dim amheuaeth na fyddai Israel wedi dod trwy ei holl dreialon onibai am Jehofa.

Cefndir
Daw'r salm mewn cyfres o bymtheg salm rhwng 120–134. Fe'u gelwir yn 'Ganeuon y graddau,' neu 'Caneuon esgyniad.' Credir eu bod yn cael eu canu gan bererinion ar eu ffordd i Jerwsalem ar gyfer y prif wyliau.

Wrth ddarllen y salm gallwn feddwl am Israel, eglwys Crist, a'r crediniwr. Roedd taith Israel i Jerwsalem, a thaith y Cristion i'r nef.

Y Gelyn yn pwyso
Dyma ddarlun adnod dau. Gallem feddwl am Senacherib, brenin Asyria yn ymosod ar Jerwsalem yn amser Heseceia. Roedd y brenin wedi annog y bobl i ymddired yn Nuw: "Gallu dynol sydd ganddo ef, ond y mae'r Arglwydd ein Duw gyda ni i'n cynorthwyo ac i ymladd ein brwydrau." (2 Cronicl 32.8)

Roedd neges gweision Senacherib yn hynod fygythiol. Roedd yn hyderus na allai neb sefyll o'i flaen, ac nad oedd pwynt iddynt ymddiried yn yr Aifft na'r Arglwydd. Roedd yn hyderus y byddai Jerwsalem, fel ei elynion eraill, yn siwr o syrthio mewn amser. Ymateb Heseceia oedd ceisio Duw, a death buddugoliaeth heb godi bys yn erbyn Senacherib!

Heddiw mae gelynion yn bygwth eglwys Crist. Gelynion allanol yn erlid a lladd neu'n tanseilio ein dylanwad yn ein gwledydd ni. Mae gelynion allanol a mewnol yn herio'r Ysgrythur fel dogfen hanesyddol a dibynadwy mewn materion ffydd a ffordd o fyw. Rhaid dilyn Heseceia!

Y Gelyn ffyrnig

Dyma'r darlun yn adnod tri. Gallem feddwl am agwedd Nebuchadnesar pan fentrodd tri ffrind Daniel wrthod ei orchymyn i addoli'r ddelw fawr ohono'i hunan. "Yna cynddeiriogodd Nebuchadnesar ... Gorchmynnodd dwymo'r ffwrnais yn seithwaith poethach nag arfer, ... a'u taflu i'r ffwrnais dân." Dan.3.13,19.

Cafodd y tri gŵr dewr gwmni un "fel petai'n fod dwyfol." (Beibl.net)

Y llifogydd nerthol

Gallai hwn fod yn deitl i adnodau 4-5. Mae'n ddarlun o lifogydd a dŵr mawr yn bygwth eu boddi a'u 'sgubo bant fel y tswnami fawr yn 2004. Doedd dim i rwystro'r don enfawr. Mae Dafydd yn disgrifio pobl sydd bron â boddi.

Mae fel Datguddiad 12 a'i ddarlun o wraig wedi ei gwisgo â'r haul, â'r lleuad dan ei thraed a choron o 12 seren ar ei phen (yr Eglwys o berspectif y nef; yn ddisglair, buddugoliaethus a llywodraethol). Mae'n feichiog (dyma eglwys yr Hen Destament yn disgwyl y Meseia).

Yna gwelwn ddraig goch enfawr gyda grym a llywodraeth mae wedi cymryd iddi hi ei hunan, yn gwylio a sefyll uwchben y wraig, yn barod i lyncu ei phlentyn. Mae'n geni'r Mab – 'sydd i lywodraethu'r holl genhedloedd;' ond caiff ei gipio i'r nef at Dduw a'i orsedd (yr esgyniad).

Mae'r ddraig yn dal i erlid y wraig yn yr anialwch: "Poerodd y sarff o'i genau afon o ddŵr ar ôl y wraig, i'w hysgubo ymaith gyda'r llif." Yna mae'n dal i gwrso ei phlant, sef Cristnogion hanes yr eglwys. Ond daw buddugoliaeth trwy waed yr Oen, trwy air eu tystiolaeth, a bod yn ddibris o'u bywyd hyd angau.

Y bwystfilod gwyllt

Yna caiff yr Arglwydd ei fendithio am gipio'i bobl rhag bwystfilod gwyllt (ad. 6). Gallwn ddychmygu rhyw anifail fel llew a'r ysglyfaeth yn ei ddannedd, yn barod i'w ddifa. Mae Dafydd yn defnyddio'r un darlun yn Salm 57.4: "Yr wyf yn byw yng nghanol llewod, rhai sy'n traflyncu pobl, a'u dannedd yn bicellau a saethau, a'u tafod yn gleddyf miniog."

Yr Heliwr

Daw rhwyd yr heliwr yn adnod 7. Maen nhw fel adar, wedi eu dal! Does dim ffordd allan heb i rywun dorri'r rhwyd o'r tu allan. Mae Salm 91.3 yn rhoi addewid o'r math yma o ddihangfa: "Oherwydd bydd ef yn dy waredu o fagl heliwr, ac oddi wrth bla difaol;"

Er y bygythiadau, mae'r Arglwydd yn gwaredu ei bobl. Mae'n dal i waredu ei blant a diogelu ei eglwys mewn amryw ffyrdd heddiw. Ac er bod rhai yn marw yn enw Crist, mae'n siwr o gadw'n heneidiau'n saff gan na all neb ein gwahanu oddi wrth gariad Duw, yr hwn sydd yng Nghrist Iesu ein Harglwydd.

"Y mae pedwar peth ar y ddaear sy'n fach, ond yn eithriadol ddoeth: y morgrug, creaduriaid sydd heb gryfder, ond sy'n casglu eu bwyd yn yr haf; y cwningod, creaduriaid sydd heb nerth, ond sy'n codi eu tai yn y creigiau; y locustiaid, nad oes ganddynt frenin, ond sydd i gyd yn mynd allan yn rhengoedd; a'r fadfall, y gelli ei dal yn dy law, ond sydd i'w chael ym mhalas brenhinoedd." Diarhebion 30:24-28

Dyma adnodau gwerthfawr o lyfr y Diarhebion sydd yn ein hatgoffa fod Duw yn ein dysgu trwy ei air a'i greadigaeth hefyd. Mae gwersi pwysig i'w dysgu gan bedwar creadur bach sydd yn hynod o ddoeth, oherwydd mai felly y creodd Duw hwy.

Y morgrug

Does neb yn hoff o gael morgrug yn y tŷ. Rwy'n cofio'r powdwr gwyn yn cael ei osod i lawr yn ein cartref er mwyn cael gwared arnyn nhw. Rwyf hefyd yn cofio mam yn awgrymu bod gen i forgrug yn fy nillad isa pan o'n i'n aflonydd fel plentyn. Serch hynny, yn llyfr y Diarhebion maen nhw'n esiampl i'r diogyn, a hefyd o baratoi ar gyfer y dyfodol.

Maen nhw'n paratoi at y gaeaf trwy gasglu bwyd yn yr haf. Maen nhw'n byw ac yn gweithredu yn y presennol gydag un llygad ar y dyfodol. Mae hyn yn gydnaws â neges ganolog yr Efengyl, sef bod bywyd arall ar ôl y bywyd hwn. Mae'r Arglwydd Iesu yn dweud ein bod ar lwybr nawr sy'n penderfynu ein tynged tragwyddol: "Ewch i mewn trwy'r porth cyfyng; oherwydd llydan yw'r porth ac eang yw'r ffordd sy'n arwain i ddistryw, a llawer yw'r rhai sy'n mynd ar hyd-ddi. Ond cyfyng yw'r porth a chul yw'r ffordd sy'n arwain i fywyd, ac ychydig yw'r rhai sy'n ei chael." Mathew 7.13,14.

Mae'r epistol at yr Hebreaid yn dweud mai nid y bedd yw diwedd ein hanes: "Ac yn gymaint ag y gosodwyd i ddynion eu bod i farw un waith, a bod barn yn dilyn hynny," Heb.9.27

Felly dylem feddwl a gweithredu nawr yng ngolwg marwolaeth a Dydd y Farn. Nawr yw'r amser i ddod yn iawn gyda Duw trwy dderbyn Iesu Grist yn Frenin a Gwaredwr ein bywyd. Dyw ein gwendid a'n pechod ddim yn esgus i ohirio, rhaid dod nawr.

Y cwningod

Mae'n debyg mai rhyw fath o froch y graig neu hyracs yw hwn. Mae'n bwyta planhigion ac yn byw mewn creigiau a chysgodi yn holltau'r graig. Er ei fod yn greadur gwan a digon bregus, mae'n cael cadernid a diogelwch yn y creigiau cydnerth. Mae'r darlun o'r Arglwydd fel craig i'w bobl yn rhedeg trwy'r ysgrythurau: "Caraf di, O Arglwydd, fy nghryfder. Yr Arglwydd yw fy nghraig, fy nghadernid a'm gwaredydd; fy Nuw yw fy nghraig lle llochesaf, fy nharian, fy amddiffynfa gadarn a'm caer." Salm 18.1,2 "Cododd fi i fyny o'r pwll lleidiog, allan o'r mwd a'r baw; gosododd fy nhraed ar graig, a gwneud fy nghamau'n ddiogel." Salm 40.1,2 Mae'r Arglwydd fel craig sydd yn gadernid, yn gynhaliaeth, yn gysgod ac yn sylfaen safadwy i'r sawl sy'n cartrefu ynddo.

Y locustiaid

Dyma bryfyn bach sy'n gwneud niwed mawr pan ddaw mewn haid trwy'r awyr. Mae'r rhain yn gallu difa cnydau mewn dim o amser wrth lanio fel byddin ddinistriol. Mae pob un yn bwyta pwysau ei gorff bob dydd a gall haid fwyta cannoedd o dunelli ar y tro. Mae adnod 27 yn pwysleisio nad oes brenin ganddynt fel y gwenyn, ac eto eu bod yn mynd mewn heidiau enfawr heb wrthdaro yn erbyn ei gilydd, ac yn cydweithio i ddifa cnydau cyfain.

Mae hyn yn ein hatgoffa o bwysigrwydd perthyn i eglwys leol, a chydweithio gyda brodyr a chwiorydd yn y Ffydd yn ehangach dros waith teyrnas Dduw. "Ond nid dros y rhain yn unig yr wyf yn gweddïo, ond hefyd dros y rhai fydd yn credu ynof fi trwy eu gair hwy. Rwy'n gweddïo ar iddynt oll fod yn un,.." Ioan 17.20,21 Mae Iesu'n gweddïo am undeb rhwng pob cenhedlaeth o Gristnogion yng ngwirionedd yr efengyl, ac yn ei chenhadaeth hefyd.

Y fadfall

Geco, neu fadfall y trofannau yw hon mae'n debyg. Mae'n fach iawn nes gallu ffitio mewn llaw dynol, ac eto gall ddringo fel Spiderman gan afael mewn waliau syth heb syrthio. Oherwydd hynny, fe'i ceir ym mhobman, hyd yn oed palasau brenhinol. Mae Gair Duw yn addo bendithion o balas y brenin nefol, i'r sawl sydd yn pwyso'n llwyr arno.

"Ymddiried yn yr Arglwydd a gwna ddaioni, iti gael byw yn y wlad mewn cymdeithas ddiogel. Ymhyfryda yn yr Arglwydd, a rhydd iti ddeisyfiad dy galon. Rho dy ffyrdd i'r Arglwydd; ymddiried ynddo, ac fe weithreda." Salm 37.3-5

Boed i ni fod yn debycach i'r pedwar creadur bach, er mwyn profi bendithion helaeth ein Duw cadarn nawr a'i gwmni hyfryd am byth.

"Wedi clywed y cyfan, dyma swm y mater: Ofna Dduw a chadw ei orchmynion, oherwydd dyma ddyletswydd pob un. Yn wir, y mae Duw yn barnu pob gweithred, hyd yn oed yr un guddiedig, boed dda neu ddrwg."
Pregethwr 12:13,14

Dyma eiriau olaf llyfr y Pregethwr. Mae'n crynhoi neges y llyfr trwy ein hatgoffa na ddylem ystyried bywyd ar wahân i Dduw. Dylem ei barchu, sy'n cynnwys ei gredu, ac ufuddhau yn fodlon iddo, gan gofio nad ofer yw bywyd ar y ddaear; byddwn yn rhoi cyfrif amdano yn Nydd y Farn.

Gwagedd
Dyma air sy'n treiddio trwy lyfr y Pregethwr. Yn llythrennol mae'r gair yn golygu rhywbeth fel tarth; yn diflannu'n gyflym ac yn anodd dal gafael ynddo. Yna daw'r ystyr o wagedd. Mae'r Pregethwr yn edrych ar fywyd dynol ar wahân i Dduw ac yn dod i'r casgliad mai ofer yw'r cyfan.

Mae'n edrych ar wahanol feysydd bywyd: y byd naturiol; doethineb a gwybodaeth; pleserau, eiddo a llwyddiant; bywyd marwol. Mae'n dod i'r casgliad fod bywyd o dan yr haul, (heb Dduw) yn wag.

Mae hyn yn berthnasol iawn i'n cyfnod a'n cymdeithas ni ar hyn o bryd. Dyma gylchoedd bywyd y mae pobl yn eu gwerthfawrogi'n fawr, eu trysori a'u haddoli hyd yn oed, heb weld cysylltiad â Duw o gwbl.

Mae'r awdur yn ceisio deall ystyr popeth 'o'r gwaelod' fel petae, o safbwynt dyn syrthiedig heb oleuni Duw. O'r cyfeiriad yma, mae bywyd yn faich ac yn ddiflastod, gyda phopeth dros dro.

Mae hyn yn adleisio neges Genesis gyda chyhoeddiad Duw o felltith ar y ddaear ar ôl pechod dyn. "Am iti wrando ar lais dy wraig, a bwyta o'r pren y gorchmynnais i ti beidio â bwyta ohono, melltigedig yw'r ddaear o'th achos; trwy lafur y bwytei ohoni holl ddyddiau dy fywyd... "Trwy chwys dy wyneb y byddi'n bwyta bara hyd oni ddychweli i'r pridd, oherwydd ohono y'th gymerwyd;"(Gen.3.17-19)

Mae Paul yn defnyddio'r gair 'oferedd' am gyflwr y greadigaeth ar ôl cwymp dyn: "Oherwydd darostyngwyd y greadigaeth i oferedd, nid o'i dewis ei hun, ond trwy'r hwn a'i darostyngodd," (Rhuf.8.20) Dyma'r gair sydd yn yr Hen Destament Groeg am 'wagedd' yn llyfr y Pregethwr.

Mae'r awdur yn dangos mai nid dyma oedd cyflwr dechreuol dyn na'r greadigaeth, ond canlyniad ei wrthryfel yn erbyn Duw: "Edrych, hyn yn unig a ganfûm: bod Duw wedi creu pobl yn uniawn; ond y maent hwy wedi ceisio llawer o gynlluniau." (7.29)

Gwagedd crefydd arwynebol

Ym mhennod 5 mae'r dyn doeth yn nodi bod crefydda allanol yn ofer hefyd. Os nad yw'n hagwedd, ein geiriau a'n haddewidion yn mynegi parch real at Dduw, mae'r cwbl yn wastraff amser. Mae hyn yn ein hatgoffa ni o eiriau Iesu yn y Bregeth ar y Mynydd pan mae'n sôn am wneud ein dyletswyddau crefyddol er mwyn creu argraff ar ddyn ac nid Duw. "Cymerwch ofal i beidio â chyflawni eich dyletswyddau crefyddol o flaen eraill, er mwyn cael eich gweld ganddynt; os gwnewch, nid oes gwobr i chwi gan eich Tad, yr hwn sydd yn y nefoedd." (Math.6.1)

Ofni Duw

Daw'r anogaeth i ofni Duw dair gwaith yn y llyfr. Yn 3.15 mae'r Pregethwr yn nodi natur tymhorol popeth a bod Duw wedi gosod tragwyddoldeb yn ein calon sydd yn golygu ein bod yn dyheu am barhâd o fywyd y tu hwnt i'r byd hwn.

Ryn ni'n reddfol yn gwybod bod mwy na byd y synhwyrau i'n bywyd a'n bodolaeth ni. Mae Duw wedi plannu'r dirgelwch hwn ynom er mwyn i ni ei barchu, a'i geisio hefyd. Dyma eiriau Awstin Sant: "Tydi a'n creaist i ti dy hun, a diorffwys yw ein calonnau hyd oni orffwysont ynot ti." Yn 5.7 ar ôl trafod crefydda gwag daw'r anogaeth eto. Daw'r olaf yn 12.13 wrth i'r Pregethwr grynhoi ei gasgliadau.

Bodlonrwydd

Mae dod i berthynas iawn â Duw yn golygu gweld pethau o safbwynt gwahanol, a llawenhau yn rhoddion Duw mewn bodlonrwydd. Mae hyn yn golygu mwynhau rhoddion Duw gyda Duw yng nghanol y mwynhad. "Yn wir y mae pob un y rhoddodd Duw iddo gyfoeth a meddiannau a'r gallu i'w mwynhau, i dderbyn ei dynged, a bod yn llawen yn ei lafur; rhodd Duw yw hyn."

Atebolrwydd

Mae'r llyfr yn gorffen trwy ddweud bod bywyd ar y ddaear, yn ei fanylion, yn cyfrif, oherwydd rhaid rhoi cyfrif gerbron Duw rhyw ddydd. Mae wedi annog yr ifanc i gofio Duw yn ei ieuenctid; i beidio â'i anwybyddu ond canoli ei fywyd ynddo Fe trwy ffydd a chariad.

Diolch am eiriau perthnasol y Pregethwr. Diolch bod y Testament Newydd yn dweud mwy am adnabod Duw, ac am fodlonrwydd, llawnder bywyd, gorffwysfa a gobaith tragwyddol yn Iesu Grist.

"Y mae fy nghariad yn eiddo i mi, a minnau'n eiddo iddo ef; y mae'n bugeilio'i braidd ymysg y lilïau."
Caniad Solomon 2:16

Dyma adnod sydd yn ymddangos eto mewn trefn wahanol yng Nghân y caniadau. Mae'n cyfleu beth sydd yn hanfodol i'r llyfr, sef perthynas o gariad rhwng bachgen a merch. Mae Caniad Solomon wedi bod erioed yn un o lyfrau mwyaf poblogaidd y Beibl i gredinwyr, ond yn un o'r anoddaf i'w ddehongli'n derfynol. Pwy yw'r mab a'r ferch: ai Solomon a merch Pharo ai brenin-fugail dychmygol a merch wledig? Beth yw natur y berthynas: ai cwlwm serch sydd yma, ai dyweddïad ffurfiol y cyfnod ai cyfamod priodas? Beth yw neges y llyfr i ni heddiw? A yw'n dathlu perthynas o gariad rhywiol priodasol ar ei orau a dim mwy? Oes ystyr 'ysbrydol' ddyfnach i'r Gân ai peidio?

'Cân y caniadau, eiddo Solomon'
Dyma deitl y gân. Mae'r term yn awgrymu un sydd yn rhagori ar bob cân arall. Mae'r teitl hefyd yn awgrymu mai Solomon yw'r awdur, a dyw hynny ddim yn syndod gan iddo dderbyn rhodd doethineb gan Dduw a chyfansoddi llawer o'r diarhebion a llyfr y Pregethwr mwy na thebyg, llyfrau eraill sydd yn perthyn i lenyddiaeth ddoethineb. Mae cyfeiriadau at fannau perthnasol i gyfnod Solomon ac er y geiriau Perseg a Groeg, does dim lle i amau mai fe yw'r awdur.

Yn ôl y teitl, un gân sydd yma, ond mae llawer yn credu bod chwe chaniad yn y llyfr mewn gwirionedd (gweler BCND a Beibl. net).

Cân serch?
O ran pwrpas y caniad mae gwahaniaeth barn eto. Mae rhai yn tybio mai alegori yw'r gân, gyda'r bwriad o ddisgrifio cariad Duw at Israel ac yna cariad Crist at ei eglwys, a dim mwy. Mae'n anodd derbyn hynny gan fod y cyfeiriadau serch rhywiol mor agored a phlaen.

Mae'n fwy tebygol i mi mai cân o gariad rhwng dau ddyweddi sydd yma. Mae'n dangos ymrwymiad rhwng dau gariad, mae'n dangos ymbleseru llwyr yn ei gilydd trwy ganmol ei gilydd a gwahodd ei gilydd i gwlwm cariad.

Serch hynny, mae'n amhosibl i mi beidio â gweld cysgodion a darluniau o gariad yr Arglwydd at ei bobl, ac mae'r Ysgrythur yn gwneud y gymhariaeth yna'n gyson yn llyfr Jeremeia, Hosea, Salm 45, Datguddiad, heb sôn am yr apostol Paul yn Effesiaid 5.

Wrth ysgrifennu am briodas mae'r apostol yn awgrymu'n gryf mai eglureb o berthynas Crist â'i bobl yw rhan o bwrpas yr ordinhad. "Y mae'r dirgelwch hwn yn fawr. Cyfeirio yr wyf at Grist ac at yr eglwys."

Wrth ddarllen y geiriau hyn dyn ni ddim yn siwr pryd mae Paul yn sôn am briodas ddynol a phryd mae'n cyfeirio at berthynas Crist a'i eglwys.

Os yw hyn yn wir am briodas yn gyffredinol, mae'n wir hefyd am berthynas dau ddyweddi. Mae'n amlwg bod rhai o'n hemynwyr mwyaf wedi dehongli Caniad Solomon fel hyn wrth sôn am 'Rhosyn Saron' yn 'rhagori ar ddeng mil' ac yn un 'gwyn a gwridog'. Mae Ann Griffiths yn gweld ei hun fel y ferch wrth ddweud, 'Arogli'n beraidd mae fy nardys' (1.12).

Cyfamod
Mae geiriau'r adnod yma (fel 6.3) yn adlais o'r cyfamod rhwng yr Arglwydd â'i bobl Israel (Ex.6.7), a'r cyfamod newydd (Jeremeia 31, Hebreaid 8) rhwng yr Arglwydd a'i bobl o bob cenedl. Mae'r cyfamod newydd yn rhagori ar yr hen, oherwydd bod plant Israel yn gyffredinol wedi torri'r cyfamod trwy anufudd-dod ac eilunaddoliaeth.

Mae'r cyfamod newydd yn para byth, gyda gorchmynion Duw ar galon ei bobl, a phob un mewn perthynas bersonol â'r Arglwydd ac â maddeuant llawn, oherwydd y mae wedi ei selio â gwaed Mab Duw, nid gwaed anifeiliaid mewn aberthau dros dro.

Felly, mae pob un sydd yn ymddiried yn Iesu Grist a'i aberth ar y groes am faddeuant a derbyniad gan Dduw, yn eiddo i'r Arglwydd, yn un â Christ. Mae Ef wedi ein caru a'n prynu â'i waed, ac ryn ni'n rhoi ein hunain iddo Fe mewn diolchgarwch. Wrth ein harwain i gredu yn Iesu Grist mae'r Ysbryd Glân yn rhoi calon newydd i ni, i garu'r Arglwydd trwy gadw ei orchmynion yn ddiolchgar, er yn amherffaith.

I mi, cyfamod dyweddïo (betrothal) sydd yma, fel oedd rhwng Joseff a Mair pan anwyd Iesu. Roedd yn ymrwymiad ffurfiol, ond nid eto yn briodas lawn. Dychymyg disgwylgar yw'r adrannau am briodi ac agosrwydd rhywiol gan na allwn fod yn siwr fod y pâr wedi priodi'n llawn o gwbl.

Ac ryn ni sydd yn eglwys Iesu Grist yn ddyweddi iddo Fe, a chyn hir daw 'priodas yr Oen' pan gawn fod gydag Ef am byth.

"Bendigedig fyddo'r Iesu:
fe welir ei Ddyweddi
heb un brycheuyn arni
yn lân fel y goleuni
ar ddelw Mab y Dyn." Spinther

""Yn awr, ynteu, ymresymwn â'n gilydd," medd yr Arglwydd. "Pe bai eich pechodau fel ysgarlad, fe fyddant cyn wynned â'r eira; pe baent cyn goched â phorffor, fe ânt fel gwlân."
Eseia 1:18

Dyma gynnig yr Arglwydd trwy ei broffwyd i bobl Israel ddod ger ei fron a deall sut i gael eu glanhau yn llwyr o'u pechodau.

Cariad Duw

Mae'r Arglwydd yn atgoffa'i bobl o'i gariad rhyfeddol tuag atynt. Mae'n dweud ei fod wedi eu magu a'u meithrin fel mam dyner a thad nerthol. Daeth yr Arglwydd â'r genedl ifanc o'r Aifft ble cawsai blentyndod anodd, ac yna aeth â hi i Ganaan, ble tyfodd yn oedolyn, fel petae.

Mae Duw yn defnyddio darlun tebyg wrth siarad â'i bobl trwy Eseciel yn ddiweddarach yn eu hanes: "Ac am dy enedigaeth... Ni thosturiodd neb wrthyt .... ond fe'th luchiwyd allan i'r maes, oherwydd fe'th ffieiddiwyd y diwrnod y ganwyd di." 'Yna fe ddeuthum heibio iti, a'th weld yn ymdrybaeddu yn dy waed, a dywedais wrthyt yn dy waed, "Bydd fyw." Eseciel 16.4-6

Er gwaetha'r fath gariad a thosturi tyner, roedd y bobl wedi taflu'r cyfan yn ôl yn wyneb Duw, fel petae.

Cyflwr Jwda
Gwaeth na'r anifeiliaid

Mae'r Arglwydd yn defnyddio geiriau trawiadol i ddisgrifio gwrthryfel ei bobl. Roedden nhw'n cymharu'n wael ag anifeiliaid mud a stwbwrn. Mae ychen ac asyn yn fodlon gweithio i'r sawl sy'n eu porthi a'u cynnal, ond dyw plant Israel ddim yn cydnabod mai Jehofa a'u piau ac mai Fe sy'n eu cynnal a'u cadw.

Mae Jeremeia'n defnyddio darlun tebyg: "Y mae'r crëyr yn yr awyr yn adnabod ei dymor; y durtur a'r wennol a'r fronfraith yn cadw amser eu dyfod; ond nid yw fy mhobl yn gwybod trefn yr Arglwydd." Jer.8.7

Gor-dew

Mae gor-dewdra yn broblem fawr yn ein cymdeithas ni heddiw. Gallem ni gyfieithu ad.4: "pobl sy'n drwm â drygioni." Gyda bod yn or-dew daw pob math o afiechydon a phroblemau. Problem pobl Israel oedd eu bod wedi gadael yr Arglwydd (yn eu calon), wedi dirmygu'r Arglwydd (â'u tafod) ac wedi troi cefn arno (â'u traed).

Gwael eu hiechyd

Yn ad.5-7 cawn ddarlun o berson mewn afiechyd difrifol, yn llawn doluriau crawnllyd heb eu trin. Beth oedd yn bod? Doedden nhw ddim yn fodlon cymryd 'moddion' Duw, dim yn fodlon edifarhau am eu pechod er mwyn cael gwellhad.

Gwarchae

Roedd hyd yn oed y wlad yn dioddef oherwydd pechod y bobl. Cawn ddarlun rhyfeddol o gaban mewn gwinllan, cwt mewn gardd cucumerau a dinas dan warchae. Yr unig arwydd o fywyd yn y winllan a'r ardd oedd caban a chwt, pan ddylai fod haid o bobl yn brysur gyda'r cynhaeaf.

Dyma arwydd o ddiffeithwch Jwda a methiant y cnwd. Roedd dinas dan warchae yn llwm iawn gan nad oedd bwyd yn cael ei gario iddi. Roedd Duw wedi rhybuddio'r genedl am hyn wrth roi ei gyfraith iddi: "Ond os na fyddwch yn gwrando arnaf nac yn gwneud yr holl orchmynion hyn...Byddwch yn treulio'ch nerth yn ofer, oherwydd ni fydd eich tir yn rhoi ei gnwd na choed y maes eu ffrwyth." Lef.26.14, 20

Cynnig yr Arglwydd

Yna mae'r Arglwydd yn galw'r bobl i ymddangos ger ei fron mewn llys barn fel petae. Wrth glywed y dystiolaeth sydd yn rhan gyntaf y bennod, does dim dwywaith nad yw'r bobl yn wynebu cyhuddiadau niferus ac nad oes amddiffyniad ganddyn nhw.

Arwydd o'u heuogrwydd yw lliwiau coch a phorffor eu dillad. Mae hyn yn ddarlun o'u cyflwr pechadurus, eu cyflwr hunanol, chwenychgar, yn byw i wneud dim ond bodloni eu chwantau eu hunain. Maen nhw'n debyg i'r butain fawr gaiff ei disgrifio yn Datguddiad 17.4: "Yr oedd y wraig wedi ei gwisgo â phorffor ac ysgarlad..." Yn hytrach na bod yn briod i Dduw, roedd yn cyflawni godineb ysbrydol trwy addoli duwiau eraill a charu'r byd a'i bethau yn hytrach na'r Creawdwr mawr.

Serch hynny, daw cynnig o lanhad, i ddod yn wyn fel eira a gwlân. Mae'r cynnig yn llawn gras a thrugaredd i bobl na all fyth gynnig eu gwella'u hunain. Ryn ni'n gwybod yn iawn fod hyn yn digwydd trwy bwyso ar addewid Duw i'n glanhau trwy aberth y Meseia Iesu.

"Ar ôl hyn edrychais, ac wele dyrfa fawr na allai neb ei rhifo, o bob cenedl a'r holl lwythau a phobloedd ac ieithoedd, yn sefyll o flaen yr orsedd ac o flaen yr Oen, wedi eu gwisgo â mentyll gwyn,... Dyma'r rhai sy'n dod allan o'r gorthrymder mawr; y maent wedi golchi eu mentyll a'u cannu yng ngwaed yr Oen."

Wyt ti wedi gweld dy gyflwr coch pechadurus gerbron Duw? Beth am ddod at yr Arglwydd Iesu a roes ei fywyd dros ein pechodau ar Galfaria, i gael glanhad llwyr, a dod yn ddisglair wyn fel eira a gwlân?

"Y mae'r glaswellt yn crino, a'r blodeuyn yn gwywo; ond y mae gair ein Duw ni yn sefyll hyd byth."
Eseia 40:8

Dywedodd rhywun rywbryd: "Os edrychi ormod ar eraill, bydd yn ofid; os edrychi ormod ar dy hunan, daw iselder ysbryd; os edrychi ar yr Arglwydd, daw gwynfyd." Yr Arglwydd Dduw yw ffocws yr adran yma yn Eseia 40. Mae Ef yn ddigyfnewid, fel ei air, mae hefyd yn gyfiawn a thrugarog, tosturiol a ffyddlon.

Llais meddyginiaeth

Wrth i bobl Jwda edrych yn ôl, bydden nhw'n gweld methiant a phechod. Roedden nhw'n euog o droi oddi wrth yr Arglwydd ac at eilunod; o anghyfiawnder, anfoesoldeb a gwrthwynebiad i negeswyr Duw; a dyna oedd wedi arwain at gaethglud Babilon. Er hynny, mae'r Arglwydd yn dal yn ffyddlon i'w addewid, ac mae ganddo fwriad cariadus a gobeithiol ar eu cyfer. Mae'n dal i'w caru, ac er iddo'u disgyblu yn llym ni fyddai'n eu gadael.

Mae'r gair 'cysur' gaiff ei ddefnyddio fan hyn yn golygu'n llythrennol 'peri i anadlu eto'. Mae'n fwy na chysur a diddanwch, mae'n adfywiad.

Mae siarad 'yn dyner' yn golygu 'siarad â'r galon', ac wrth sôn am Jerwsalem, y bobl sydd mewn golwg. Mae 'gwasanaeth' yn golygu gwasanaeth milwrol neu ffiwdal – sef cyflwr diflas a chaethiwus.

Mae tâl wedi ei dderbyn i gwrdd â'u dyled, i sicrhau pardwn. Mae hyn yn edrych ymlaen at Galfaria ble mae cyfiawnder Duw yn cael ei fodloni gan aberth iawnol Iesu Grist dros ein pechod ni.

Dyw 'derbyn yn ddwbl' ddim yn golygu bod yr Arglwydd wedi dyblu'r gosb, ond wedi cosbi'n llawn, yn cyfateb i'r drosedd ddifrifol.

Llais darpariaeth

Yn adnodau 3-5, ryn ni'n clywed llais yn galw i baratoi ffordd. Gan fod yr Arglwydd wedi symud rhwystrau pechodau'r bobl, mae'r ffordd ar agor i'w bendithio a dod â nhw gartre. Roedd ffordd arw o'u blaen wrth ddychwelyd i ailadeiladu Jerwsalem a'r deml, ond byddai'r Arglwydd yn mynd o'u blaen i baratoi'r ffordd. Mae'n ddarlun o lys-gennad yn trwsio'r heolydd ac yn symud pob rhwystr, i wneud y ffordd yn barod ar gyfer y brenin.

Mae Eseia'n sôn am brifffordd i'r gweddill o Asyria ddod yn ôl ym mhennod 11.16, a'r tro yma fe ddaw gweddill yn ôl o Fabilon, fel y daeth eu cyndadau o'r Aifft i wlad Canaan. Wrth baratoi'r ffordd mae angen codi'r pantiau, (darlun o godi'r rhai gafodd eu bwrw i lawr, a'u calonogi); mae angen gostwng pob bryn a mynydd, (darlun o dynnu i lawr yr hunan-gyfiawn a'r rhyfygus); mae angen gwneud y tir anwastad yn wastad, (darlun o feddwl dau-ddyblyg yn dod yn feddwl unplyg).

Daeth cyflawniad o'r geiriau hyn yng ngweinidogaeth Ioan Fedyddiwr, yn paratoi'r ffordd ar gyfer gweinidogaeth Iesu Grist. Os yw dyn am weld gogoniant yr Arglwydd, dyma'r llwybr sy'n paratoi'r ffordd iddo.

Llais cynhaliaeth

Mae dyn yn codi a gwywo, boed yn frenin neu ymerawdwr mawr. Roedd Asyria wedi hen fynd ac erbyn hyn roedd Babilon wedi syrthio. I'r gwrthwyneb mae gair Duw, fel Ef ei hunan, yn aros yr un am byth. Wrth baratoi ar gyfer eu taith hir gartre, gallai plant Israel ddibynnu ar addewidion Duw. Efallai y bydden nhw'n meddwl am weddi Solomon a gafodd ateb cadarnhaol gan yr Arglwydd: "Os trechir dy bobl Israel gan y gelyn am iddynt bechu yn dy erbyn, ac yna iddynt edifarhau a chyffesu dy enw, a gweddïo ac erfyn arnat yn y tŷ hwn, gwrando di yn y nef a maddau bechod dy bobl Israel ac adfer hwy i'r tir a roddaist i'w hynafiaid." (1 Bren.8.33,34)

Gan mai Iesu yw Gair Duw, mae hyn yn wir amdano Fe. Dywedodd, "yr wyf o'r dechrau yr hyn yr wyf wedi ei ddweud wrthych." Roedd ei neges yn fynegiant o'i natur a'i gymeriad fel Duw-ddyn, yr unig Gyfryngwr rhwng Duw a dynion.

Llais gwaredigaeth

Yn adnod 9-11 daw newyddion da o ben y mynydd. Newyddion da'r dyddiau hynny oedd cwymp Babilon a rhyddhad yr Iddewon caeth. Newyddion da yr efengyl yw concwest teyrnas Satan gan Iesu Grist yn ei groes a'i atgyfodiad, a rhyddhad i bawb sy'n ymddiried ynddo.

Fe yw 'braich yr Arglwydd' sydd yn cael ei hestyn mewn nerth a buddugoliaeth.

Fe hefyd yw'r fraich dyner sydd yn estyn at y praidd i'w phorthi, yn eu casglu ato i'w fynwes, fel petae, yn cario'r ŵyn yn ei gôl ac yn mynwesu'r mamogiaid.

Dyma ddarlun bendigedig o'r Arglwydd Iesu Grist, yn Bencampwr cadarn i sathru pen y sarff wrth gael ei gleisio yn ei ddioddefaint a'i groes, a hefyd yn Fugail Da sydd yn gofalu'n dyner am ei bobl.

"Dyma fy ngwas, yr wyf yn ei gynnal, f'etholedig, yr wyf yn ymhyfrydu ynddo. Rhoddais fy ysbryd ynddo, i gyhoeddi barn i'r cenhedloedd."
Eseia 42:1

Dyma broffwydoliaeth hyfryd o'r Meseia, a'i nodweddion bendigedig, sydd yn amlwg i'w gweld yn Iesu Grist.

Gwas Duw

Mae hon yn broffwydoliaeth tua 700 mlynedd ymlaen llaw. Jehofa, Creawdwr nefoedd, daear a dyn sy'n cyhoeddi ei was. Trwyddo bydd Duw yn gwneud gwaith arbennig – sef goleuo'r byd cyfan, goleuo'r cenhedloedd, er ei glod ei hunan, yn hytrach na delwau cerfiedig.

Mae'r Arglwydd yn hysbysu pethau newydd trwyddo. Mae'r pethau cyntaf wedi digwydd, sef y gwaith o ddryllio delwau Israel a'r gaethglud i Asyria yn 722 C.C. Yna daw caethglud Jwda i Fabilon, ond ar ôl hynny bydd gweddill yn dychwelyd, ac yna daw'r Meseia ac aiff goleuni a chyfiawnder Duw at Genhedloedd byd. Erbyn dyddiau Paul roedd hyn yn digwydd: "Dyma'r dirgelwch: bod y Cenhedloedd, ynghyd â'r Iddewon, yn gyd-etifeddion, yn gyd-aelodau o'r corff, ac yn gydgyfranogion o'r addewid yng Nghrist Iesu trwy'r Efengyl." (Eff.3.6)

Mae hwn yn deitl cwbl addas i Iesu Grist. Wrth ddod mewn cnawd fe gymrodd agwedd gwas, fe ddaeth i wasanaethu, nid i'w wasnaethu.

Mae rhai tramorwyr yn gwneud swyddi sydd yn cael eu cyfrif yn israddol i lawer o Brydeinwyr bellach. Diolch byth nad oedd Duw'r Mab yn gweld dod fel dyn i'n hachub yn waith oedd islaw iddo!

F'etholedig

Roedd Duw y Tad wedi dewis ein Gwaredwr yn nhragwyddoldeb:

"Yr oedd Duw wedi ei ddewis cyn seilio'r byd, ac amlygwyd ef yn niwedd yr amserau er eich mwyn chwi." (1 Pedr 1.20) Cawn adlais o 42.1 yng ngeiriau'r Tad ar fynydd y Gweddnewidiad: "Hwn yw fy Mab, yr Etholedig, gwrandewch arno."

Roedd Iesu newydd gyhoeddi am y tro cyntaf ei fod yn Feseia oedd yn mynd i ddioddef a marw cyn ei atgyfodi. Roedd yn dangos ei benderfyniad i gyflawni pwrpas ei ddewis i'r gwaith.

Hefyd, mae'r Arglwydd yn dweud ei fod yn ymhyfrydu ynddo. Cawn adlais o'r geiriau hyn ym medydd Iesu: "Hwn yw fy Mab, yr Anwylyd, ynddo ef yr wyf yn ymhyfrydu." Roedd yr Arglwydd wedi uniaethu â dynoliaeth wrth gael ei fedyddio, fel y byddai'n uniaethu â ni yn ein pechod ar Galfaria.

Rhoddais f'ysbryd ynddo

Dywed Ioan 3.34 bod yr Ysbryd Glân wedi dod ar Iesu heb fesur ac fe gyhoeddodd yn Nasareth fod Ysbryd yr Arglwydd wedi dod arno, a'i eneinio "i bregethu'r newyddion da i dlodion. Y mae wedi f'anfon i gyhoeddi rhyddhad i garcharorion, ac adferiad golwg i'r deillion, i beri i'r gorthrymedig gerdded yn rhydd, i gyhoeddi blwyddyn ffafr yr Arglwydd." (Luc 4.18,19)

Cyhoeddi barn

Y darlun sydd yma yw un o farnwr yn dedfrydu o blaid yr amddiffynydd. Nid condemnio'r Cenhedloedd ond barnu o'u plaid, wrth i'r Efengyl eu cyrraedd: "a bod edifeirwch, yn foddion maddeuant pechodau, i'w gyhoeddi yn ei enw ef i'r holl genhedloedd, gan ddechrau yn Jerwsalem." (Luc 24.47)

Tynerwch

Ni fydd yn gweiddi yn yr heol. Dyma brofiad pawb oedd yn dod at Iesu Grist am ei fendith a'i ras, a dyna'n profiad ni hefyd. Dywed adnod 13 y bydd yn bloeddio yn erbyn ei elynion, ond nid y sawl sy'n nesáu ato.

Yna cawn ddarlun hyfryd y gorsen ysig a'r llin yn mygu. Dyma ddarlun bendigedig o'r ffordd mae Iesu Grist yn delio gyda phechaduriaid. Ryn ni'n wan fel brwyn gerbron Duw, yn anobeithiol fel tân sydd ar farw. Mae'n dwlu rhoi nerth a gobaith i'r gwan a'r cystuddiedig sy'n dod ato.

Cadernid

Er ei dynerwch, dyw E ddim yn torri nac yn diffodd. Mae mor wahanol i'r bwli cryf sydd yn hoffi sathru ar ben y gwan. Doedd dim pechod ynddo, dim cwymp, dim methiant. Mae'n alluog i orffen ei waith, pan fydd pechod a'i ganlyniadau yn absennol o'r nefoedd a'r ddaear newydd.

Cyfamod pobl

Gwaed Iesu Grist sydd yn selio cyfamod Duw â'i bobl. Oherwydd ei ufudd-dod i Gyfraith Duw, ac iddo dderbyn cosb a melltith y Ddeddf ar y groes, cawn ni ddod yn bobl i'r Arglwydd, ac yntau'n Dduw i ni. Cawn ddod i mewn i'r cyfamod cadarn, diogel o heddwch trwy ymddiried yn Iesu Grist, ac yn sgîl ei waith Ef trosom. Diolch am Iesu Grist!

"A anghofia gwraig ei phlentyn sugno, neu fam blentyn ei chroth? Fe allant hwy anghofio, ond nid anghofiaf fi di. Edrych, 'rwyf wedi dy gerfio ar gledr fy nwylo; y mae dy furiau bob amser o flaen fy llygaid;
Eseia 49:15-16

Mae'r geiriau hyn yn neges gan yr Arglwydd trwy Eseia i bobl Jwda ym Mabilon. Maen nhw wedi cael eu ceryddu gan eu Duw am fod yn anffyddlon wrth fynd ar ôl duwiau eraill a thorri ei gyfraith. Ond mae'r penodau olaf hyn yn proffwydo adferiad a bendith Duw arnyn nhw eto.

Yn adnod 14 mae'r bobl yn tybio bod yr Arglwydd wedi eu hanghofio a'u gwrthod oherwydd ei fod yn eu cosbi. A gallwn ni feddwl hynny heddiw wrth weld achos Iesu Grist mewn cyflwr mor druenus yn ein gwlad ni. Does dim amheuaeth bod yr Arglwydd yn ein ceryddu, ond wedi dweud hynny, dyw E ddim wedi'n hanghofio chwaith. Mae'r Arglwydd yn rhoi sawl darlun trwy ei broffwyd i brofi hyn.

Y fam

Ydy mam yn debyg o anghofio ei phlentyn y mae wedi ei eni a'i fwydo ar ei bron? Does dim amheuaeth bod cwlwm arbennig rhwng mam a'i phlentyn. Sawl mam sydd wedi cymryd colled er mwyn ei phlentyn, er mwyn ei addysg, er mwyn ei iechyd, er mwyn ei amddiffyn?

Rwy'n cofio ffrind yn dweud ei fod wedi cael caniatâd i ddod gartre o'i wasanaeth gyda'r fyddin yn annisgwyl yn ystod yr ail ryfel byd. Wrth gerdded adref yn hwyr y nos roedd yn synnu i weld ei fam wrth y drws yn disgwyl amdano. Roedd wedi clywed ac adnabod ei gerddediad wrth iddo ddod i lawr y stryd at y tŷ yng Nghaernarfon.

Ond weithiau mae mamau yn gadael eu plant ac yn anghofio amdanynt, ond dyw hyn ddim yn bosibl gyda'r Arglwydd.

Dywed yr Arglwydd Iesu ei fod yn awyddus i fod fel mam

225

i Jerwsalem, ond ei bod hi wedi mynnu ei wrthod. "mor aml y dymunais gasglu dy blant ynghyd, fel y mae iâr yn casglu ei chywion dan ei hadenydd,". Dyna ddarlun hyfryd o ofal yr Arglwydd dros ei bobl, sydd yn rhedeg ato yn hytrach na'i wrthod, bod noddfa a chysgod o dan ei adnenydd cadarn, fel petae.

Y tatŵ

Yna mae'r Arglwydd yn dweud ei fod wedi cerfio Seion (sef Jerwsalem) ar ei ddwylo. Mae'n arfer gan rai i ysgrifennu ar eu dwylo i gofio beth sydd angen ei wneud yn ystod y dydd. Rwy'n cofio mam yng ngogledd Cymru oedd wedi cael tatŵ o ddyddiad geni ei phum plentyn - rhag iddi anghofio!

Roedd yn arfer gan bobl yn nyddiau Eseia i gael math o datŵ hefyd, rhyw arferiad o losgi neu dyllu patrymau, pethau i'w cofio, ar ddwylo, breichiau neu dalcen. Heddiw mae'n ffasiwn i gael tatŵ ar bob rhan o'r corff bron iawn. Y darlun yma, yw bod yr Arglwydd wedi cael tatŵ o Jerwsalem ar gledr ei law, ac felly, bob tro byddai'n edrych ar ei law, fel petae, byddai'n gweld ei waliau hi.

Yr addurn

Y darlun nesaf yn adnod 18 yw'r darlun o Seion fel priodferch hardd yn gwisgo pob math o addurniadau prydferth. Yr addurniadau fydd preswylwyr, pobl yn dod yn ôl o'r gaethglud. Yn lle bod Jerwsalem a Jwda fel person di-addurn, braidd yn llwm a phlaen, bydd yn llawn gemau a thlysau fel y briodferch.

O na fyddai hyn yn wir am ein heglwysi ni eto yng Nghymru, y byddai pechaduriaid yn dod i edifarhau a chyffesu Iesu Grist yn Arglwydd ac yn Waredwr, ac yn cael eu hychwanegu i'w eglwys, fel sydd yn digwydd mewn ffordd hyfryd mewn gwledydd pell.

Y plant

Y darlun yn adnodau 20-21 yw'r darlun o blant, a chenhedlaeth newydd, felly. Dyna hyfryd yw sŵn plant, sŵn bywyd, sŵn gobaith i'r dyfodol. A'r cwestiwn fydd yn codi fydd, 'o ble daeth y rhain?' Roedd y wraig (Jwda) fel gweddw unig a di-obaith. Ond mae'r plant yn mynd i ddod o afael y Cenhedloedd, hyd yn oed gyda help brenhinoedd a thywysogesau. Bu brenhinoedd fel Cyrus, Dareius ac Artaxerxes yn help i bobl Jwda ddod o Fabilon ac ail-ymsefydlu ac adeiladu Jerwsalem a'r deml.

Hefyd, gall Duw godi cenhedlaeth newydd o gredinwyr yn ein gwlad ni. Gadewch i ni barhau i weithio ac i weddïo'n ddyfal i'r Arglwydd ein gwneud yn ffrwythlon yng ngwaith yr efengyl. Yr efengyl yw'r faner sydd angen ei chodi'n uchel. Rhaid i ni geisio dyrchafu yr Arglwydd Iesu Grist fel unig Waredwr, unig Obaith dynion yn ein dyddiau ni eto.

Diolch am ddarluniau hyfryd i'n hatgoffa nad yw'r Arglwydd yn anghofio ei bobl, sydd wedi eu galw trwy'r Efengyl at Iesu Grist. Dyw E ddim yn anghofio ei eglwysi, dyw E ddim yn anghofio ei achos er fod y fflam yn llosgi'n isel weithiau.

"Pwy a gredai'r hyn a glywsom? I bwy y datguddiwyd braich yr Arglwydd?" Eseia 53:1

Mae llawer o ddarluniau o Dduw yn y Beibl. Maen nhw'n help mawr i ni ei ddeall, a deall ei ffordd a'i waith yn y byd ac ynom ni. Un darlun sydd yn ymddangos droeon yw darlun y fraich. Yn y darn hwn o Eseia 52.13-53.12, mae'n amlwg mai'r Meseia, y gwas ydy'r fraich. Dyma ddarlun hyfryd o Dduw yn ymestyn atom, ac yn dangos ei fraich, er mwyn i ni ddod ato, pwyso arno ac ymddiried yn llwyr ynddo.

Braich annymunol

Mae darllen nad oedd tegwch na harddwch iddo yn dipyn o sioc. Wrth feddwl am Dduw yn ymestyn atom, byddem yn disgwyl y byddai'n hardd a deniadol i bawb ddod ato a chredu ynddo. Ond na! Mae'r fraich wedi ei hestyn i fyd o fudreddi a thywyllwch. Er mwyn codi trueniaid y byd hwnnw, roedd yn rhaid iddi fod yn fodlon i gael ei maeddu.

Mae Meseia ar groes wedi bod yn broblem ac yn dramgwydd i lawer, yn enwedig i'r Iddewon. Doedd y groes ddim yn ddeniadol. Dyw blaguryn ddim yn fawr er ei fod yn fyw. Daeth Mab Duw i'n byd fel plentyn bach bregus, a dyn oedd yn byw yn Nasareth o bobman. Roedd yn gwybod am syched a blinder, poen a dioddefaint a holl ystod profiadau dyn ar ôl y cwymp, heblaw am bechod.

Roedd yn fraich gafodd ei dirmygu. Cafodd Iesu ddigon o ddirmyg, gwawd a sbeit wrth iddo ddioddef a chael ei groeshoelio.

Cafodd y fraich yma, a estynnwyd i'n hachub, ei gwrthod. "Daeth i'w gynefin ei hun, ac ni dderbyniodd ei bobl ei hun mohono." Ioan 1.11

Daeth Crist i gyflawni cynllun achubol Duw, daeth ag agwedd gwas, ond roedd yr Iddewon yn disgwyl milwr cydnerth a thywysog gwleidyddol. Doedd ei ddelwedd e ddim yn ffitio'u darlun nhw o'u

Meseia. Roedd yr Arglwydd Iesu yn denu methiannau, pobl wan, pechaduriaid amlwg. Ond oherwydd hynny, doedd llawer ddim yn credu ynddo, a heb ei adnabod fel braich yr Arglwydd. "Er iddo wneud cynifer o arwyddion yng ngŵydd y bobl, nid oeddent yn credu ynddo." Ioan 12:37

Mae neges bwysig i ni fel Cristnogion ac eglwysi fan hyn. Mae mor hawdd i ni boeni am ein delwedd gerbron dynion. 'Beth mae pobl yn feddwl ohonof fi ac ohonom ni?' Dyna'r cwestiwn sydd yn ein poeni yn aml. Onid agwedd Crist ddylai fod gennym? Yn gyntaf, ein nod yw cyflawni ewyllys Duw, ei garu Fe, ac yna ceisio ffordd i wasanaethu eraill, yn arbennig trwy gyflwyno'r Efengyl iddyn nhw.

Braich glwyfedig
Yna fe welwn fod y fraich yn glwyfedig a dolurus, wedi ei harcholli a'i dryllio, yn llawn cleisiau ac archollion. Mae fel un sydd wedi ei adael yn llwyr gan Dduw. Cafodd y gwas ei daro gan Dduw, roedd o dan felltith Duw, a'r Arglwydd oedd yn mynnu ei ddryllio.

Dioddefodd y cyfan yn dawel, heb brotest na chwyn. Dywed Luc wrthym fod Iesu wedi gosod ei wyneb tua Jerwsalem, gan wybod yn union beth oedd o'i flaen. Yr oedd yn ei roi ei hun fel offrwm ac aberth bodlon ac ewyllysgar.

"Diosgodd Crist ei goron,
o'i wir fodd, o'i wir fodd,
Er mwyn coroni Seion,
o'i wir fodd;
I blygu ei ben dihalog,
O dan y goron ddreiniog,
I ddioddef dirmyg llidiog,
O'i wir fodd, o'i wir fodd,
Er codi pen yr euog,
O'i wir fodd." Dafydd Hughes

Gwnaeth hyn er ein mwyn ni. Ein dolur ni a gymerodd, a chael ei archolli oherwydd ein troseddau ni. Rhoes ei fywyd yn aberth dros bechod – ein pechod ni, ein gwrthryfel ni yn erbyn Duw. Talodd ef y pris am ein heddwch ni, er mwyn i ni gael heddwch gyda Duw.

Braich fuddugoliaethus

Er i'r fraich achubol gael ei chlwyfo a'i hanafu, fe fydd yn fuddugoliaethus. A bydd Iesu Grist yn gweld ffrwyth ei waith gorffenedig ar y groes.

Gweld goleuni

Er i'r Arglwydd brofi tywyllwch uffern ar y groes a mynd i'r bedd, roedd ganddo addewid o atgyfodiad.

Gweld hâd

Fe gaiff blant, fel petae, sef credinwyr y cenedlaethau cyn ac ar ôl ei ddyfodiad.

Caiff estyn ei ddyddiau

Nid y groes oedd y diwedd. Mae ganddo deyrnas dragwyddol. Ef fydd yn teyrnasu yn y diwedd ac am byth.

Fe lwydda ewyllys yr Arglwydd

Mae'r cynllun o achub ei bobl yn siwr o lwyddo. Does dim methiant gyda chynlluniau Duw.

Bydd yn cyfiawnhau llawer. Daw llawer i fod yn gyfiawn, yn iawn gerbron Duw, yn rhydd o effaith pechod oherwydd iddo Fe gymryd ein budreddi ni a chyfrif i ni ei berffeithrwydd ef. Pwysa ar ei fraich!

"Dewch i'r dyfroedd, bob un y mae syched arno; dewch, er eich bod heb arian; prynwch a bwytewch."
Eseia 55:1

Mae pawb yn hoffi gwahoddiad i achlysur arbennig a dyma wahoddiad bendigedig i fwynhau danteithion achubiaeth Duw.

Pwy?
O gael gwahoddiad priodas, parti neu rhyw ddathliad tebyg trwy'r post, rhaid edrych am yr enw sydd arno. I bwy mae gwahoddiad Duw? I'r anghenus sydd yn sychedig a thlawd. Mae gwahoddiad Duw i bechaduriaid mewn angen. Mae rhai yn tybio'u bod yn dda i'w rhestri fel 'pechaduriaid.' Ond mae pawb yn bechadur, ac angen dŵr bywiol perthynas iawn â Duw, a chyfoeth ei fendithion yn Iesu Grist.

I beth?
Mae'n wahoddiad i wledd foethus gwin a llaeth. Disgrifiwyd Canaan fel gwlad yn llifeirio o laeth a mêl, ac roedd gwin hefyd yn yn awgrymu croeso cyfoethog.

Beth yw cyfoeth yr Efengyl?
Mae adnod 12 yn cyfeirio at lawenydd a heddwch. Mae dod i adnabod Ceidwad, Achubwr ein heneidiau yn dod â llawenydd y tu hwnt i eiriau i ni: "ac am eich bod yn yn awr yn credu ynddo (Crist) heb ei weld, yr ydych yn gorfoleddu â llawenydd anrhaethadwy a gogoneddus." 1 Pedr 1.8

Mae Duw yn cyhoeddi heddwch, nid condemniad na gelyniaeth, i bechadur sydd yn pwyso'n llwyr ar Iesu Grist a'i aberth ar y groes er mwyn cael ei achub: "Am hynny, oherwydd ein bod wedi ein cyfiawnhau trwy ffydd, y mae gennym heddwch â Duw trwy ein Harglwydd Iesu Grist." Rhuf. 5.1

Dyma ddanteithion arbennig iawn; bod dyn yn iawn gyda

Duw ac yn llawenhau o gael ei dderbyn yn llawn a phrofi cariad achubol Duw a maddeuant llawn o'i bechod trwy Iesu Grist.

Hefyd cawn berthyn i deulu Duw, i bobl Dduw. Mae adnod 3 yn sôn am gyfamod tragwyddol, a'r addewid i Dafydd. Addewid oedd hon am deyrnas dragwyddol trwy un o'i ddisgynyddion, sef y Meseia. Felly, cawn ddod yn ddiogel i deyrnas Dduw trwy lynnu wrth Iesu Grist. O fod yng Nghrist, mae Duw yn Dduw i ni, a ninnau'n bobl iddo Fe. Dyma gwlwm cariad na chaiff ei dorri fyth!

Faint?

Faint mae'r wledd yn gostio, beth yw'r pris mynediad? "Heb arian a heb dâl" yw'r ateb. Beth mae hyn yn ei olygu? Mae'n awgrymu tri pheth:

Na allem ei fforddio

Oherwydd ein tlodi ysbrydol a dyled ein pechodau, allem ni ddim cael gafael ar 'gyfoeth' digonol i brynu achubiaeth Duw. Dyw'n daioni ni ddim yn ddigon da, oherwydd bod staen pechod ar ein gweithredoedd gorau yn ogystal ag ar ein beiau amlwg.

Ei fod yn amhrisiadwy

Sut allen ni roi pris ariannol ar achubiaeth enaid a heddwch gyda Duw? Dyw sôn am filiynau neu biliynnau o bunnoedd ddim yn addas nac yn briodol.

Bod rhywun arall wedi talu

Arwyddair y Gwasanaeth Iechyd yw 'yn rhad ar bwynt ei gyflwyno.' Mae'n costio'n ddrud i'r wlad, ond nid i'r claf yn ei angen. Mewn ffordd debyg, mae achubiaeth am ddim i ni, oherwydd fod gwaed Mab Duw wedi talu'r pris. "Gwyddoch nad â phethau llygradwy, arian neu aur, y prynwyd ichwi ryddid oddi wrth yr ymarweddiad ofer a etifeddwyd gennych, ond a gwaed gwerthfawr Un oedd fel oen di-fai a di-nam, sef Crist." 1 Pedr 1.18

Pryd?

Mae adnodau 6-7 yn dweud bod brys i droi oddi wrth ein drygioni a'n bwriadau gwag. Heddiw yw amser Duw, a heddiw yw dydd iachawdwriaeth. Yr unig beth allwn ddweud gyda sicrwydd pendant, yw mai heddiw yw'n diwrnod olaf ar y ddaear ac o'n blaen mae marwolaeth a barn. Dyw fory ddim yn ein gafael eto. "Nid oes gan rai fel chwi ddim syniad sut y bydd hi ar eich bywyd yfory. Nid ydych ond tarth, sy'n cael ei weld am ychydig, ac yna'n diflannu." Iago 4.14.

Sut?

Rhaid ymateb i air Duw. Mae'n disgyn fel glaw ac eira sydd yn dyfrhau, a chynhyrchu bywyd yn y ddaear. Rhaid i ni dderbyn neges yr Efengyl, derbyn gair Duw, er mwyn i'r newyddion da ddod yn brofiad real a dwyn ffrwyth yn ein bywydau, ffrwythau hyfryd yr Ysbryd Glân, ffynidwydd yn lle drain a myrtwydd yn lle mieri.

"Dewch, hen ac ieuainc, dewch
at Iesu, mae'n llawn bryd;
rhyfedd amynedd Duw
ddisgwyliodd wrthym cyd:
Aeth yn brynhawn, mae yn hwyrhau;
Mae drws trugaredd heb ei gau." Morgan Rhys.

"Fel hyn y dywedodd yr Arglwydd wrthyf: 'Dos a phryn wregys lliain, a'i roi am dy lwynau; paid â'i ddodi mewn dŵr.'"
Jeremeia 13:1

Mae sawl un yn hoff o siopa am ddillad newydd. Mae rhai yn mynnu ei fod yn therapi i godi'r galon er yn gwagio'r boced. Dyma neges gan Dduw i Jeremeia fynd a phrynu gwregys lliain, ei wisgo, ei guddio am gyfnod a'i estyn eto. Bwriad hyn oedd cyflwyno neges bwysig i bobl Jwda - ac i ni sy'n perthyn i eglwys Iesu Grist heddiw.

Jwda yw'r gwregys
Pobl Jwda yw'r lliain, pobl yr Arglwydd. Dyma ddarlun hyfryd o'u perthynas ag Ef ac o'u pwrpas: "Oherwydd fel y gafael gwregys am lwynau rhywun, felly y perais i holl dŷ Israel a holl dŷ Jwda afael ynof fi," medd yr Arglwydd" (ad.11) Mae'n cyfleu safle o fod yn agos iawn at yr Arglwydd. Mae Salm 148.14 yn dweud am Israel: "pobl agos ato".

Maen nhw'n bobl briodol i'r Arglwydd, wedi eu dyweddïo iddo. Mae Ef wedi dewis Israel o holl genhedloedd y ddaear. Maen nhw'n frenhiniaeth o offeiriaid sydd â dyfodfa arbennig ato. Maen nhw'n bobl sydd mewn cyfamod â'r Arglwydd. Roedden nhw wedi derbyn y gorchmynion, yr aberthau a'r defodau oedd i fod yn effeithio'r galon.

Os oedd hyn yn wir am Jwda ac Israel, mae'n wir hefyd am Gristnogion o bob cenedl heddiw: "Ond yn awr, yng Nghrist Iesu, yr ydych chwi, a fu unwaith ymhell, wedi eich dwyn yn agos trwy waed Crist." (Effesiaid 2.13) Ryn ni fel gwregys hefyd. Mae hyn yn wir amdanom trwy bwyso ar Iesu Grist, ac ar ei aberth dros ein pechod ar y groes. Mae Ef wedi bodloni Deddf Duw yn ei fywyd, ac wedi derbyn melltith y Gyfraith wrth farw yn ein lle ar Galfaria. Oherwydd hynny, ryn ni'n cael nesáu ato, a dod i berthynas agos o gariad a heddwch.

Pwrpas y gwregys

Bwriad y gwregys oedd gwneud i'r sawl oedd yn ei wisgo i edrych yn dda. Roedd pobl Dduw i fod yn addurn i'r Arglwydd (ad.11). Pwrpas Israel oedd dangos mor arbennig oedd Jehofa; mor wych oedd bod yn bobl iddo. Dylen nhw fod yn ffyddlon i Dduw oedd mor gariadus a ffyddlon tuag atyn nhw. Dylai eraill weld a chlywed gan Jwda fod eu Duw yn un mawr, digyfnewid, Hollalluog, trugarog a graslon. Dylai pawb fod yn genfigennus o'u hadnabyddiaeth o Arglwydd daionus a charedig. Dylai eu holl fywyd ddod â moliant a gogoniant i Yahweh.

Unwaith eto, mae'r un yn wir amdanom ni fel pobl Iesu Grist. O brofi gras Duw - yn agor ein llygaid i ryfeddod ei gariad yn anfon ei Fab i'n prynu'n rhydd o gaethiwed pechod trwy aberth ar y groes; ein harwain i weld ein hangen a glynnu wrtho fel Ceidwad; yn rhoi maddeuant a thangnefedd i ni – dylai'n bywyd ni fod yn fywyd o ogoneddu Duw.

"O na chawn i dreulio 'nyddiau'n
fywyd o ddyrchafu ei waed,
llechu'n dawel dan ei gysgod,
byw a marw wrth ei draed." A.G.

Cuddio'r gwregys a'i hestyn eto

Yna caiff Jeremeia neges i fynd a chuddio'r gwregys wrth afon. Roedd afon Ewffrates yn bell iawn, yn mynd â'r proffwyd i gyfeiriad Irac. Mae rhai yn awgrymu mai afon "Para" yn ymyl Anathoth, cartref Jeremeia oedd y guddfan. Mae 'Para' yn debyg i'r gair Hebraeg am 'Ewffrates'.

Ar ôl tipyn o amser caiff y proffwyd ei anfon i nôl y gwregys, ac erbyn hyn roedd wedi ei ddifetha. Mae'n siwr ei fod wedi ei wlychu wrth yr afon ac yna'i sychu bob yn ail, nes ei fod yn frau ac yn dyllog.

Roedd y neges yn amlwg: roedd yr Arglwydd yn mynd i adael i Jwda fynd i Babilon fel caethion, a hynny er mwyn eu torri, o fod yn llawn balchder penstiff. Yn hytrach na gogoneddu'r gwir Dduw, eu Prynwr, redden nhw'n mynnu fflyrtio gyda duwiau eraill, ac roedd yr Arglwydd wedi cael digon.

Mae'r un demtasiwn i ni heddiw. Mae dawn arbennig gennym i wneud unrhyw beth yn dduw i ni, yn lle'r gwir a'r bywiol Dduw, y Jehofa mawr.

Heddiw ryn ni'n cael ein hudo i addoli 'gwyddoniaeth' sydd yn dweud nad yr Arglwydd yw Creawdwr y byd, a Llywodraethwr nef a daear, ond hap a damwain yw'r cyfan. Cawn ein temtio i addoli rhoddion Duw ac anghofio'r Rhoddwr hefyd. Mor hawdd yw addoli arian, dillad, pethau materol, pwer, rhyw, hamdden a chant a mil o bethau tebyg.

Tybed ydym ni'n profi 'caethglud' dirywiad crefyddol truenus yng Nghymru oherwydd bod yr Arglwydd yn ein tynnu i lawr o'n hagwedd balch, a'n diffyg ymroddiad i'w ganmol, ei garu a'i ogoneddu Fe yn y gorffennol!

Neges yr Arglwydd trwy Jeremeia oedd: "Dychwelwch blant anffyddlon: iachaf eich ysbryd anffyddlon" (3.22), ac mae cyfle o hyd i geisio'r Arglwydd o ddifrif nes i ni weld ei bresenoldeb sanctaidd yn dod yn amlwg eto yn ein plith fel eglwysi, ac yn ein gwlad hefyd.

"Y mae'r dyddiau'n dod," medd yr Arglwydd, "y gwnaf gyfamod newydd â thŷ Israel ac â thŷ Jwda." Jeremeia 31:31

Dyma addewid gan Dduw Israel o gyfamod newydd gyda'i bobl, yn Iddewon a Chenhedloedd, fydd yn cyrraedd dyfnder eu calon, fydd yn dod â nhw'n agos iawn at Dduw ac a fydd yn para byth.

Cefndir
Roedd Jeremeia, y 'proffwyd wylofus,' yn proffwydo rhwng 627 a 567 C.C. Heblaw cyfnod Joseia, y brenin uniawn, roedd dyddiau Jeremeia yn amser o eilunaddoliaeth, proffwydi ffals ac anghyfiawnder cymdeithasol yn Jwda. Ei waith oedd galw pobl nôl at Dduw rhag ei gosb a'i ddigofaint. Doedd y bobl ddim yn gwrando ac mae'n eu rhybuddio am ddyfodiad byddin Babilon, dinistr Jerwsalem ac alltudio'r bobl. Daeth ei broffwydoliaeth yn wir yn ystod ei oes.

Proffwydodd hefyd am ddod nôl o Fabilon ar ôl 70 mlynedd ac adfer Jerwsalem a Jwda a dyfodol mwy gobeithiol o lawer gyda theyrnas y Meseia. Ynddo Fe y byddai'r cyfamod newydd yn dod i rym.

Cyfamod newydd
Un o negeseuau mwyaf gwefreiddiol y Beibl yw fod Duw yn fodlon gwneud cyfamod gyda dynion. Mae calon y cyfamod hwnnw yn aros yr un trwy'r Ysgrythur i gyd, sef y bydd Ef yn Dduw iddyn nhw, a nhwythau'n bobl iddo Fe (ad.33 cymh. Ex.19.5)

Mae sôn am gyfamod newydd yn ffurfio cymhariaeth â'r hen yn syth. Daeth yr hen yn ôl i le blaenllaw yn amser Joseia gyda darganfod 'llyfr y cyfamod'; cafodd ei ddarllen, ei dderbyn a'i weithredu er mwyn dod â Jwda nôl i fyw yn ôl cyfraith Duw. Serch hynny, roedd ymateb y bobl yn arwynebol a bu farw'r diwygiad gyda marwolaeth y brenin.

Dyna broblem yr hen gyfamod. Roedd y bobl byth a hefyd yn torri eu rhan nhw o'r cytundeb wrth dorri deddfau Duw. Roedd eu bywyd annuwiol yn bradychu'r oerni oedd yng nghalonnau'r bobl at yr Arglwydd oedd wedi gwneud cymaint er eu mwyn

Cyfamod calon

Mae'r addewid yma'n dweud y bydd y cyfamod newydd yn cyrraedd calonnau'r bobl. Yn amser Moses ysgrifennwyd gorchmynion yr Arglwydd ar lechau cerrig a'u gosod yn arch y cyfamod. Nawr mae Jehofa am ysgrifennu'r Gyfraith ar galon ei bobl. "Rhof iddynt galon i'm hadnabod, mai myfi yw'r Arglwydd; a byddant yn bobl i mi, a minnau'n Dduw iddynt hwy. Byddant yn troi ataf fi â'u holl galon." (24.7) Yahweh ei hun yw'r llawfeddyg fydd yn trin ei bobl, felly, "Rhof i chwi galon newydd, a bydd ysbryd newydd ynoch; tynnaf allan ohonoch y galon garreg, a rhof i chwi galon gig. Rhof fy ysbryd ynoch, a gwneud ichwi ddilyn fy neddfau a gofalu cadw fy ngorchmynion." (Eseciel 36.26,27) Arwydd diogel o wir gredadun yw ei fod yn caru gorchmynion Duw.

Cyfamod agos

O ganlyniad i hyn bydd y bobl yn adnabod yr Arglwydd yn bersonol. Bydd ei Ysbryd ynddyn nhw ac felly byddan nhw'n ei garu ac yn mynegi hynny mewn ufudd-dod. "Os cadwch fy ngorchmynion fe arhoswch yn fy nghariad," (Ioan 15.10) Mae hyn yn golygu eu bod yn dod i ddymuno beth mae E'n ddymuno: 'Boed f'ewyllys i byth mwy fel yr eiddot ti;' Nid gwraig anffyddlon a godinebus fydd yr 'Israel' newydd, fydd yn cynnwys Iddewon a Chenhedloedd, ond un fydd yn caru ei Phriod ac yn ymostwng iddo mewn ufudd-dod diolchgar a chariadus.

Cyfamod rhydd

Daw maddeuant llawn a chydwybod clir i bobl y cyfamod newydd. Doedd gwaed y cyfamod cyntaf, gwaed anifeiliaid, ddim yn dileu pechod dyn mewn gwirionedd. Dyna pam roedd angen ail-adrodd seremoni dydd y cymod bob blwyddyn. Dim ond darlun ymlaen llaw oedd hwnnw o aberth unigryw y groes. Yn aberth cymod Iesu Grist cafwyd taliad un-waith-am-byth dros holl bechodau ei bobl. Felly, mae'r sawl sy'n ymddiried mewn ffydd yn aberth y groes yn rhydd o'i holl bechodau – gorffennol, presennol a dyfodol.

Mae hyn yn arwain at berthynas â Duw sydd yn rhoi heddwch cydwybod i bawb sy'n pwyso ar aberth y groes.

Cyfamod tragwyddol
Chaiff y cyfamod newydd ddim ei ddisodli na'i newid byth. "Gwnaf â hwy gyfamod tragwyddol, ac ni throf ef ymaith oddi wrthynt, ond gwneud yn dda iddynt; rhof fy ofn yn eu calon, rhag iddynt gilio oddi wrthyf." (32.40) Mae'n seiliedig ar waith Mab Duw, ufudd-dod ei fywyd a'i farwolaeth Ef, sy'n byw am byth i weithredu bendithion y cyfamod i'r rhai sy'n credu ynddo.

Wyt ti'n un o blant y cyfamod newydd?

"Nid oes terfyn ar gariad yr Arglwydd, ac yn sicr ni phalla ei dosturiaethau. Y maent yn newydd bob bore, a mawr yw dy ffyddlondeb. Dywedais, "Yr Arglwydd yw fy rhan, am hynny disgwyliaf wrtho."
Galarnad 3:22-24

Weithiau, pan fydd storm fawr wedi bod, a'r cymylau fel y fagddu, daw pelydryn o olau trwy'r duwch, ac mae hynny'n dweud y bydd y storm y pasio gydag amser a'r tywydd yn gwella. Mae'r adnodau hyn yn belydryn gobeithiol yng nghanol Galarnad Jeremeia. Mae'n gân galar oherwydd dinistr Jerwsalem a chwymp Jwda. Mae Duw wedi cosbi ei bobl, ond mae'r proffwyd dagreuol yn troi nôl at y Duw a'i galwodd gan ddisgwyl yn dawel am Ei ffafr a'i fendith ar Jwda eto cyn hir.

Anufudd-dod
Y rheswm am y cwymp ofnadwy yma oedd apostasi'r bobl, yn gadael yr Arglwydd eu Duw a throi at dduwiau paganaidd eu cymdogion. Ar ben hynny, dyw nhw ddim wedi dysgu gwers o'r hyn ddigwyddodd i lwythau gogleddol Israel gafodd eu cymryd yn gaethion a'u chwalu gan Asyria. Tase Jwda neu Israel wedi bod yn ffyddlon i'r Arglwydd, fase hyn ddim wedi digwydd. Felly mae'r proffwyd yn eu harwain i edifeirwch, er mwyn profi adnewyddiad ei fendith arnynt eto. (3.31-33)

Adferiad
Er fod ei bobl yn anffyddlon, mae'r Arglwydd yn ffyddlon. Mae'n bosibl i ymddiried mewn Duw sydd mor gyson a dibynadwy, a disgwyl eto iddo fendithio'r bobl sydd wedi bod mor benstiff ac anufudd. Does dim byd gwell i'w wneud nawr na throi nôl at yr Arglwydd, a phwyso eto ar ei ddaioni, a gobeithio yn addewidion ei gyfamod, na fyddai byth yn gadael ei bobl yn llwyr: "os byddi'n troi'n ôl at yr Arglwydd dy Dduw â'th holl galon ac â'th holl enaid, a thi

a'th blant yn gwrando ar ei lais, yn union fel yr wyf yn gorchymyn iti heddiw, yna bydd yr Arglwydd dy Dduw yn adfer llwyddiant iti ac yn tosturio wrthyt, ac yn dy gasglu eto o blith yr holl genhedloedd y gwasgarodd di ynddynt." Deut.30.2-3 "Nid yw Duw wedi gwrthod ei bobl, y bobl a adnabu cyn eu bod." (Rhuf.11.2) Dydy Duw byth yn gadael pobl Israel yn llwyr, mae'n gwneud yn siwr bod gweddill ohonynt yn ei adnabod mewn gwirionedd. Mae hefyd yn addo peidio â gadael ei eglwys, er gwaethaf erledigaeth a threialon a'i ddisgyblaeth: "Oherwydd y mae ef wedi dweud, "Ni'th adawaf fyth, ac ni chefnaf arnat ddim."" (Heb.13.5)

Felly, mae Jeremeia'n troi at yr Arglwydd i'w geisio ac i ddisgwyl wrtho. Mae Pedr yn adleisio hyn wrth i lawer troi cefn ar Iesu: "Arglwydd, at bwy yr awn ni? Y mae geiriau bywyd tragwyddol gennyt ti,"

"At bwy'r awn, ein Iesu tirion,
At bwy'r awn ond atat Ti?" J.R.

Arglwydd grasol

Mae Jeremeia'n dangos ffydd arbennig yng nghariad trugarog Duw ac mae'n edrych i'r dyfodol pell gyda gobaith newydd. Ystyr y gair a gyfieithir 'cariad' neu 'trugareddau' (BWM) yw ffyddlondeb cariadlon Duw i'w gyfamod a'i addewidion i Israel. Mae'n cydnabod nad oes terfyn na chyfyngu ar drugaredd Duw sydd yn byrlymu o hyd i'r wyneb fel dŵr ffynnon nad oes posib ei chau, er fod terfynau pendant ar gariad ei bobl, ac mai cyfyng iawn oedd eu ffyddlondeb nhw.

"Mae ei ffyddlondeb fel y môr,
heb fesur, a heb drai;
A'i drugareddau hyfryd sy'n
dragywydd yn parhau." W.W.

Ac mae bob bore yn cyflwyno cyfle newydd i brofi gras Duw, er gwaetha'r amgylchiadau, boed yn ddisgyblaeth treialon, erledigaeth neu'n gerydd dros dro gan ein Duw.

Cysur Jeremeia, a'i anogaeth i'r bobl, oedd mai'r Arglwydd

oedd eu rhan. Mae'n debyg i Salm 73.25,26: "Pwy sydd gennyf yn y nefoedd ond ti? Ac nid wyf yn dymuno ond tydi ar y ddaear. Er i'm calon a'm cnawd ballu, eto y mae Duw yn gryfder i'm calon ac yn rhan imi am byth."

Cafodd holl lwythau Israel ran o wlad yr addewid fel etifeddiaeth gan Jehofa, heblaw'r Lefiaid oedd yn gwasanaethu yn addoliad yr Arglwydd. Eu haddewid arbennig nhw oedd: "Ni chei di etifeddiaeth yn eu tir na chyfran yn eu mysg; myfi yw dy gyfran di a'th etifeddiaeth ymysg pobl Israel.'" (Num.18.20)

Oherwydd hyn, mae pob rheswm gennym i ddisgwyl yn obeithiol, yn dawel ac yn amyneddgar am ei fendithion a'i iachawdwriaeth gyflawn.

"Fy Iesu yw fy rhan,
fy Noddfa gadarn gref,
Ni fedd fy enaid gwan,
ddim arall dan y nef;" W.W.

Diolch ein bod ni mewn cyfamod o gariad gyda Duw trwy ymddiried yn Iesu Grist. Er i ni brofi treialon ei ddisgyblaeth a cherydd ei gariad o bryd i'w gilydd, diolch na wnaiff E ddim ein gadael ni, ond i ni ddal i lynnu wrtho mewn edifeirwch a ffydd.

"Fab dyn, gosodais di yn wyliwr i dŷ Israel; byddi'n clywed gair o'm genau ac yn rhoi rhybudd iddynt oddi wrthyf." Eseciel 3:17

Dyma ddarlun byw o gyfrifoldeb y proffwyd Eseciel, a hefyd gyfrifoldeb pob gweinidog a phregethwr, ac eglwys Iesu Grist yn y byd.

Cefndir

Mae Eseciel wedi ei gaethgludo i Fabilon gyda phobl Jwda. Mae wedi cael gweledigaeth o ogoniant Duw a'r nefoedd, a'r un pryd mae wedi derbyn galwad i fod yn negesydd yr Arglwydd ymhlith ei bobl. Wedi gweld gogoniant yr Arglwydd, ac wedi clywed am bechod plant Israel a'u gwrthryfel 'styfnig yn erbyn Jehofa, mae'n teimlo'n chwerw ac yn boeth yn ei ysbryd, mae rhyw ddicter cyfiawn wedi gafael ynddo. Mae'n mynd at yr Iddewon yn Tel-Abib, rhywle ar Ganal Chebar yn Irac, ac yn eistedd yn syfrdan yn eu plith am saith diwrnod. Yna daeth neges oddi wrth yr Arglwydd ato.

Gwyliwr

Allai neb feio'r Arglwydd am beidio â siarad byth eto gyda'i bobl. Dim ond anffyddlondeb ac angrhediniaeth roedden nhw wedi ei ddangos tuag ato ers llawer dydd. Serch hynny, dyw'r Arglwydd ddim wedi cefnu'n llwyr ar ei bobl, mae'n dal i gyfathrebu gyda nhw, er nad ydyn nhw'n gwrando! Mae'r darlun o broffwyd fel gwyliwr ar fur yn gyffredin yn yr Hen Destament: "Y mae'r proffwyd yn wyliwr i Effraim, pobl fy Nuw, ond y mae magl heliwr ar ei holl ffyrdd a gelyniaeth yn nhŷ ei Dduw." (Hosea 9.8) Gwaith gwyliwr cyffredinol oedd sefyll ar ben tŵr i rybuddio pobl mewn tref neu ddinas o'r hyn oedd yn digwydd tu allan.

Os oedd rhywun yn dod i'w cyfeiriad, byddai'r gwyliwr yn eu gweld o bell ac yn rhoi cyfle i'r bobl wneud trefniadau addas. Yn aml, roedd neges proffwydi Israel yn neges o farn. Roedd yr

Arglwydd yn gweld eu hanufudd-dod a'u hanffyddlondeb, yn eu gweld yn mynd ar ôl duwiau eraill, ac yn eu galw nôl trwy ei weision.

Cyfrifoldeb y gwyliwr

Cyfrifoldeb y proffwyd oedd cyflwyno gair Duw i'r bobl. Doedd e ddim yn atebol am eu hymateb nhw, ond am fynegi'r neges yn fanwl gywir. Roedd hyn yn cynnwys neges o rybudd am ganlyniadau pechod. Doedd dim hawl ganddo i ddal neges yn ôl, na'i newid at ddant y bobl. Dyma oedd yn wir am y proffwydi ffals: "Dim ond yn arwynebol y maent wedi iacháu briw merch fy mhobl, gan ddweud, 'Heddwch! Heddwch!' – ac nid oes heddwch." (Jeremeia 6.14).

Roedd yr un peth yn wir am yr apostolion. Cafodd Pedr ac Ioan eu gorchymyn i beidio â llefaru rhagor yn enw Iesu, ond dyma'u hateb: "Ni allwn ni dewi â sôn am y pethau yr ydym wedi eu gweld a'u clywed." (Actau 4.20)

Heddiw mae rhai gwrandawyr yn ffromi o glywed am eu pechod a'r angen i edifarhau neu wynebu barn a cholled tragwyddol yn uffern. Serch hynny, mae'n rhan o neges yr efengyl, ac mae'n rhaid ei chyflwyno, beth bynnag yw ymateb y sawl sy'n clywed.

Ein gwaith ni fel eglwys Iesu Grist yw cyhoeddi gair Duw fel y mae yn y Beibl. Mae temtasiwn mawr yn ein hoes i newid y Gair er mwyn tawelu cymdeithas. Os yw Gair Duw yn dweud bod godineb yn bechod, rhaid i ni ei ail-adrodd. Pan mae'n dweud bod cyfunrhywiaeth yn bechod, rhaid i ni adleisio hynny hefyd. Ein gwaith ni yw bod yn enau i Dduw yn y byd.

Mae'r neges hefyd yn cynnwys ffordd o achubiaeth drwy edifarhau a glynnu yn Iesu Grist. Rhaid cyhoeddi gwerth croes Iesu Grist a'i aberth yn ein lle, fel yr unig sail i gael maddeuant llawn. Rhaid cymell pobl i ffoi rhag dicter Duw, a'u galw i ddod at Iesu.

Mae cyfrifoldeb ar Eseciel hefyd i rybuddio'r cyfiawn i beidio â throi nôl. Mae hyn hefyd yn rhan bwysig o neges y gweinidog a'r eglwys. Mae gwir gredinwyr yn sychedu am sancteiddrwydd, ac mae disgwyl i'w bywydau newid ac iddynt ddod yn raddol yn fwy tebyg i Iesu Grist.

Os yw'r gwyliwr yn dal yn ôl neu'n newid y neges, a dynion

yn marw yn eu pechod, bydd eu gwaed ar ddwylo'r negesydd anffyddlon. Dyma neges i'n sobri, y gallai gwaed pobl golledig fod ar ein dwylo ni, os na wnawn yn siwr eu bod yn clywed Efengyl Duw.

Cyfrifoldeb y gwrandawyr

Eu cyfrifoldeb nhw fydd ymateb yn briodol i neges Duw trwy'r proffwyd. Yn aml iawn roedd y neges yn cael ei gwrthod, ond nid bai na chyfrifoldeb y proffwyd oedd hynny, er ei fod yn brofiad diflas tu hwnt.

Ac nid ein bai na'n cyfrifoldeb ni heddiw yw ymateb dynion i'r Efengyl, dim ond i ni ei chyflwyno'n ffyddlon yn ôl gair Duw.

Diolch i Dduw am ei air!

"Daeth llaw yr Arglwydd arnaf, ac aeth â mi allan trwy ysbryd yr Arglwydd a'm gosod yng nghanol dyfryn a oedd yn llawn esgyrn."
Eseciel 37:1

Dyma'r adran fwyaf adnabyddus o broffwydoliaeth Eseciel. Cafodd weledigaeth ryfeddol o esgyrn ar wasgar yn dod at ei gilydd yn gyrff, ac yna'n dod yn fyw. Neges Duw oedd na fyddai'r Iddewon yn marw ym Mabilon, ond yn dod nôl i'w gwlad. Y neges i ni yw y gall yr Arglwydd ddod â phobl sydd i bob golwg yn farw yn eu pechod ac yn bell oddi wrth Dduw yn ôl i berthynas agos ag Ef.

Cefndir
Mae pobl Israel wedi bod ym Mabilon am ryw ddeng mlynedd erbyn hyn. Mae'r gobaith o fynd nôl gartref cyn hir yn pylu'n gyflym. Dyma sut maen nhw eu hunain yn disgrifio'u cyflwr truenus: "Aeth ein hesgyrn yn sychion, darfu am ein gobaith, ac fe'n torrwyd ymaith." (ad.11). Mae nifer o broffwydoliaethau cynharach Eseciel wedi cadarnhau eu digalondid, wrth i'r Arglwydd gyhoeddi cwymp Jerwsalem a'r Deml a dinistr y wlad. Er hynny, daw neges o adferiad ac adfywiad y bobl wrth iddynt fynd nôl gartre maes o law. Nid Babilon fydd diwedd eu hanes.

Gweledigaeth y dyffryn
Caiff Eseciel ei gymryd yn ei feddwl i ddyffryn yn llawn esgyrn sych a gwasgaredig. Pan mae'r Arglwydd yn defnyddio breuddwyd i gyfleu neges, mae'r derbynydd yn cysgu, ond gyda gweledigaeth mae'n effro.

Mae'r olygfa'n druenus ac yn cyd-fynd â golwg yr Israeliaid o'u cyflwr a'u sefyllfa. Mae'n ein hatgoffa o'r fynwent eliffantod chwedlonol. Doedd dim yno ond esgyrn gwyn cras, dim arlliw o fywyd, dim arwydd o obaith. Mae Eseciel fel petae'n drôn yn hofran dros y dyffryn er mwyn gweld cymaint o esgyrn sydd yna mewn gwirionedd.

Mae'r cwestiwn gan yr Arglwydd "a all yr esgyrn hyn fyw?" o bosib yn adlais o eiriau anobeithiol y bobl ar y pryd. O weld yr olygfa, mae'r cwestiwn yn disgwyl yr ateb 'Na'. Serch hynny, gan mai Duw sydd yn gofyn, 'yr Hwn sy'n lladd a gwneud yn fyw,' mae'r proffwyd yn ofalus â'i ateb. Roedd yn gwybod digon am Dduw i beidio â gwadu ei allu, ond mae rhai'n awgrymu nad oedd ganddo'r ffydd i gredu ynddo, ac mai dyna pam mae'n bwrw'r ateb yn ôl at y Cwestiynwr. Serch hynny caiff neges anhygoel – i broffwydo i'r esgyrn!

Proffwydoliaeth - rhan un

Mae dwy ran i'r broffwydoliaeth mewn gwirionedd. Yn y cymal cyntaf, mae Eseciel yn annerch yr esgyrn ac yna mae'n galw ar yr anadl. Nid y negesydd biau'r neges wrth gwrs, ond mae'n llefaru gair Duw. Byddai rhai yn tybio mai peth ofer a diwerth oedd siarad ag esgyrn, ond onid yw cyflwyno'r efengyl i'r rhai sydd yn feirw yn eu camweddau a'u pechodau yr un mor anhygoel ac anhebygol o ddwyn ffrwyth? Mae'r proffwyd yn ufuddhau, ac mae rhywbeth yn digwydd, mae asgwrn yn dod at asgwrn, ac yna daw cnawd arnynt nes eu bod yn gyrff marw yn hytrach nag esgyrn digyswllt di-drefn. Serch hynny, dyw nhw ddim yn fyw eto. Yn ail gymal y gwaith, mae Eseciel yn proffwydo i'r anadl, yn galw ac yn erfyn arno i ddod o'r pedwar gwynt er mwyn bywhau'r cyrff meirw.

Mae'n rhaid bod Eseciel wedi gweld y rhan gyntaf yn debyg i'w waith bob dydd yn annerch pobl farwaidd a'u hannog i wrando ar air Duw. Roedd yr effaith yn gyfyng. Er bod sŵn a symud, meirwon oedd o'i flaen o hyd.

Proffwydoliaeth – rhan dau

Roedd ail gymal y broffwydoliaeth yn debycach i weddi wrth i Eseciel bledio ar Ysbryd Duw i gyflawni gwyrth ail-greu, wrth anadlu bywyd i ffroenau dyn. Y tro yma, roedd yr effaith yn chwildroadol. Roedd gweddi gyda phregethu wedi cyflawni'r wyrth.

Mae hyn yn ein hatgoffa o'r ddwy wedd sydd i weinidogaeth

Efengyl Crist. Mae'n rhaid cyhoeddi'r neges, rhaid pregethu i ddynion er eu bod mewn cyflwr anobeithiol nad oes modd iddyn nhw wneud dim amdano. Ar yr un pryd, mae'n rhaid galw am nerth yr Ysbryd Glân i gyd-fynd â'r neges: "A'm hymadrodd i a'm pregeth, nid geiriau deniadol doethineb oeddent, ond amlygiad sicr o'r Ysbryd a'i nerth." (1 Corinthiaid 2.4)

Mae'r un gair Hebraeg yn cael ei gyfieithu mewn tair ffordd: Caiff ei gyfieithu fel 'Ysbryd' (1,14), fel 'anadl' (5,6,8,9,10) ac fel 'gwynt' (pedwar gwynt ad.9). Nid yn unig mae'n wynt natur ac anadl bywyd, mae hefyd yn Ysbryd Duw, sef trydydd Person y Drindod, sydd yn rhoi anadl naturiol ac anadl bywyd tragwyddol i ni.

Diolch i'r Arglwydd am weledigaeth gyda neges gysurlon a chalonogol o adferiad ei bobl i'w gwlad, yn ein hatgoffa o allu'r efengyl i fywhau pechadur a'i dynnu nôl yn agos at ei Greawdwr.

"Ac yn awr yr wyf fi, Nebuchadnesar, yn moli, mawrhau ac yn clodfori Brenin y Nefoedd, sydd â'i weithredoedd yn gywir a'i ffyrdd yn gyfiawn, ac yn gallu darostwng y balch."
Daniel 4:37

Dyma gyffes o ffydd fendigedig gan ddyn mwyaf pwerus y byd yn ei gyfnod, sy'n ganlyniad cyfarfyddiad personol â Duw'r nefoedd. Ac wrth ddarllen penodau cyntaf llyfr Daniel gallwn olrhain y camau gymrodd Jehofa wrth dorri i mewn i fywyd Nebuchadnesar.

1. Cyflwynodd Duw ei hun gyntaf i Nebuchadnesar trwy bedwar Iddew ifanc ffyddlon a duwiol. Ar ôl tair blynedd o goleg Babilonaidd roedden nhw'n rhagori ar eu hathrawon hyd yn oed.

Yn 598 C.C. roedd yr Ymerawdwr wedi cipio Jwdea, wedi cymryd llestri o'r Deml, a hefyd hufen ieuenctid yr uchelwyr, er mwyn eu haddysgu "yn llên ac iaith y Caldeaid," a nifer o bynciau eraill.

Ei fwriad oedd eu troi'n Fabiloniaid, a'u defnyddio yn ei wasanaeth sifil. Roedd bwyd cegin y brenin ar eu cyfer, a newidiwyd eu henwau i gynnwys enwau duwiau Babilon yn lle'r Arglwydd. Felly, aeth Daniel (El yw fy marnwr) yn Beltesassar (Ceidwad trysorau Bel), ac aeth Asareia (Bu Jehofa yn help) yn Abdnego (gwas Nebo). Roedd y bwyd a'r gwin brenhinol hefyd wedi ei offrymu i'r duwiau paganaidd.

Roedd y pedwar wedi gwrthod y bwyd rhag bod yn aflan gerbron Jehofa, ac ar ôl prawf deg diwrnod, wedi cael caniatâd i fwyta llysiau ac yfed dŵr. Roedd Duw Israel wedi anrhydeddu ei anrhydeddwyr ifainc, a chyflwyno'i hun i Frenin Babilon drwyddynt.

2. Yn yr ail bennod, mae'r Ymerawdwr yn cael breuddwyd ryfedd. Mae'r freuddwyd yn ei boeni ac mae eisiau dehongliad. Rhaid i'w ddoethion rhoi esboniad heb wybod cynnwys y freuddwyd. Pe

bydden nhw'n methu bydden nhw'n colli eu bywydau; o lwyddo bydden nhw'n ddynion cyfoethog iawn! Er i'r swynwyr geisio darbwyllo'r brenin fod hyn yn amhosibl, dedfrydodd y brenin y cwbl i farwolaeth, gan gynnwys Daniel a'i ffrindiau.

Pan ddaeth capten gardiau'r brenin â'r neges farwol, dyma Daniel yn gofyn am gael gweld Nebuchadnesar ac erfyn am amser i gael cynnwys a dehongliad y freuddwyd. Yna galwodd ar ei gyfeillion i weddïo gydag ef ar yr Arglwydd am eglurhad i'r dirgelwch. Cafodd Daniel esboniad ac aeth at y brenin. Adroddodd y freuddwyd a'i dehongliad, yn proffwydo cwymp Babilon ac ymerodraethau dilynol gwannach cyn i Frenhiniaeth Duw gael ei sefydlu.Dyma'r Pen-Arglwydd yn cyflwyno'i hun i'r Ymerawdwr fel yr unig Un allai ddatguddio'r fath ddirgelwch. Mae Nebuchadnesar yn cydnabod Duw Israel fel Duw y duwiau, ond heb blygu iddo'n bersonol chwaith.

3. Yn y drydedd bennod daw hanes enwog y ffwrnes dân. Dyw Daniel ddim yn yr hanes yma, ond mae'r tri ffrind yn dangos yr un dewrder duwiol yn ei absenoldeb. Barn gyffredinol y dydd oedd bod Ymerawdwr yn rhyw fath o hanner-duw o leiaf. Felly, cododd Nebuchadnesar ddelw aur ohono'i hun a threfnu seremoni gysegru mawreddog i'r mawrion a'r manion blygu i'r ddelw. Roedd gwrthod yn gostus – golygai bod yn danwydd i'r ffwrnes!

Gwnaeth Sadrach, Mesach ac Abednego eu safiad gan wrthod addoli'r ddelw (gan gofio'r ddau orchymyn cyntaf o'r Deg). Roedden nhw'n dawel hyderus fod eu Duw yn alluog i'w hachub o'r tân, ond hyd yn oed os na fyddai, ni fydden nhw'n rhan o'r addoliad ffals. Poethodd tymer y brenin, poethwyd y tân seithwaith, taflwyd y tri i'w ganol a chyn hir gwelwyd pedwar! Cawsant gwmni 'Mab Duw' (3.25 B.W.M.) a chaiff ei alw'n angel yn adnod 28. Dyma ymddangosiad o Fab Duw cyn iddo ddod yn y cnawd. Dyma'r brenin yn cael ei gyflwyno i allu achubol Jehofa, ond dyw e'i hun ddim wedi ei achub eto.

4. Yr Ymerawdwr sy'n siarad yn y bedwaredd bennod. Roedd wedi cael breuddwyd arall. Adroddodd y freuddwyd wrth ddoethion Babilon ond ni allent ei dehongli. Yna galwyd Daniel oherwydd bod Ysbryd Duw ynddo. Roedd y freuddwyd hon yn neges bersonol i Nebuchadnesar. Byddai'n cael ei dorri lawr am saith gyfnod o amser. Byddai'n ymddwyn fel anifail, ond yna byddai'n cael ei iachau. Pwrpas hyn oedd dangos mai Jehofa oedd y Brenin mawr a chynghorodd Daniel ef i edifarhau. Ymhen blwyddyn digwyddodd y cyfan a welsai'r brenin yn ei freuddwyd. Aeth o fod yn Ymerawdwr i ddyn anifeilaidd. Ar ôl gwella, roedd yn ddyn gwahanol, wedi ei blygu i fod yn addolwr llawen i Frenin brenhinoedd.

Gawsoch chi'ch cyflwyno i Dduw a Thad ein Harglwydd Iesu Grist? Ydych chi wedi plygu iddo? Os wyt ti'n Gristion, pa fath o gynrychiolydd iddo wyt ti ar hyn o bryd?

"Yn sydyn, ymddangosodd bysedd llaw ddynol yn ysgrifennu ar blastr y pared gyferbyn â'r canhwyllbren yn llys y brenin, a gwelai'r brenin y llaw ddynol yn ysgrifennu. Yna gwelwodd y brenin mewn dychryn, ac aeth ei gymalau'n llipa a'i liniau'n grynedig."
Daniel 5:5

Dyma un o hanesion mwyaf adnabyddus llyfr Daniel a'r Hen Destament. Mae'n ddigwyddiad dramatig a goruwchnaturiol sydd yn llorio brenin paganaidd ac annuwiol, ac yn mynegi barn ofnadwy Duw arno.

Y brenin Belsassar

Mab i Nebuchadnesar oedd y brenin yn yr hanes. Roedd yn cyd-deyrnasu gyda Nabonidus, er yn ail iddo mewn awdurdod terfynol. Am flynyddoedd, roedd beirniaid o'r Beibl yn tybio mai chwedl oedd y stori yma am nad oedd tystiolaeth tu fa's i'r Ysgrythur am frenin heblaw Nabonidus. Felly, yn eu tŷb nhw, mae'n rhaid mai'r Beibl oedd yn anghywir! Ers darganfod ysgrifen hynafol yn y Dwyrain Canol yn cyfeirio at Balsassar yn teyrnasu hefyd, profwyd cywirdeb gair Duw unwaith eto.

Roedd hwn yn gwybod am Nebuchadnesar, a'i lorio gan Dduw nes dod yn un o'i addolwyr (Dan.4.37). Mae'n bur debyg ei fod wedi clywed am Daniel a'i gyfeillion hefyd, felly. Serch hynny, doedd e ddim am gydnabod y Duw mawr, nac edifarhau a newid cwrs ei fywyd.

Penderfynodd gynnal gwledd i fil o'i dywysogion; swper crand oedd yn arddangos ei statws a'i gyfoeth fel brenin (cyd-frenin) Babilon. Roedd y gwin yn llifo a phawb yn meddwi a'u hymddygiad yn gwaethygu, wrth gwrs. Yn ei ddiod, dyma Belsassar yn galw am lestri cysegredig teml Dduw o Jerwsalem er mwyn cael yfed ohonyn nhw.

Barn Duw

Yn sydyn digwyddodd rhywbeth rhyfeddol. Gwelodd pawb law yn hofran wrth y wal ger y siandelïer mawr yn y neuadd frenhinol. Dyma'r llaw yn symud yn raddol o'r dde i'r chwith gan ysgrifennu geiriau dieithr, pedwar i gyd. Mene Mene, Tecel, Upharsin.

Dyma dorri crib y teyrn talog! Gallwn ddychmygu'r olygfa o weld y lliw yn diflannu o'i ruddiau, a sŵn ei bengliniau'n crynu ac yn cnocio yn ei gilydd. Mae rhai yn awgrymu bod y cymalau llipa'n golygu ei fod wedi ei wlychu ei hunan!

Galwodd am ei gynghorwyr doeth ac addo cyfoeth a statws uchel i'r sawl allai ddehongli'r ysgrif ddirgel. Byddai'r dehonglwr llwyddiannus yn drydydd yn y deyrnas ar ôl Nabonidus a Belsassar.

Beltesassar

Pan fethodd yr un o'r swynwyr na'r dewiniaid ddehongli'r 'sgrifen, bu panic swnllyd yn y llys, nes bod gwraig Belsassar wedi dod i weld beth oedd yr holl stŵr. Cofiodd hi bod doethion Babilon wedi bod mewn picil tebyg o'r blaen, yn amser Nebuchadnesar cafwyd hyd i ddehonglwr ag ysbryd ardderchog a deall a dirnadaeth arbennig, a'i enw oedd Daniel.

Caiff Daniel yr un addewid o wisg, cadwyn a statws uchel os all ddehongli'r geiriau ar y mur.

Dyw'r gwobrwyon mawr ddim yn cyfrif i'r Daniel duwiol a dyw e ddim am gael ei gysylltu â brenhiniaeth Belsassar. Dywed gŵr Duw y caiff y brenin gadw'i anrhegion pwysfawr. Roedd yn gwybod beth ddigwyddodd i'w dad; am ei fawredd a'i allu a'i awdurdod; am iddo gael ei lorio i ymddwyn fel anifail pan aeth yn falch; am iddo ddod i blygu i Dduw Daniel wedi iddo wella.

Er fod Belsassar yn gwybod hyn, doedd dim bwriad ganddo fe i blygu i'r Arglwydd Goruchaf. Yn wir, aeth yn bellach i gyfeiriad paganiaeth rhyfygus gan yfed o lestri teml Dduw mewn gloddest i dduwiau ffals Babilon, heb fawrhau Y Duw sydd yn cynnal pawb.

Dyma'r dehongliad:

MENE MENE – 'rhifwyd rhifwyd.' Rhifwyd dyddiau brenhiniaeth (a bywyd) Belsassar, ac roedd wedi cyrraed y diwedd.

TECEL – 'pwyswyd.' Roedd Duw wedi pwyso bywyd y brenin yn y glorian, ac roedd yn ysgafn iawn. Er ei wybodaeth o Nebuchadnesar, aeth yn bellach oddi wrth Jehofa.

UPHARSIN – 'rhwygwyd.' Rhwygodd Duw y deyrnas oddi wrtho, a'i rhoi i'r Mediaid a'r Persiaid. Bu farw Belsassar y noson honno.

Dyma hanes trist i'n sobri bob un. Mae Duw yn gweld ein bywyd; mae'n sylwi ar ein hagwedd ato Fe yn ôl y goleuni sydd gennym; mae'n Farnwr cyfiawn. Roedd Belsassar wedi croesi'r ffin rhwng trugaredd ac amyncdd Duw a'i farn. I lawer, daw'r ffin gyda marwolaeth, ond peth peryglus iawn yw peidio ag edifarhau a throi at Dduw trwy gredu yn ei annwyl Fab.

Wyt ti wedi dod yn iawn gyda Duw? Wyt ti wedi derbyn Iesu Grist fel Arglwydd a Gwaredwr dy fywyd? Rhaid troi ato nawr!

"Felly gorchmynnodd y brenin iddynt ddod â Daniel, a'i
daflu i ffau'r llewod; ond dywedodd wrth Daniel, 'Bydded
i'th Dduw, yr wyt yn ei wasanaethu'n barhaus, dy achub.'"
Daniel 6:16

Dyma un o hanesion enwocaf y Beibl. Mae llawer ohonom wedi
clywed a dysgu'r hanes rhyfeddol yma nes iddo ddod yn ffefryn.
Falle'n bod wedi canu'r gân enwog:
> "Ble mae Daniel? Ble mae Daniel?
> Yn ffau'r llewod. Yn ffau'r llewod.
> Am beth? Am beth?
> Am iddo beidio addoli'r ddelw."

Mae'r fersiwn adnabyddus yma yn anghywir. Mae'n drysu rhwng
hanes ffrindiau Daniel yn y ffwrnes am beidio ag addoli delw
Nebuchadnesar a hanes Daniel yn y ffau am beidio ag addoli'r
brenin Darius.

Cynllwyn
Mae'r bennod yn agor gyda chynllwyn i ddinistrio Daniel, nid am
fod yn llwgr, twyllodrus ac annymunol, ond am fod yn uniawn,
duwiol a da.

Mae ymerodraeth newydd wedi landio ym Mabilon, sef y
Mediaid a'r Persiaid. Darius yw'r brenin newydd ac mae ganddo
gant ac ugain o lywodraethwyr sydd yn atebol i dri rhaglaw, oedd
yn gwarchod budd y brenin, ac yn atebol iddo. Un o'r tri rhaglaw
oedd Daniel, sydd bellach yn ŵr oedrannus, dros ei wythdeg oed.
Roedd wedi bod yn y wlad ers ei arddegau, a nawr roedd Darius yn
gweld ei werth, am ei fod yn uniawn, ffyddlon a dibynadwy. Roedd
yn bwriadu ei ddyrchafu'n ail i'r brenin, uwchben pob swyddog
arall, ond roedd y lleill wedi clywed am hyn. Roedd rhaid symud
Daniel o'r ffordd.

Mae llawer sy'n gweithio mewn busnes neu faes arall, yn

gyfarwydd â'r meddylfryd hwn. Y nod yw gyrfa lwyddiannus gyda chymaint o arian, statws a llwyddiant â phosibl. Does dim ots os bydd person yn defnyddio enw rhywun arall fel hwb ymlaen, neu ei daflu naill ochr.

Ffyddlondeb Daniel i Dduw oedd y tu ôl i'w lwyddiant arhosol a gwirioneddol. Felly, mae'r swyddogion eraill yn sylweddoli y bydd rhaid ei faglu ar fater gyda dewis rhwng ufuddhau i Dduw neu'r brenin.

Felly, gyda sebon a chelwydd, caiff y fagl ei gosod. Dylai Darius fod yn gynrychiolydd pob duw am fis. Roedd y seboni yma'n chwyddo'i falchder a'i feddwl o'i hunan. Y celwydd oedd bod holl swyddogion y deyrnas o blaid hyn. Beth am Daniel, y gorau o'r cwbl? Erbyn hyn roedd y sebon wedi dallu'r brenin ac arwyddodd y gorchymyn oedd yn ddedfryd marwolaeth i Daniel.

Ymateb Daniel oedd dal ymlaen fel arfer, gyda defosiwn deirgwaith y dydd i gyfeiriad Jerwsalem. Doedd Daniel ddim yn ceisio sylw wrth wneud hyn am bron i 70 mlynedd, ac roedd ei gartref yn llawn gweision heb sôn am ysbïwyr y gelyn yn ei wylio, felly roedd cuddio yn amhosibl.

Gallwn ddychmygu'r temtasiwn i newid y drefn am dri deg diwrnod, i weddïo yn y galon am ysbaid, i'w arbed ei hun yn ei oed a'i amser. Erbyn i'r llywodraethwyr eraill gario'r clecs i'r brenin, roedd yn rhy hwyr iddo sylweddoli beth oedd wedi digwydd. Er iddo chwilio'r ddeddf newydd â chrib mân, doedd dim newid arni.

Gyda llygaid agored, ac â chalon drom, gorchmynnodd fwrw Daniel i ffau o lewod. Roedd mewn perygl corfforol enbyd, ond nid ysbrydol. Doedd e ddim wedi cyfaddawdu nawr, fel gyda hanes y bwyd yn y bennod gyntaf (1.8). Mor braf yw gweld credadun yn parhau yn ffyddlon tan y diwedd. Mae'n esiampl ardderchog i ni heddiw.

Mae Daniel yn dangnefeddus, ond mae'r brenin mewn pryder drwy'r nos. Mae'n dymuno achubiaeth iddo heb fawr o argyhoeddiad.

Cyfiawnder

Yn yr hanes yma caiff Daniel ei gyfiawnhau (vindicated). Mae'n siwr na chysgodd Darius winc drwy'r nos, tra bod y gelynion yn dathlu ac yn gwledda dros dro.

Daw at y ffau â llais bach eiddil gofidus, ond caiff ateb cadarn a chadarnhaol! Anfonodd yr Arglwydd ei angel (Mab Duw) i fod gyda'i was a chau cegau'r llewod.

O ganlyniad, caiff y cynllwynwyr a'u teuluoedd, yn ôl arfer y Persiaid, eu taflu i'r ffau a'u malurio cyn cyrraedd y gwaelod. Caiff pawb yn y deyrnas lythyr yn cydnabod Duw Daniel, ac anogaeth i'w barchu.

Mae'r brenin daearol yn cydnabod Brenin nef a daear. Mae'r brenin tymhorol yn cydnabod Brenhiniaeth dragwyddol. Mae'r brenin na allai achub Daniel yn cydnabod gallu achubol, goruwchnaturiol y Gwaredwr mawr. Er y gydnabyddiaeth, dyw Darius ddim yn grediniwr personol chwaith.

Diolch am hanes rhyfeddol y bennod yma. Diolch am esiampl Daniel o dduwioldeb real, cyson, ymarferol a ffrwythlon dros gyfnod hir trwy ddrycin a hindda. Boed i ni ei ddilyn, gyda help yr Arglwydd.

"lledodd penwynni drosto, ac yntau heb wybod." Hosea 7:9

Dyma ddisgrifiad deifiol o Israel gan yr Arglwydd trwy'r proffwyd Hosea. Mae'n disgrifio'i wrthgilio ysbrydol fel heneiddio, colli nerth a'r gwallt yn troi'n wyn. O ddarllen y bennod yn weddol ofalus gallwn weld saith arwydd o benwynni Israel, a phob un yn rhybudd i ni rhag cilio'n ôl oddi wrth yr Arglwydd a cholli ein cryfder ysbrydol.

Mae dirywiad ysbrydol yn berygl i bob Cristion, ac mae penodau fel y rhain yn rhybudd amserol i ni o'r peryglon real yna. Rhaid i ni fod yn fodlon holi'n hunain o bryd i'w gilydd a ydym yn gwynnu'n ysbrydol. Mae dirywiad ysbrydol yn dechrau'n fewnol o hyd. Roedd y mab afradlon yn afradlon yn ei galon ymhell cyn iddo adael cartref. Dyma rai nodweddion o wrthgilio ysbrydol:

Penwynni ffalsder

Caiff hyn ei grybwyll yn adnod gyntaf y bennod. Mae hyn yn wir am lawer o Gristnogion gwaetha'r modd. Fe wnawn ni bopeth ond cyfaddef methiant, ac oherwydd hyn pan fyddwn yn oer ac yn llac yn ysbrydol, fe wnawn ein gorau i guddio'r gwir trwy ymddangos yn frwd ac ymddwyn yn ffals a rhagrithiol. Gallwn lithro i anrhydeddu'r Arglwydd â'n gwefusau tra bod ein calonnau'n bell oddi wrtho. Mae'n gallu bod yn hawdd colli ein didwylledd ac ymddangos yn rhywbeth nad ydym mewn gwirionedd.

Penwynni godineb ysbrydol

Caiff hyn ei gyfeirio ato yn adnod pedwar. Dro ar ôl tro mae Hosea'n cyfeirio at bobl anffyddlon Duw fel godinebwyr. Yn hytrach na charu'r Arglwydd â'u holl galon, roedd ganddynt gariad at dduwiau eraill hefyd. Roedd eu serchiadau yn rhanedig, a gall hynny fod yn wir amdanom ni hefyd. Ydyn ni'n ceisio caru'r Arglwydd a charu'r byd hwn? Ydym ni'n caru ffrind neu berthynas yn fwy na'r Arglwydd ei hunan? Mae plesio'n hunain hefyd yn fath o anffyddlondeb ysbrydol.

Penwynni diffyg gweddi

Caiff hyn ei enwi yn adnod saith, ac mae siwr o fod yn achos sylfaenol o ddirywiad ysbrydol, ac yn arwydd o farweidd-dra. Mor hawdd ynghanol bywyd prysur, a hyd yn oed ynghanol bywyd o wasanaethu'r Arglwydd, yw gadael i weddi a chymundeb gydag Ef i gael ei wasgu allan. Ydym ni'n euog o'r pechod yma? Ydym ni'n colli allan yn ysbrydol oherwydd i ni esgeluso'r lle gweddi?

Penwynni bydolrwydd

Dyma a nodir yn adnod wyth. Dyma ddisgrifiad da o Gristion bydol, un sydd wedi ei gymysgu â'r cenhedloedd. Roedd Lot yn enhraifft o hyn wrth fynd yn nes ac yn nes at Sodom, nes ei fod yn eistedd yn y porth gyda'r arweinwyr cyn y diwedd. Gadawodd Demas Paul oherwydd iddo roi ei serch ar y byd hwn. Er ein bod yn y byd, mae'r Arglwydd Iesu'n gweddïo'n daer i ni gael ein cadw rhag yr Un drwg.

Penwynni gwasanaeth anffrwythlon

Mae adnod naw yn sôn am ddieithriaid yn sugno nerth Israel. Mor flinderus yw gwneud gwaith yr Arglwydd yn nerth y cnawd. Mor gyflym mae'n ein blino'n llwyr. Mor bwysig yw glynnu wrth y Wir Winwydden er mwyn dwyn ffrwyth ysbrydol fydd yn para, ac mor hanfodol yw ein llenwi â'r Ysbryd Glân cyn meddwl bod yn dystion effeithiol i'n Harglwydd.

Penwynni ffurfioldeb gwag

Mae adnod un ar ddeg yn sôn am golomen ffôl a diddeall. Mae'n cael ei disgrifio fel aderyn prydferth yn aml, ond nawr mae'n ddi-ddal a disylwedd, oherwydd bod Israel yn hedfan yn ôl ac ymlaen rhwng yr Aifft ac Asyria, yn hytrach nag aros a nythu yn yr Arglwydd ei Dduw. Canlyniad hynny yw cadw ffurf allanol crefydd ond gwadu ei grym.

Penwynni gwrthryfel yw'r olaf ac mae cyfeiriad ato yn adnod tri ar ddeg. Dyma'r pechod o gwyno yn erbyn Duw a throi oddi wrtho. Cawn ein temtio weithiau i gwestiynu doethineb yr Arglwydd, ei ffyrdd, ei ewyllys a dod yn chwerw tuag ato hyd yn oed.

Doedd Israel ddim yn gwybod nac yn gweld ei gyflwr, ac mae'n hawdd i ni fod yn ddall i'n gwrthgilio hefyd. Dyn ni ddim yn ddigon parod i gydnabod oerni a phellhad ysbrydol. Dyn ni ddim yn edrych i'r Gair fel drych – i weld gogoniant yr Arglwydd a'n cyflwr ein hunain ger ei fron. Mor bwysig yw cael help yr Ysbryd Glân wrth ddarllen a gwrando'r Gair rhag i'r drych gymylu a thywyllu o'n blaen. Mor bwysig hefyd yw ymateb yn brydlon i air Duw, a thiwnio'n bywydau i'r Gair yn hytrach na gadael i'n bywydau fynd allan o diwn yn llwyr.

Boed i'r Arglwydd ein helpu o hyd i gadw'n ifanc a heini yn ysbrydol trwy ei ras.

"Ar ôl hyn tywalltaf fy ysbryd ar bawb; bydd eich meibion a'ch merched yn proffwydo, bydd eich hynafgwyr yn gweld breuddwydion, a'ch gwŷr ifainc yn cael gweledigaethau." Joel 2:28

Dyma eiriau enwog o broffwydoliaeth Joel gaiff eu dyfynnu gan yr apostol Pedr ar Ddydd y Pentecost. Maen nhw'n rhan o broffwydoliaeth sydd yn addo tywallt bendithion tymhorol, ysbrydol a thragwyddol ar bobl Dduw. Ryn ni'n cael profi bendithion Duw yn helaeth trwy gredu yn yr Arglwydd Iesu Grist a derbyn yr Ysbryd Glân yn rhodd.

Cefndir

Mae'n anodd iawn dyddio proffwydoliaeth Joel gan nad oes cyfeiriadau pendant hanesyddol ynddi. Dyw e ddim yn rhestru unrhyw frenhinoedd fel y gwna proffwydi eraill a dyn ni ddim yn gwybod pwy oedd ei dad Pethuel. Mae'n cyfeirio at y deml ond heb ddangos os mai teml Solomon neu'r ail deml sydd mewn golwg.

Y locustiaid

Argyfwng pobl Dduw ar y pryd oedd y locustiaid. Mae'n anodd gwybod yn union ai locustiaid llythrennol oedd y rhain ai byddin gelyniaethus. Efallai bod 2.20 yn awgrymu byddin o filwyr yn dod o'r gogledd. Mae'n bosib hefyd bod haid o locustiaid wedi difa cnydau a bod Joel yn defnyddio hynny fel darlun o ymosodiad milwrol sydd ar ddod.

Beth bynnag am hynny, roedd yr ymosodiad yn arwydd o farn Duw. Roedd locustiaid llythrennol yn un o blâu Duw ar wlad yr Aifft. Mae Solomon yn cyfeirio at locustiaid fel cosb Duw yn ei weddi wrth gysegru'r deml, ac at fyddinoedd gelyniaethus. Mae'n gofyn i'r Arglwydd faddau i'r sawl fydd yn edifarhau am y pechod fydd wedi achosi "newyn, haint, deifiad, malldod, locustiaid neu lindys" neu warchae gan elynion. (1 Bren.8.37)

Edifeirwch

Mae Joel yn gwneud yr union beth yr oedd Solomon yn cyfeirio ato yn ei weddi. Mae'n galw ar yr offeiriaid (1.13) yn arbennig i wisgo sachlïan, i alaru, i gyhoeddi ympryd, ac i alw cymanfa. Mae'n galw ar henuriaid y deml i grefu ar yr Arglwydd am ei drugaredd a'i faddeuant.

Yn wyneb barn Duw mae Joel yn galw ar y bobl i droi ato mewn galar ysbrydol: "Rhwygwch eich calon, nid eich dillad, a dychwelwch at yr Arglwydd eich Duw." (2.13) Mae'r arwydd allanol heb y realiti mewnol yn ddi-werth. Mae Duw yn chwilio am drawsnewidiad o'r tu mewn sy'n golygu troi oddi wrth bechod at Dduw, ffieiddio'r pechod hwnnw a galaru am y fath wrthryfel yn erbyn Duw da. Mae hyn yn ein hatgoffa o un o wynfydau'r Arglwydd Iesu: "Gwyn eu byd y rhai sy'n galaru, oherwydd cânt hwy eu cysuro." (Math.5.4)

Addewid o fendith

Yna mae'r Arglwydd yn addo tywallt bendithion tymhorol ar ei bobl. Mae'n addo glaw digonol, cnwd swmpus o ŷd, gwin ac olew ac adferiad o lwyddiant a digonedd fydd yn peri iddyn nhw anghofio blynyddoedd llwm y locustiaid a anfonwyd i'w ceryddu a'u cosbi. Byddan nhw'n ymwybodol eto o gariad yr Arglwydd tuag atynt ac o'i bresenoldeb hyfryd yn eu plith.

Tywalltiad yr Ysbryd

Yna yn 2.28-32 mae Jehofa'n addo tywallt ei Ysbryd ar ei holl bobl yn y dyfodol pell, sef 'pob un sy'n galw ar enw'r Arglwydd' (ad.32 cymh. Act.2.38,39) Caiff y geiriau hyn eu dyfynnu gan yr apostol Pedr ar y Pentecost. Felly, roedd dyfodiad y 'Diddanydd arall' yn cyflawni addewid Duw trwy Joel ganrifoedd ynghynt.

Daw Ysbryd yr Arglwydd ag adnabyddiaeth bersonol a datguddiad ohono na phrofodd ond ychydig yn amser yr Hen Destament. Trwy'r Ysbryd Glân daw datguddiad Duw yn y Beibl yn olau i ni. Daw'r hyn gafodd ambell broffwyd ac ambell i sant yng nghyfnod yr Hen Destament mewn breuddwyd a gweledigaeth, yn brofiad i bob Cristion sydd wedi profi gwaith yr Ysbryd yn ei ail-eni ac yn rhoi bywyd ysbrydol newydd iddo. Caiff clustiau a llygaid newydd i glywed a gweld Duw yn yr Ysgrythurau. Mae gwahoddiad yr Efengyl 'i bawb sydd ymhell' i dderbyn achubiaeth o'u pechod trwy gredu yn y galon a chyffesu'n gyhoeddus yr Arglwydd Iesu Grist a fu farw ac a gyfodwyd er ein mwyn.

Mae proffwydoliaeth Joel yn diweddu trwy gyhoeddi barn derfynol Duw ar ei elynion ond diogelwch bendithion tragwyddol i'w bobl.

Diolch i'r Arglwydd am yr addewid bendigedig yma, ac am waith yr Ysbryd ym mywyd pob credadun. Boed i ni gael ein llenwi â'r Ysbryd Glân er mwyn gweld mwy o ryfeddod gogoniant Duw a'i ras trwy'r Ysgrythur.

"Gwae y rhai sydd mewn esmwythyd yn Seion, y rhai sy'n teimlo'n ddiogel ar Fynydd Samaria." Amos 6:1

Gwae

Dyma un o waeau Duw, a chaiff ei chyfeirio tuag at bobl Dduw. Does dim o'i le ar fod yn esmwyth ar yr amser iawn ac yn y lle iawn. Mae'r Arglwydd Iesu yn ein galw i ddod ato Fe am orffwysdra i'n heneidiau. Allwn ni ddim gweithio'n ffordd i deyrnas Dduw trwy geisio cadw Cyfraith Duw a byw bywyd sanctaidd yn ein nerth ein hunain. Rhaid i ni ddod at Dduw trwy wisgo cyfiawnder Iesu Grist. Rhaid ymorffwys ar aberth y groes er mwyn cael ein derbyn gan y Duw sanctaidd.

Ond mae esmwythdra anghywir a drwg hefyd. Roedd barn Duw yn agosáu, ac roedd arweinwyr Israel a Jwda yn gwbl ddihid am y sefyllfa. Roedden nhw'n addoli Duw â'u gwefusau, ond roedd eu calonnau yn bell oddi wrtho. Roedd eu bywydau yn llawn hunanoldeb, trachwant, anfoesoldeb a gormes o'r tlawd.

Braint y bobl

Roedd y rhain yn perthyn i Seion, sef eglwys Dduw. Mae'n fraint aruthrol i berthyn i'r eglwys pan mae mwyafrif dynoliaeth y tu allan. Onibai am efengyl Iesu Grist yn gweithio ynom byddem heb Dduw a heb obaith yn y byd. Er gwaethaf braint pobl Israel yn nyddiau Amos, roedden nhw'n rhy esmwyth a di-hid a difater.

Y broblem

Problem Duw yw cyflwr ei bobl. Er bod neges gan Amos i rai o'r cenhedloedd oedd yn ymyl Israel ym mhennod un a dau, mae gweddill y broffwydoliaeth i Jwda ac Israel. Mae'n wir y bydd y cenhedloedd yn gorfod ateb i'r Arglwydd hefyd, fel y bydd anghredinwyr y byd yn dod ger ei fron ar Ddydd y Farn. Baich mawr neges Amos, serch hynny, yw cyflwr Seion sydd i fod yn halen ac yn oleuni i'r cenhedloedd, fel y Cristion yn y byd. Mae na broblem pan fydd pobl yr Arglwydd yn ddiog, yn llac, yn ddifater a diofal. Beth yw nodweddion y cyflwr peryglus yma?

Cysgu

Wrth i ni feddwl am gyflwr ein byd, yn llawn tensiwn, anesmwythyd, rhyfel a sôn am ryfel, ansicrwydd ac anghyfiawnder, colli bywyd, colli cartrefi, colli dinas a gwlad, anwybodaeth o Dduw a'i air, mae'n hawdd i eglwys Iesu Grist hepian a chysgu. Mae adnod un yn awgrymu bod y cyflwr allanol o berthyn i Seion a Samaria yn bwysicach na chyflwr mewnol, ysbrydol y galon a pherthynas real y bobl â Duw. Mae mwy o broffes allanol nag o realiti mewnol, yn bodloni 'ar rith o grefydd heb ei grym.' Mor hawdd yw pwysleisio'r allanol ar draul esgeuluso gwaith mewnol, allweddol yr Ysbryd Glân. Mae adnod pedwar yn cyfeirio at rai sydd yn caru pleser, bywyd cyfforddus a gwledda. Gall hyn fod yn wir am Gristnogion heddiw! Eironi a thrasiedi'r sefyllfa yw fod Satan a'i deyrnas yn gweithio'n ddiflino yn ei fwriadau dieflig, dinistriol a drwg.

Claear

Mae adnodau 1-6 yn disgrifio pobl sydd yn llawn hunan-foddhad, ac yn gwbl glaear. Does dim ots am gyflwr Joseff, sef cyflwr ein heglwysi. Mae achosion yn cau pob mis bron yng Nghymru, ac felly does dim tystiolaeth effeithiol a chryf i'n cenedl bellach, ond ryn ni'n iawn, ni'n saff, ni'n gadwedig! Cawn ein hatgoffa o eglwys Laodicea, nad oedd yn oer nac yn boeth, ac yn codi cyfog ar yr Arglwydd Iesu! Yn eu digonedd materol a'u hunan-foddhad ysbrydol, roedden nhw wedi ei gau Ef allan o'r eglwys nes ei fod wrth y drws yn curo!

Wrth i ni edrych ar y byd o'n cwmpas, mae'n llawn dynion a merched sydd yn rhoi eu hegni'n llwyr i'w gwaith a'u gweledigaeth, tra bod llawer o Gristnogion yn hapus gyda pherthynas oeraidd â Christ, dim ond iddyn nhw gael llonydd.

Cysgodol

Rhaid i ni fod yn ofalus o fod yn fodlon yn ein hiachawdwriaeth ni heb gonsyrn am gyflwr colledig eraill. Mor aml y darllenwn am yr Arglwydd Iesu yn tosturio wrth unigolion neu dyfra luosog am eu bod fel defaid heb fugail. Mor hawdd y gallwn fod fel yr offeiriad a'r Lefiad yn nameg y Samariad Trugarog, yn pasio heibio i gyflwr ysbrydol truenus ein cymdogion.

Mae Eseia 66.8 yn sôn am Seion mewn cyflwr hollol wahanol. Mae'n cyfeirio ati yn clafychu ac yn esgor ar blant. Fan hyn cawn ddarlun o wraig yn llafurio'n galed wrth eni plentyn. Dyw hi ddim yn gorwedd yn gyfforddus nac yn esmwyth, ac eto daw ffrwyth i'w llafur mewn plentyn newydd.

Onid yw'n amser i ni lafurio mewn gweddi ac yng ngwaith yr efengyl er mwyn gweld rhagor o 'blant' yn cael eu geni o'r newydd er gogoniant i Iesu Grist!

"Ond ym Mynydd Seion bydd rhai dihangol a fydd yn sanctaidd; meddianna tŷ Jacob ei eiddo ei hun." Obadeia 17

Dyma broffwydoliaeth llai cyfarwydd o bosibl. Mae'n debyg bod Obadeia'n proffwydo adeg dinistr Jerwsalem gan Fabilon a'r gaethglud yn dilyn. Roedd disgynyddion Esau, yr Edomiaid, wedi bod yn gas at blant Jacob ac mae Obadeia'n cyhoeddi barn arnyn nhw.

Yn wir, daw barn ar holl elynion Duw. Serch hynny, fe ddaw bendith a llwyddiant eto i ffyddloniaid yr Arglwydd. Er eu bod wedi eu gwahanu oddi wrth eu heiddo, cânt ddod nôl i'w meddiannu a'u mwynhau eto.

Yn efengyl Iesu Grist mae addewidion o fendithion mawr i'r sawl sydd yn edifarhau a chredu yn yr Arglwydd. Mae pob Cristion wedi ei fendithio â bendithion ysbrydol yn y nefolion leoedd; ac eto, mae'n bosib i ni fyw fel tlodion ysbrydol, yn bell oddi wrth ein 'meddiannau.'

Mae hen stori am fab ifanc yn gadael ei fam, oedd yn weddw, i wneud ei ffortiwn yn America. Ysgrifennodd ati bob wythnos ac anfon ychydig arian gyda'r llythyr. Sylwodd ffrind iddi rhyw ddiwrnod ei bod wedi pastio'r doleri gwyrddion ar waliau drwy tŷ. Doedd hi ddim yn sylweddoli mai arian oedd y papurau ac y gallai eu newid yn y banc a'u gwario. Roedd ganddi lawer mwy nag oedd hi'n sylweddoli.

Mae bendithion helaeth Duw wedi eu rhoi i ni yng Nghrist er mwyn i ni eu 'gwario' a'u mwynhau. Dyma rai ohonyn nhw:

Bywyd
Roedden ni'n farw yn ein pechodau wrth natur; yn methu â chlywed, gweld na charu Duw. Trwy ras Duw, mae'r Ysbryd Glân wedi anadlu ar y Cristion i'w wneud yn fyw. Mae'n dechrau clywed Duw yn siarad yn bersonol ag e trwy'r Gair, mae'n dechrau profi consyrn

am ei berthynas â Duw, ac mae'n dod i lynnu wrth Iesu Grist am faddeuant a derbyniad gan ei Greawdwr. Mae hyn yn golygu dod i adnabod Iesu Grist fel y Bugail Da, sydd yn ein hadnabod, ein harwain, ein cynnal a'n diogelu. Ein braint ni yw clywed ei lais a'i ddilyn yn agos. Mor bwysig yw dibynnu'n llwyr ar yr Arglwydd er mwyn byw y bywyd Cristnogol yn llawn.

Tangnefedd

Mae'r Arglwydd Iesu yn addo ei dangnefedd ei hun i'w ddisgyblion cyn iddo fynd i'r groes. (Ioan 14.27) Mae'n dweud yn glir mai rhodd yw'r tangnefedd yma sydd mor wahanol i eiddo'r byd. Mae heddwch bydol yn dibynnu ar amgylchiadau ffafriol tra bod tangnefedd Crist yn llifo o'n perthynas ag Ef ym mhob amgylchiad. Mae Eseia 26.3 yn addo heddwch perffaith "i'r sawl sydd a'i feddylfryd arnat, am ei fod yn ymddiried ynot." Mae 'ymddiried' yn golygu cymryd a derbyn gan Dduw.

Llawenydd

Mae'r Arglwydd Iesu'n dweud wrth ei ddisgyblion bod ei eiriau wedi eu bwriadu er mwyn eu llawenydd cyflawn. (Ioan 15.11) Mae'n addo ei lawenydd Ef, yr un llawenydd ag oedd ganddo gydol ei fywyd ac yng nghysgod y groes hyd yn oed. Roedd yn llawenhau yn ei Dad nefol (Math.11.25) ac yn y wobr oedd o'i flaen (Heb.12.2) Cawn ein gorchymyn i lawenhau yn yr Arglwydd yn wastadol, oherwydd na all dim ein gwahanu oddi wrth gariad Duw sydd yng Nghrist Iesu.

Sicrwydd

Mae 2 Pedr 1.3-4 yn sôn am roddion Duw i'w blant, sef popeth "sy'n angenrheidiol i fywyd a duwioldeb.." ac "addewidion gwerthfawr dros ben." Mae'r rhain wedi eu rhoi i ni eisoes, er mwyn i ni fyw arnynt a'u mwynhau. Mae pob adnodd er mwyn i ni fyw yn sanctaidd wedi ei roi i ni yn Iesu Grist. Does dim disgwyl i neb weithio heb yr offer cywir, ond allwn ni fyth dweud nad yw'r Arglwydd wedi darparu ar ein cyfer. Ein bai ni yw hi os nad ŷn ni'n defnyddio'r offer hynny!

Buddugoliaeth

Oherwydd bod ein Pencampwr Iesu wedi ennill buddugoliaeth ar bechod, marwolaeth ac uffern, ryn ni'n derbyn buddugoliaeth "trwy ein Harglwydd Iesu Grist." (1 Cor.15.57) Dywed Paul ymhellach fod gennym "fuddugoliaeth lwyr ('yn fwy na choncwerwyr') trwy'r hwn a'n carodd ni." (Rhuf.8.37) Mae hyn yn golygu dyfalbarhau yn y ffydd er gwaethaf yr amrywiol anawsterau ddaw i'n rhan. Rhaid cofio bod gennym y fuddugoliaeth eisoes, ac mai mater o'i meddiannu yn Iesu Grist yw hyn i ni bellach. Nid pechod, nac amgylchiadau sydd i gael y gair olaf arnom.

"Mae Iesu'n fuddugol
a'i bobl gaiff fyw
yn fwy na choncwerwyr
drwy gariad Mab Duw;" S.A.

Gadewch i ni gofio'r bendithion sydd i ni yn Iesu Grist, eu derbyn trwy ffydd a'u mwynhau.

"A threfnodd yr Arglwydd i bysgodyn mawr lyncu Jona; a bu Jona ym mol y pysgodyn am dri diwrnod a thair noson."
Jona 1:17

Mae hanes Jona yn adnabyddus i lawer. Mae sawl un yn meddwl mai stori chwedlonol yw hi, oherwydd y cyfeiriad at bysgodyn yn llyncu Jona am dridiau cyn ei chwydu ar y lan yn fyw.

Mae hanes y proffwyd a anfonwyd i Ninefe yn yr 8fed ganrif C.C. yn rhyfeddol; yn stori antur; yn disgrifio perthynas proffwyd â'i Arglwydd; yn cynnwys Cenedl-ddynion; yn gysgod o Iesu Grist.

Yr alwad
Doedd Jona ddim yn gallu credu ei glustiau mae'n siwr: "Cod, dos i Ninefe, y ddinas fawr, a llefara yn ei herbyn." Byddech yn tybio y byddai proffwyd o Israel yn ei elfen yn pregethu barn yn erbyn yr Asyriaid gormesol, creulon; ond mae'n codi ei bac i'r cyfeiriad hollol groes – i Tarsis, rhywle yn Sbaen, mae'n debyg. Beth oedd problem y proffwyd? Duw oedd y broblem!

Yr Arglwydd
Mae Jona yn dweud wrth Dduw yn 4.2 pam y gwrthryfelodd yn erbyn ei alwad a mynd ar hyd ffordd arall: "Gwyddwn dy fod yn Dduw graslon a thrugarog, araf i ddigio, mawr o dosturi ac yn edifar ganddo wneud niwed." Roedd yn adnabod Jehofa'n ddigon da i wybod petae pobl Ninefe yn edifarhau y byddai'n trugarhau wrthynt ac yn gohirio barn.

Ac mae hynny'n rhoi cip i ni ar fwriad yr Arglwydd wrth fod yn raslon at Ninefe. Dywed Deut. 32.21,22 : "Gwnaethant fi'n eiddigeddus wrth un nad yw'n dduw, a'm digio â'u heilunod: Gwnaf finnau hwy'n eiddigeddus wrth bobl nad yw'n bobl, a'u digio â chenedl ynfyd."

Iaith cariadon sydd yma, a'r Arglwydd yn dweud fod Israel

yn anffyddlon wrth addoli eilunod, ac yn ei wneud yn eiddigeddus, fel petae. Felly byddai yntau'n talu'r pwyth iddyn nhw trwy arllwys trugaredd ar genedl arall.

Mae Iesu yn edliw i rai o drefi Israel oedd wedi clywed ei neges. Wrth sôn am Gapernaum, mae'n dweud y byddai Sodom lwgr yn dioddef llai yn y farn. Dylai fod cywilydd arnynt am galedwch eu calonnau.

Bywyd i'r Cenhedloedd
Mae hyn yn gam at gyflawni bwriad Duw ar gyfer pob llwyth, gwlad, iaith a phobl a'u cynnwys yn ei deyrnas. Roedd yr Iddewon yn anfodlon iawn â hyn, ac mae hynny'n dangos eu rhagrith rhemp.

Roedden nhw'n ystyried y cenhedloedd yn gŵn am eu bod yn aflan ac yn israddol, ac eto'n fodlon dilyn eu duwiau gwag! Roedden nhw'n anghofio addewid yr Arglwydd i Abraham: "ac ynot ti bendithir holl dylwythau'r ddaear." (Gen.12.3)

Mae Duw yn gwneud yn siwr bod ei broffwyd anffydlon yn cael ei restio mewn storm, ei gladdu a'i gyfodi o fola pysgodyn, er mwyn galw Ninefe i edifeirwch. Felly dyma ragflas o gomisiwn mawr Crist i bregethu'r efengyl i'r holl fyd.

Ydyn ni'n rhagrithiol? Ydyn ni'n meddwl ein bod yn well na'r byd ac eto'n fflyrtio gyda'i eilunod gwag?

Cysgod o Grist
Allwn ni fyth â deall arwyddocâd llawn cenhadaeth Jona heb weld ei bod yn Grist-ganolog yn ei hanfod. Dywed Hugh Martin yn 'The Prophet Jonah': "Dyma un o'r digwyddiadau mwyaf yn hanes achubiaeth dynion, o'r Exodus i ddyfodiad y Meseia a galwad y Cenhedloedd."

Pan ofynnodd y Phariseaid i'r Arglwydd Iesu am arwydd gwyrthiol i gefnogi ei honiadau, fe ddywedodd na fyddai ond arwydd Jona'n cael ei roi. "Oherwydd fel y bu Jona ym mol y morfil am dri diwrnod a thair nos, felly y bydd Mab y Dyn yn nyfnder y ddaear am dri diwrnod a thair nos." (Math.12.40)

Roedd Jona yn arwydd i'r morwyr, pobl Ninefe a phawb a

glywodd ei hanes. Roedd yn arwydd bod yna Dduw sydd yn codi pechaduriaid o farw'n fyw. Roedd ei gyrhaeddiad yn Ninefe fel atgyfodiad o farw oedd yn pwyntio at Dduw oedd yn Waredwr sydd yn rhoi bywyd. Daw hyn yn glir i ni yng ngoleuni llawn y Testament Newydd. Mae'n cyhoeddi Meseia byw sydd yn gallu achub ei bobl a'u codi nhw o farw hefyd.

Roedd cenhadaeth Jona yn broffwydoliaeth mewn gweithred, yn pwyntio 'mlaen at Grist fyddai'n tywallt ei einioes i farwolaeth dros bechaduriaid, ac yn codi'r trydydd dydd i fod yn Achubwr byw i bawb sy'n credu ynddo.

Pwrpas canolog llyfr Jona, felly, yw rhoi eglureb i ni o farwolaeth y Meseia dros bechodau eraill ac o'i atgyfodiad. Os oedd yn fodlon anfon Jona trwy storm a physgodyn i Ninefe, ac anfon ei Fab i'r groes a'r bedd, mae'n barod i dderbyn a maddau i unrhyw un a ddaw ato.

"Ond ti, Bethlehem Effrata, sy'n fechan i fod ymhlith llwythau Jwda, ohonot ti y daw allan i mi un i fod yn llywodraethwr yn Israel, a'i darddiad yn y gorffennol, mewn dyddiau gynt."
Micha 5:2

Dyma adnod sydd yn gyfarwydd i lawer ohonom o'i chlywed mewn oedfa Nadolig, gan ei bod yn broffwydoliaeth fendigedig o ddyfodiad cyntaf ein Harglwydd. Cyhoeddwyd y broffwydoliaeth dros saith gan mlynedd cyn amser Crist ond fe'i cyflawnwyd yn llythrennol ar y Nadolig cyntaf. Mae'r gosodiad yn canoli ar yr "Un" a ddaw allan. Dim ond yr Arglwydd Iesu Grist all hwn fod. Ac mae diwedd yr adnod yn ein hatgoffa mai nid dod i fodolaeth fyddai'r Meseia ym Methlehem, gan fod ei fynediad allan er dyddiau tragwyddoldeb (B.W.M.). Dyma Fab tragwyddol Duw, y gair tragwyddol fyddai'n dod mewn cnawd.

Y broffwydoliaeth
Mae llawer iawn o broffwydoliaethau am ddyfodiad a genedigaeth yr Arglwydd Iesu Grist yn yr Hen Destament, a chafodd pob un ei chyflawni'n llythrennol pan ddaeth y Ceidwad i'n byd. Fe gawn ni'r broffwydoliaeth gyntaf yn Genesis 3.15:
"Mewn addewid gynt yn Eden,
fe gyhoeddwyd Had y wraig;" A.G.

Mae rhywun wedi cyfrif bod o leiaf cant o'r rhain i gyd sydd yn pwyntio at Grist Iesu, Duw mewn cnawd.

Ac ym Mathew 2.3-6, fe gawn hanes ymweliad y doethion, a Herod yn galw'r prif offeiriaid a'r ysgrifenyddion i ofyn ble'r oedd y Meseia i gael ei eni. Wrth ateb 'Bethlehem Jwdea', maen nhw'n dyfynnu Micha. Mae'n syndod nad oedd yr Iddewon wedi adnabod a derbyn y Meseia Iesu, ond y gwir yw ein bod ni oll, yn Iddewon a

Chenhedloedd, yn ddall i ogoniant yr Arglwydd Iesu, heb i Dduw yr Ysbryd Glân agor ein llygaid.

Bethlehem

Mae man geni'r Meseia yn cael ei nodi'n glir ac yn fanwl yn y broffwydoliaeth. Roedd Bethlehem arall yn y Gogledd, yn nhir Sabulon, rhyw chwe milltir i'r gogledd orllewin o Nasareth. Er mwyn bod yn glir, mae Micha yn dweud Bethlehem Effrata, yn nhir Jwda. Yn rhagluniaeth Duw, dyma man geni Iesu. Mae Duw yn sofran yn y nefoedd a'r ddaear, a Fe gymhellodd Cesar Awgwstws i gynnal cyfrifiad oedd yn golygu bod Joseff yn gorfod teithio wythdeg milltir i Fethlehem o Nasareth. Mae arwyddocâd arbennig i Fethlehem:

Roedd hi'n ddinas frenhinol. Dyma ble ganed Dafydd, ac felly roedd yn le addas iawn i Fab Dafydd, y Brenin Iesu, gael ei eni ynddo.

Mae'r enwau Bethlehem Effrata yn arwyddocaol. Ystyr Bethlehem yw 'Tŷ Bara', ac ystyr Effrata yw 'ffrwythlondeb.' Dywedodd Iesu mai Fe oedd y gwir fara o'r nef, Bara'r Bywyd oedd yn rhoi bywyd tragwyddol i'r byd. Dim ond Ef all fodloni eneidiau dynion. Dywedodd hefyd mai Fe yw'r Wir Winwydden, ac Ef yn unig sy'n gallu cynhyrchu ffrwythau'r Ysbryd Glân yn ein bywydau ni.

Roedd Bethlehem yn fychan. Dywed Micha ei bod yn "fechan i fod ymhlith llwythau Jwda." Mae'n rhyfeddod na chafodd ein Harglwydd ei eni yn un o ddinasoedd mawr y byd fel Jerwsalem neu Rufain. Mae'n ein hatgoffa fod yr Arglwydd yn trigo gyda'r isel a'r cystuddiol.

Y bwriad

Pam daeth Mab Duw i Fethlehem? Pam cafodd ei eni o'r Forwyn Fair? Pam gadael gogoniant y nefoedd a dod i fyd syrthiedig o bechod?

Daeth i achub ei bobl trwy ddioddef. Fe gawn ni gyfeiriad at hyn yn yr adnod flaenorol, 5.1: "trewir barnwr Israel ar ei foch a ffon."

Dyma ni'n cael ein hysbysu y byddai'r Meseia'n cael ei eni i farw. Fe yw'r "Oen a laddwyd er seiliad y byd" yn ôl Datguddiad 13.8. Yn ôl bwriad tragwyddol Duw, fe drefnwyd i'w Fab, yng nghyflawnder yr amser, ddod fel yr Un fyddai'n "cymryd ymaith bechod y byd." Byddai'n dod fel Gwas dioddefus ac fel Prynwr fyddai'n prynu ei bobl o gaethiwed pechod trwy roi ei einioes drostynt.

Daeth i lywodraethu ei bobl. Mae Micha'n ei alw'n 'llywodraethwr', sydd yn ein hatgoffa o Eseia 9.6: "Canys bachgen a aned i ni, mab a roed i ni, a bydd yr awdurdod ar ei ysgwydd. Fe'i gelwir, Cynghorwr rhyfeddol, Duw cadarn, Tad bythol, Tywysog heddychlon."

Wrth i ni feddwl am y broffwydoliaeth ryfeddol a manwl am ddyfodiad yr Arglwydd Iesu i fod yn Waredwr ac yn Arglwydd, y cwestiynau allweddol yw:

A wyt ti'n pwyso ar Iesu fel Gwaredwr? Wyt ti'n credu iddo ddod i'r byd er mwyn marw ar y groes dros bechadur fel ti dy hunan? Wyt ti'n credu ei fod wedi concro marwolaeth a'i fod yn Arglwydd pawb, ac a wyt ti'n awyddus i blygu iddo a'i gydnabod yn Arglwydd dy fywyd di?

"Pwy sydd Dduw fel ti, yn maddau camwedd, ac yn mynd heibio i drosedd gweddill ei etifeddiaeth? Nid yw'n dal ei ddig am byth, ond ymhyfryda mewn trugaredd. Bydd yn tosturio wrthym eto, ac yn golchi ein camweddau, ac yn taflu ein holl bechodau i eigion y môr."
Micha 7:18,19

Dyma eiriau bendigedig sydd yn uchafbwynt ac yn ddiweddglo rhyfeddol i broffwydoliaeth Micha, proffwyd yn yr 8fed ganrif C.C. o Moreseth-Gath, 25 milltir i'r de-orllewin o Jerwsalem. Dyma'r geiriau a ysbrydolodd yr emyn mawreddog, 'Great God of wonders' a gyfieithwyd i'r Gymraeg gyda'r byrdwn gogoneddus:

"Pa dduw sy'n maddau fel Tydi
Yn rhad ein holl bechodau ni?" S.D.

Mae'r cwestiwn rhethregol yn adnod 18 yn chwarae ar ystyr yr enw Micha, sef 'Pwy sydd fel yr Arglwydd?' A dyna brofiad pob un sydd wedi derbyn maddeuant o'i bechodau, na all neb gystadlu â'n Duw ni.

Camwedd a throsedd
Mae'r bennod gyntaf yn sôn am addoli delwau yn Samaria, sydd wedi dod lawr bellach i Jwda a Jerwsalem. Mae'r ail yn cyhoeddi barn ar y rhai oedd yn gorthrymu'r tlodion i fodloni eu chwant eu hunain. Mae Micha'n sôn am bobl yn cymryd tir, eiddo ac etifeddiaeth eu cymdogion. Mae'n dweud yn blaen yn y drydedd bennod bod yr arweinwyr yn blingo'r werin. Dywed eu bod yn casáu daioni ac yn caru drygioni. Wrth ladrata a chwennych eiddo cymydog, roedden nhw'n dorrwyr Cyfraith.

Wrth i Micha gyhoeddi barn Duw ar ei bobl am eu pechodau, roedd proffwydi eraill yn dweud y byddai popeth yn iawn. Roedd y proffwydi ffals hyn yn gwbl lwgr. Bydden nhw'n proffwydo pethau da i'r bobl, tra'u bod yn cael gwin a diod gadarn. Tra'u bod yn cael digon o fwyd bydden nhw'n cyhoeddi heddwch ar bawb. Serch hynny, allen nhw ddim atal barn Duw rhaf mynd â'i bobl i Fabilon. (4.9-10)

Mae hyn yn ein hatgoffa o beth yw pechod, sef torri gorchmynion Duw a methiant i'w garu â'n holl galon a charu'n cymydog fel ein hunain. Dyma gyflwr pawb wrth natur, a dyw Gair Duw ddim yn ei wyngalchu.

Llywodraethwr o Fethlehem

Yn rhan gyntaf y bedwaredd bennod, mae Micha yn darlunio bwriad Duw i sefydlu Jerwsalem newydd ogoneddus. Nodweddion y ddinas newydd bydd gwir gyfiawnder a heddwch. Dyma'r "nefoedd newydd a daear newydd, lle bydd cyfiawnder yn cartrefu." (2 Pedr 3.13)

Sail y gobaith am Jerwsalem newydd yw'r Meseia. Bydd ef yn llywodraethwr ac yn bennaeth gwahanol. Bydd ef yn Fugail Da, yn arwain y praidd yn nerth yr Arglwydd, a'u harwain i ddiogelwch. Bydd E'n dod â heddwch gwirioneddol.

A dyma neges yr efengyl; bod yr Arglwydd Iesu yn Fugail da, sydd wedi dod i roi bywyd helaethach i ni, bywyd ar ei orau, sef bywyd o wir heddwch gyda Duw, bywyd o fod yn iawn gyda Duw. "Am hynny, oherwydd ein bod wedi ein cyfiawnhau trwy ffydd, y mae gennym heddwch â Duw trwy ein Harglwydd Iesu Grist." (Rhuf.5.1) Dyma'r Bugail sydd wedi rhoi ei einioes dros y defaid i gymodi dyn a Duw.

Gobaith maddeuant ac achubiaeth

Cawn nodyn o edifeirwch a gobaith yn 7.9: "Rhaid i mi oddef cosb yr ARGLWYDD am fy mod wedi pechu yn ei erbyn. Ond yna bydd e'n ochri gyda mi ac yn ennill yr achos ar fy rhan. Bydd yn fy arwain i allan i'r golau; bydda i'n cael fy achub ganddo." (Beibl.net) Ac wrth edifarhau a disgwyl wrth yr Arglwydd daw gobaith clir maddeuant yn 7.18-19.

Mynd heibio

Wrth deithio mewn car weithiau ryn ni'n mynd heibio tref neu bentref. Mae'r ffordd osgoi wedi ei chodi i hwyluso'r teithio ac osgoi tagfeydd. Gwaetha'r modd, gall hyn olygu fod busnesau'r dref yn dioddef oherwydd nad yw pobl yn dod i mewn. Gall pentref deimlo ei bod wedi ei hanghofio. Eto i gyd, mae'n ddarlun hyfryd o ran ein troseddau ni. Mae mor fendigedig i wybod bod Duw yn mynd heibio ein troseddau oherwydd bywyd a marwolaeth Crist yn ein lle.

Claddu

Yna mae'n sôn am daflu'r pechodau i waelod y môr. Mae'n debyg taw Ffos Mariana yn y Môr Tawel yw'r man dyfnaf yn y moroedd, yn 11000 metr o ddyfnder! Dyna le gwych i gladdu rhywbeth am byth. Dyma wirionedd pwysig am faddeuant Duw trwy Iesu Grist; mae'n pcidio â chofio ein dyledion byth eto. Fel petae rhywun yn codi arwydd wrth y môr yn dweud, DIM PYSGOTA! Mae Satan (a dynion weithiau) yn ceisio edliw ein gorffennol i ni, ond nid yr Arglwydd, "oherwydd maddeuaf iddynt eu drygioni, ac ni chofiaf eu pechodau byth mwy." (Jer.31.34)

    Diolch i'r Arglwydd am faddeuant llawn yn Iesu Grist. Wyt ti wedi ei brofi?

"Y mae'r Arglwydd yn dda – yn amddiffynfa yn nydd argyfwng; y mae'n adnabod y rhai sy'n ymddiried ynddo." Nahum 1:7

Dywedodd rhywun fod llyfr Nahum fel mwynglawdd aur, a'r adnod yma yn dwlpyn gwerthfawr iawn. Ystyr Nahum yw 'Cysur' neu 'Cysurwr' ac mae'r adnod fach yma'n llawn cysur i bobl Dduw.

Caiff yr Arglwydd ei ddisgrifio fel un daionus ac yn amddiffynfa iddyn nhw, oherwydd mae'n adnabod y sawl sy'n ymddiried ynddo. Wrth gwrs, mae'n gwybod, felly, pwy sydd yn ei wrthod, ac fe ddaw ei farn arnyn nhw maes o law os na fyddant yn edifarhau.

Mae Duw yn rhybuddio Asyria, a Ninefe yn benodol, oherwydd er bod ei phobl wedi edifarhau dan bregethu Jona, mae wedi troi nôl at ei hen ffyrdd annuwiol. Er bod yr Arglwydd wedi defnyddio Asyria i gosbi Israel, mae hi wedi mynd i ymffrostio yn ei drygioni a'i chreulondeb, ac wedi gwasgu'n drwm ar Jwda. Serch hynny, mae barn Duw ar y ffordd.

Daioni Duw

Er bod pennod gyntaf Nahum yn disgrifio mawredd Duw, daw pwyslais yr adnod yma ar ei ddaioni. Dyma'r gair sydd yn disgrifio orau hanfod natur y Duw nad yw byth yn newid. Mae Duw ei hunan yn dda, ac mae ei holl waith yn dda hefyd; ei waith yn rheoli'r bydysawd ac yn trefnu gras i bechaduriaid. Wrth i ni ddarllen am waith Duw yn y creu ym mhennod gyntaf Genesis, fe welwn yr ymadrodd: "A gwelodd Duw fod hyn yn dda" chwech o weithiau, ac yna'r geiriau: "Gwelodd Duw y cwbl a wnaeth, ac yr oedd yn dda iawn."

Pan weddïodd Moses am gael gweld gogoniant Duw, cafodd yr ateb ffafriol: "Gwnaf i'm holl ddaioni fynd heibio o'th flaen,.." Wrth i'r Arglwydd fynd heibio iddo mewn gogoniant, dyma ei gyhoeddiad: "Yr Arglwydd, yr Arglwydd, Duw trugarog a graslon, araf i ddigio, llawn cariad a ffyddlondeb; yn dangos cariad i filoedd, yn maddau drygioni a gwrthryfel a phechod, ond heb adael yr euog yn ddi-gosb..."(Ex.34.6,7)

Yn ei ddaioni achubol, byddai'n rhyddau ei drugaredd a'i ras trwy anfon ei Fab annwyl i fod yn Geidwad i bob un fyddai'n credu ynddo.

Ac o gredu yn yr Arglwydd Iesu, a dod i garu Duw, dywed y Testament Newydd fod pob peth yn cydweithio er daioni i blant Duw, y da a'r drwg, y tywydd braf a'r stormydd garw.

Amddiffyn Duw

Dywed Nahum fod yr Arglwydd yn amddiffynfa mewn argyfwng. Mae hynny'n ein hatgoffa nad oes addewid o fywyd esmwyth i ni wrth gredu yn Iesu Grist, ond addewid hyfryd o noddfa a thŵr cadarn i ni ffoi ato mewn trafferthion.

Gallwn fynd ato a chael lle i guddio pen. Caiff pawb dreialon mewn bywyd rywbryd neu'i gilydd. Dywed Job y cawn ein geni i brofi pwysau trwm mewn bywyd "cyn sicred ag y tasga'r gwreichion." (14.1)

Mae'r Beibl yn llawn o addewidion Duw i'w bobl mewn anawsterau. Mae Moses yn dweud fod ein Duw yn "marchogaeth trwy'r nef i'th gynorthwyo, ac ar y cymylau yn ei ogoniant. Duw'r oesoedd yw dy noddfa, ac oddi tanodd y mae'r breichiau tragwyddol." (Deut.33.26,27)

"Noddfa pechadur trist,
Dan bob drylliedig friw
A phwys euogrwydd llym,
Yn unig yw fy Nuw." W.W.

Adnabyddiaeth Duw

Mae'r Arglwydd yn gwybod popeth amdanom; ein symudiadau, ein meddyliau, ein geiriau, ac mae'n holl-bresennol gyda ni. Mae hyn yn arswyd i'r di-gred, ond yn gysur mawr i'r Cristion.

Mae'n ein hadnabod fel ei eiddo

"Y mae'r Arglwydd yn adnabod y rhai sy'n eiddo iddo." Ac mae'n addo i beidio â'n gadael na chefnu arnom byth.

Mae ganddo gynllun a phwrpas i ni

Roedd Job yn ymwybodol o hyn: "Ond y mae ef yn deall fy ffordd; wedi iddo fy mhrofi, dof allan fel aur." (23.10) Er nad ydym ni'n deall beth sy'n digwydd i ni a pham, mae'n gysur aruthrol i wybod ei fod Ef yn ein 'nabod ac yn gweithio allan ei bwrpas i'n puro a'n sancteiddio trwy'r cwbl a ddaw i'n hwynebu.

Mae'n siwr o ddarparu ar ein cyfer

Dywed Iesu yn y Bregeth ar y Mynydd, wrth sôn am fwyd a dillad ac angenrheidiau bywyd: "y mae eich Tad nefol yn gwybod fod arnoch angen y rhain i gyd." Ac felly, dim ond i ni geisio teyrnas a chyfiawnder Duw yn gyntaf, daw popeth angenrheidiol i ni wedyn. Mae'n werth nodi fod yr addewid hyfryd yma yn dechrau gyda'r Arglwydd ac yn gorffen gydag 'ymddiried ynddo' hefyd. Mae'r sawl sy'n ymddiried yn llwyr ynddo yn dod i ganol yr addewid yma, gyda'r Arglwydd ei hun bob ochr iddo.

> *"Yn dy law y gallaf sefyll,*
> *Yn dy law y dof i'r lan,*
> *Yn dy law byth ni ddiffygiaf,*
> *Er nad ydwyf fi ond gwan."* W.W.

"Er nad yw'r ffigysbren yn blodeuo, ac er nad yw'r gwinwydd yn dwyn ffrwyth; er i'r cynhaeaf olew ballu, ac er nad yw'r meysydd yn rhoi bwyd; er i'r praidd ddarfod o'r gorlan, ac er nad oes gwartheg yn y beudai; eto llawenychaf yn yr Arglwydd, a llawenhaf yn Nuw fy iachawdwriaeth."
Habacuc 3:17-18

Dyma ddiweddglo bodlon a hyderus gan Habacuc. O ddarllen tair pennod y llyfr, gwelwn fod cryn newid wedi digwydd i'r proffwyd cyn iddo gyrraedd fan hyn.

Mae'n gwneud i mi feddwl am fabi bach cyn ac ar ôl cael ei fwydo. Cyn cael ei laeth mae'n sgrechian a gweiddi a dyw gwên na chân na dymi'n tycio dim, nes cael ei fwydo, ac yna bydd yn gorwedd nôl yn fodlon braf.

Y gŵyn gyntaf (1.1-4)
Nid cyhoeddi gair Duw i bobl Jwda mae Habacuc, ond cyhoeddi ei gŵyn i'r Arglwydd! Dyw Duw ddim yn gwneud digon!

Ble mae E? Pam mae wedi gadael i bethau fynd i'r fath stâd yn Jwda?

Cefndir y llyfr yw cyfnod Jehoiacim, tua diwedd y 7fed ganrif C.C. Ef oedd brenin Jwda pan ymosododd Babilon. Dyma epitaph y Beibl iddo: "Gwnaeth yr hyn oedd ddrwg yng ngolwg yr Arglwydd ei Dduw." Roedd yn frenin materol, hunanol, yn ymestyn ei balas tra bod y bobl yn mynd yn dlotach. Roedd anfoeslodeb o bob math yn rhemp yn Jerwsalem yn ei gyfnod.

Roedd Habacuc yn disgwyl i'w Arglwydd i ddelio â'r sefyllfa bechadurus yma nawr. Ac mae'n sicr ein bod ni wedi gofyn cwestiynau tebyg. Gallem ofyn heddiw pam mae Duw yn caniatáu i'r fath dwyll fodoli yn ei Eglwys ar y ddaear. Pam bod rhai yn gwadu hanner yr Ysgrythur? Pam bod rhai yn annog beth mae'r Beibl yn ei wahardd? Mae rhai yn annog priodas cyplau cyfunrhywiol tra bod y Beibl yn dweud ei fod yn bechod. Dywed eraill nad yw uffern yn bod, er mai Iesu Grist sy'n sôn fwyaf amdano. Pam mae Duw yn caniatáu'r fath sefyllfa?

Yr ateb cyntaf (1.5-11)

Ateb Duw yw dweud wrth Habacuc ac eraill i ddeffro ac agor eu llygaid. Mae tipyn o syrpreis ar y ffordd. Mae Duw ar waith, yn trefnu i elynion ymosod cyn hir. Bydd canlyniadau eu dyfodiad yn anhygoel. Mae Duw yn gallu defnyddio unrhyw un mae'n dewis, unrhyw unben creulon, neu lywodraeth fileinig, i buro ei Eglwys a pheri iddi dyfu. Mae wedi digwydd ar hyd y canrifoedd a phrofi gwirionedd yr ymadrodd mai gwaed y merthyron yw had yr eglwys.

Yr ail gŵyn (1.12-17)

Y tro yma mae Habacuc yn cwyno bod yr Arglwydd yn gwneud gormod, mae'n mynd yn rhy bell! Y Babiloniaid oedd y genedl gyntaf i weithredu polisi 'llosgi'r ddaear' oedd yn golygu dileu pob arwydd o fywyd o'r tiroedd yr oedden nhw'n eu concro. (Dyma gefndir yr adnodau ar ben y myfyrdod)

Mae'n atgoffa Duw bod rhai cyfiawn yn Jerwsalem hefyd, gan gynnwys y proffwyd ei hunan. Sut all Duw ddefnyddio pobl fel y rhain, onid yw'n anfoesol, onid yw'r Arglwydd yn rhy bur i edrych ar bechod? (1.13) Mae'n mynd i'r tŵr gwylio i weld a wnaiff Duw fel mae'n dweud.

Yr ail ateb (Pen.2)

Mae'r Arglwydd yn dweud wrth Habacuc i ddod lawr o'r tŵr ac ysgrifennu ei air i bawb ei weld yn amlwg – hyd yn oed wrth redeg; sy'n gwneud i ni feddwl am hysbysfwrdd anferth wrth ymyl yr hewl. Rhaid paratoi pobl, nid aros i weld beth ddaw. Yna daw'r addewid enwog yn 2.4 "bydd y cyfiawn fyw trwy ei ffyddlondeb." I'r sawl sy'n credu Duw, ac yn dal ati i'w gredu, bydd bywyd ac nid dinistr. Caiff yr adnod ei ddyfynnu deirgwaith yn y Testament Newydd a'r un yw'r pwyslais bob tro gan Paul ac awdur y llythyr at yr Hebreaid. Hefyd, er i Dduw ddefnyddio'r Caldeaid i geryddu Jwda, caiff Babilon ddrwg ei barnu hefyd. Daw digofaint Duw arni am Anghyfiawnder, Imperialaeth, Creulondeb, Afradlonedd ac Eilunaddoliaeth.

Caiff y cyfiawn ei arbed a'r anghyfiawn ei gosbi. Mae hyn yn gysgod o ail-ddyfodiad Crist, gyda nerth, mewn barn, ond i gasglu ei bobl ynghyd.

Mawl a gweddi ddisgwylgar (Pen.3)

Yn y bennod olaf mae agwedd y proffwyd wedi newid. Mae'n gweddïo ar yr Un wnaeth gwaith achubol mawr o'r blaen, i'w wneud eto. Mae'n ceisio trugaredd ar sail addewid Duw. Yna mae'n disgwyl ei ddyfodiad ofnadwy, i achub ei bobl, ond dryllio'r drygionus.

Erbyn 3.17 mae wedi ei fodloni gan air yr Arglwydd. Er gwaethaf dinistr brawychus y Babiloniaid, mae ganddo reswm i obeithio a llawenhau yn yr Arglwydd, sydd y tu ôl i'r cyfan.

Diolch am esiampl Habacuc o sut i ennill buddugoliaeth ffydd.

"y mae'r Arglwydd dy Dduw yn dy ganol, yn rhyfelwr i'th waredu; fe orfoledda'n llawen ynot, a'th adnewyddu yn ei gariad."
Seffaneia 3:17

Mae mwyafrif proffwydoliaeth Seffaneia yn rhybudd o farn Duw ar Jwda a Jerwsalem oherwydd eu heilunod a'u drygioni. Ond daw goleuni a gobaith tua diwedd y llyfr bach.

Tra bod Duw yn casáu pechod, gan ei fod yn gyfiawn a sanctaidd, mae'n caru pechaduriaid, yn enwedig ei bobl, y rhai sydd yn credu yn y Meseia, ac mae'r adnodau olaf hyn yn edrych ymlaen at beth fydd Duw yn gwneud ymhlith y cenhedloedd a gweddill ffyddlon Jwda.

Mae wedi paratoi dyfodol gobeithiol ar eu cyfer, a daw llawenydd wrth feddwl am fendithion teyrnas y Crist. Gall pob Cristion orfoleddu wrth gofio beth sy'n wir amdano fel un o deulu Duw.

Perthynas bersonol

Mae'r gân hyfryd yma'n sôn am Jehofa fel 'dy Dduw.' Yr Arglwydd yw'r unig wir Dduw, ac mae gallu dweud 'fy Nuw' yn rhyfeddod gwerthfawr.

"Fy Nuw, fy Nhad, fy Iesu,
Boed clod i'th enw byth." (W.W.)

Mor wefreiddiol yw gallu dweud gyda'r ferch yng Nghaniad Solomon: "Y mae fy nghariad yn eiddo i mi, a minnau'n eiddo iddo ef." (2.16) Mae'r Beibl yn llawn cyfeiriadau at berthynas bersonol â'r Arglwydd i bechadur sydd wedi ei achub o'i bechod. Dywed Dafydd: "Ond yr wyf yn ymddiried ynot ti, Arglwydd, ac yn dweud, 'Ti yw fy Nuw.'" (Salm 31.14) Yn Salm 23 mae'n sôn am yr Arglwydd fel 'fy mugail.'

Mae Paul yn rhoi diolch 'i'm Duw' a'r Arglwydd Iesu yn dweud mai bywyd tragwyddol yw adnabod Duw, a'r un a anfonodd i'r byd.

Duw yn ein plith

Dywed Seffaneia fod Duw yng nghanol ei bobl. Pan oedd gwersyll Israel yn symud trwy'r anialwch, y tabernacl oedd wastad yn y canol.

Yn y Testament Newydd ryn ni'n darllen fod eglwys Iesu Grist yn deml Duw a bod corff y Cristion yn deml i'r Ysbryd Glân. Y mae Duw yn trigo ym mhob gwir Gristion. Dyma wirionedd i'n sobri ac i'n cysuro.

Mae'r Duw sydd ynom yn gadarn

Dywed ein hadnod ei fod yn rhyfelwr, a dywed B.W.M. ei fod yn gadarn. Mae mor hawdd cael golwg lai o Dduw nag ydyw mewn gwirionedd. Pa mor fawr yw dy Dduw yn dy olwg? Y gair "Arglwydd" yw'r gair 'Jehofa', sef yr Un sydd yn bod ynddo'i hunan; yr Un sy'n ddigyfnewid, yn Dduw tragwyddol a Hollalluog. Ac os wyt yn Gristion mae'n byw ynot ti. Mor bwysig yw dal gafael ar y ffaith ogoneddus yma.

Mae'n ein hachub

Mae wedi'n hachub rhag euogrwydd pechod yn barod yn rhinwedd aberth Iesu Grist ar y groes.

Mae yn ein hachub rhag nerth pechod yn rhinwedd y ffaith mai Ef yw ein Harglwydd byw, atgyfodedig, yn eistedd ar law dde'r Tad yn y nef.

Bydd yn ein hachub rhag presenoldeb pechod yn ail-ddyfodiad ein Harglwydd. Mae hyn yn dangos llawnder achubiaeth Duw i ni yn Iesu Grist. Mae wedi delio â chosb pechod, mae yn delio â phwer pechod, ac fe fydd yn delio a'i bresenoldeb.

Mae'n gorfoleddu ynom

Mae hyn yn ein taro'n rhyfedd ar yr olwg gyntaf. 'Does bosib mai ni sydd yn gorfoleddu yn ein Ceidwad, ac felly sut all E lawenhau ynom ni?

Onid yw hyn yn ein hymostwng ac yn ein llenwi â rhyfeddod, cariad a mawl; bod y Duw sanctaidd yn ein gwneud yn blant iddo trwy Iesu Grist, heb sôn am ymhyfrydu yn ei gymdeithas â ni! Sut all hyn fod?

Mae'n llawenhau yn ei waith ei hunan – yn ein prynu'n rhydd o'n pechodau ac yna'n ein sancteiddio, nes y byddwn yn berffaith a heb ddiffyg ac yn debyg i Fab y Dyn. Dywed Iesu bod llawenydd mawr yn y nef am bob pechadur sydd yn edifarhau, a dywed Eseia 62.4 y bydd yr Arglwydd yn galw'i bobl yn Heffsiba, sef "Fy hyfrdywch sydd ynddi."

Mae'n ein gwneud yn destun cân

Unwaith eto, ryn ni'n arfer meddwl am y saint yn canu mawl i Dduw, a dyna sydd yn briodol, wrth gwrs. Nawr ryn ni'n darllen am y Duwdod yn torri allan i ganu mewn llawenydd am ei bobl! Dyna ddarlun rhyfeddol – bod 'Triawd y nef' yn canu mewn llawenydd pur bod tyrfa o bechaduriaid gwael wedi eu hachub trwy ei ras a'i allu Ef.

Yn y Dwyrain mae priodfab yn canu cân wrth dderbyn ei briodferch; a'r bwriad yw datgan ei lawenydd ynddi a'r ffaith fod y briodas wedi digwydd o'r diwedd. Yma cawn ddarlun o'r Arglwydd, y priodfab, yn llawenhau yn ei briod, sef ei eglwys, dan ganu.

O feddwl am wirioneddau mawr yr adnod yma, cymaint dylem ni fod yn llawenhau yn ein Duw, yn pwyso arno ac yn edrych arno'n barhaus.

"Fel hyn y dywed Arglwydd y Lluoedd: 'Ystyriwch eich cyflwr.'"
Haggai. 1:7

Dyma neges sydd yn thema gyson ym mhroffwydoliaeth Haggai. Os mae Duw yn dweud rhywbeth unwaith mae'n bwysig, ond pan mae'n dyblu a threblu'r neges mae'n well i ni gymryd sylw ohoni. Heb i ni holi'n hunain o bryd i'w gilydd byddwn yn llithro nôl yn y bywyd Cristnogol.

Ystyriwch

Ystyr y gair yw 'sylwi'n fanwl.' Er mwyn edrych yn fanwl, byddwn yn defnyddio meicrosgôp. O edrych ar rai creaduriaid mân, gallwn weld pa mor hyll ydyn nhw mewn gwirionedd. Ar adegau, mae angen i ni ddod o dan feicrosgôp Duw. Gofynnodd Dafydd am hyn: "Chwilia fi, O Dduw, iti adnabod fy nghalon; profa fi, iti ddeall fy meddyliau." (Salm 139.23)

Dylem ystyried cyflwr ein bywyd, ein ffyrdd a'n gweithredoedd. Mae hyn yn cynnwys ein bywyd preifat gerbron Duw a'n bywyd cyhoeddus gerbron dynion. Rhaid ystyried pethau fel ein bywyd defosiynol, ein perthynas ag eraill, ein defnydd o'n harian, a'n consyrn dros eraill.

Cawn ein galw i ystyried ein ffyrdd. Mae'n haws o lawer archwilio ffyrdd pobl eraill, ond nid dyna'n busnes ni fel arfer.

Pam ystyried?

Mae'r bywyd Cristnogol yn gofyn am hyn. Yn y byd mae angen asesiad o safonau bwyd, safonau addysg, safonau iechyd, er mwyn gweld os oes angen gwella. Mae'r un peth yn wir am ein bywydau ysbrydol hefyd.

Mewn busnes bydd pobl yn cymryd stoc yn rheolaidd; ar y môr bydd y sawl sy'n llywio llong yn gwirio'n gyson ei fod ar y trywydd iawn. Mor hawdd yw gwyro oddi ar y cwrs cywir oherwydd y gwynt a'r cerrynt.

Mae Duw yn gorchymyn i ni wneud hyn a chaiff ei bwysleisio yn y broffwydoliaeth fach yma. Gorchmynnwyd i Eseciel hel ei bac fel person ar daith, a hynny'n neges weladwy i'r bobl, "efallai y deallant eu bod yn dylwyth gwrthryfelgar" ac yn wynebu taith i Fabilon.

Pryd ddylem ystyried?
Mae'n werth gwneud hyn yn gyson, ond mae rhai adegau arbennig sydd yn hawlio ystyriaeth fanwl ar ein cyflwr.

Yn amser Haggai roedd gweddill o Israel wedi dod nôl i'w gwlad. Roedd sylfaen y deml wedi ei osod, ond yna cafodd y gwaith adeiladu ei rwystro. Pan oedd y rhwystrau wedi eu symud, doedd y bobl ddim ar frys i fynd ymlaen â'r gwaith. Roedden nhw'n dweud nad oedd yr amser i adeiladu wedi cyrraedd eto (ad.2). Gallwn ni fod fel hyn hefyd, heb frys ynglŷn â gweddi, neu dystio wrth eraill. Ryn ni'n dweud wrthym ni'n hunain y byddwn yn fwy brwd wythnos nesaf, neu flwyddyn nesaf. Os ydym yn siarad fel hyn, mae'n bryd i ni ystyried ein cyflwr.

Yn adnod 4 mae Haggai yn dweud yn blaen wrth yr Iddewon eu bod yn talu llawer mwy o sylw i'w cartrefi eu hunain na theml Duw. Roedd yr hunan, pleser a'u cartrefi yn dod cyn Tŷ Dduw. Rhaid i ni beidio â rhyfeddu nad oes adfywiad yn ein plith os mai fel hyn y mae hi gyda ni.

Roedd bywydau'r bobl yn ddiffrwyth. Roedden nhw'n hau llawer ond yn medi'n brin; roedd eu bywydau'n anghyflawn ac anfodlon (6,9,11). Roedd cerydd Duw arnynt, ac felly roedd angen ystyried eu cyflwr.

> *"Beth yw'r achos bod fy Arglwydd*
> *Hawddgar grasol yn pellhau?*
> *Yn guddiedig neu yn gyhoedd*
> *Mae rhyw bechod yn parhau:*
> *Tyrd yn awr, tor i lawr*
> *Fy anwiredd, fach a mawr." W.W.*

Ydy'r Arglwydd yn achosi diffyg boddlonrwydd yn dy fywyd, er mwyn tynnu dy sylw, a'th arwain i ystyried dy gyflwr ger ei fron?

Sut mae ystyried?

Rhaid gwneud hyn â'n holl galon. Mae'r gair 'ystyriwch' yn llythrennol yn golygu 'gosod dy galon.' Rhaid gwneud hyn o'r galon neu ddim o gwbl. Yn dilyn 'mlaen o hynny, mae angen mynd i le preifat, mae angen mynd i'r dirgel. Efallai y cawn ein herio mewn oedfa o dan weinidogaeth y gair, ond mae'n bwysig i ni archwilio'n hunain a dod i edifeirwch gerbron y Tad y tu ôl i ddrysau cauedig. Rhaid cael y cymhellion cywir. Mae'r Arglwydd am weld pobl Israel yn dechrau torri coed a mynd ymlaen â'r gwaith er mwyn ei blesio ac er mwyn dod â gogoniant iddo Fe. Dyma ddau beth sydd yn agos at galon pob Cristion. Beth sydd yn waeth na ffordd o fyw nad yw'n boddloni'n Tad nefol a'n Prynwr caredig? Pa mor gywilyddus yw hi pan nad yw'n bywyd yn dod â gogoniant i'r Arglwydd, a'n creodd ac a'n hachubodd!

Rhaid i'n hystyriaeth arwain at weithredu ufudd. Gwrandawodd Sorobabel a Joshua a'r bobl ar Haggai, ac yna ryn ni'n darllen eu bod yn ofni o flaen yr Arglwydd. Y cam nesaf oedd "dechrau gweithio ar dŷ Arglwydd y Lluoedd".

Diolch am neges i'n hatgoffa i ystyried ein cyflwr ysbrydol yn gyson, rhag i ni lithro'n ddiarwybod i fywyd nad yw'n plesio nac yn gogoneddu Duw.

"Dywedodd Sechareia: Neithiwr cefais weledigaeth, dyn yn marchogaeth ar geffyl coch. Yr oedd yn sefyll rhwng y myrtwydd yn y pant, ac o'i ôl yr oedd meirch cochion, brithion a gwynion."
Sechareia 1:8

Dyma'r adran o'r Ysgrythur oedd wedi symbylu cwpled cyntaf emyn enwog Ann Griffiths, "Wele'n sefyll rhwng y myrtwydd".

Mae'n adran sydd yn cynnwys y weledigaeth gyntaf mewn cyfres o wyth gafodd Sechareia yn y cyfnod ar ôl i bobl Jwda ddod nôl o Fabilon. Roedd sylfaen y deml wedi ei gosod ond roedd y cyfan ar stop oherwydd gwrthwynebiad cryf pobloedd eraill yn yr ardal a threthi uchel gan y Persiaid o Fabilon, yn ogystal â diffyg ffydd ymysg pobl Dduw.

Mae gweledigaethau'r proffwyd yn gyfrwng i galonogi pobl Jwda oherwydd bod yr Arglwydd wrth y llyw ac y byddai ymhlith ei bobl eto yn Jwda. Byddai ei gelynion yn cael eu cosbi a bendith Duw eto yn gorffwys arnynt, ond iddyn nhw droi nôl at Dduw mewn gwirionedd drwy edifeirwch.

Y marchog

Mae'n amlwg mai 'angel yr Arglwydd' yw marchog y ceffyl coch sydd yn flaenllaw yn y weledigaeth.

Ryn ni'n darllen am 'angel yr Arglwydd' yn Genesis pan gafodd Abraham dri ymwelydd ym Mamre. Roedd un 'gŵr' yn siarad ar ran y tri a phan roedd e'n siarad fe ddywed y Beibl, "Yna dywedodd yr Arglwydd".

Felly, mae'n amlwg bod Duw wedi ymddangos mewn ffurf ddynol o ryw fath. Yr enw ar hyn yw 'Theoffani' neu 'Cristoffani', gan mai Mab Duw oedd 'angel yr Arglwydd'. Mae'n ymddangos mewn gweledigaeth i Sechareia, a byddwn i, fel Ann Griffiths, yn credu mai Mab Duw ydyw.

Mae'r marchogion eraill yn atebol iddo, mae'r angel oedd yn

siarad â Sechareia yn negesydd gwahanol hefyd, ac mae Yntau yn ymbil ar 'Arglwydd y Lluoedd' ar ran Jwda a Jerwsalem.

Felly, mae'n uwch na'r angylion ac yn eiriol ar Dduw y Tad. Pwy arall all hwnna fod ond Mab Duw, yr Eiriolwr gyda'r Tad! Dyma ddarlun hyfryd o eiriolaeth Iesu Grist ar ran ei bobl.

Y marchogion

Mae'r rhain yn teithio yn ôl ac ymlaen trwy'r ddaer. Gweision Duw a gweision 'angel yr Arglwydd' ydyn nhw. Maen nhw'n adrodd nôl fod y ddaear yn dawel ac yn heddychlon.

Mae hyn yn ein hatgoffa o lywodraeth a goruchwyliaeth Duw dros y ddaear mewn termau sy'n hawdd i ni ddeall. Mae cenhedloedd y ddaear yn profi heddwch er nad yw hynny'n wir am Jwda. Nid dyma'r drefn iawn, ac felly mae 'angel yr Arglwydd' yn apelio ar Arglwydd y Lluoedd dros Jerwsalem a Jwda.

Y myrtwydd

Coed bytholwyrdd yw'r rhain gyda llawer o ddail sy'n arogli'n felys wrth eu gwasgu. Maen nhw'n ddarlun o bobl yr Arglwydd wedi eu bwrw i lawr yn isel 'yn y pant.'

Eto i gyd, mae Mab Duw a'i angylion yn eu plith, sydd yn ddarlun hyfryd a chalonogol. Mae'n ein hatgoffa o'r weledigaeth gafodd yr apostol Ioan ar Patmos pan welodd un 'fel mab dyn' yng nghanol lampau aur, oedd yn cynrychioli eglwysi Asia.

Y neges

Daw ateb ffafriol i eiriolaeth y Mab gan Arglwydd y Lluoedd. Daw'r ateb mewn geiriau 'caredig a chysurlon'. Mae Arglwydd y Lluoedd yn eiddigeddus dros ei bobl, sy'n cyfleu'r darlun o ŵr priod yn eiddigeddus dros ei wraig. Mae Jwda (y wraig briod) wedi bod yn anffyddlon i'w phriod trwy garu duwiau eraill, ac mae wedi cael ei chosbi am saith deg mlynedd ym Mabilon. Serch hynny, mae'r Arglwydd yn mynd i'w derbyn yn ôl a'i charu eto.

Hefyd, bydd yn cosbi'r cenhedloedd eraill sydd wedi bod mor llym a chreulon yn erbyn pobl Jwda. Caiff y deml ei chodi a chaiff y ddinas ei gwneud yn ddiogel ac yn boblog eto, a bydd bendith Duw ar ei bobl.

Roedd hon yn weledigaeth hyfryd ac yn llawn anogaeth i bobl Jwda oedd mewn digalondid mawr ar y pryd.

Onid yw'r neges yn galondid mawr i ni fel pobl yr Arglwydd heddiw yng Nghymru! Mae fel petae cosb Duw wedi bod arnom wrth i'n niferoedd leihau yn ddychrynllyd, ac achosion Crist yn cau ar hyd a lled y wlad.

Serch hynny, mae Arglwydd y Lluoedd ar ei orsedd, mae'r Arglwydd Iesu Grist yng nghanol ei bobl ffyddlon. Mae'n byw nawr i eiriol drosom a thros waith yr eglwysi, a gadewch i ni gredu y bydd ei fendith arnom eto os byddwn yn ffyddlon iddo.

"Onid marworyn wedi ei arbed o'r tân yw hwn?" Sechareia 3:2

Dyma ddarlun dramatig o achubiaeth Jwda a phob Cristion hefyd. Mae'n ein hatgoffa pa mor beryglus yw pechod - fel tân, a chymaint o fater brys yw ein hachubiaeth trwy Iesu Grist.

Mae Joshua yr archoffeiriad yn cynrychioli'r Iddewon, ac mae beth sy'n cael ei ddweud amdano fe yn wir amdanyn nhw, felly. Roedd angen ei gipio o'r tân, fel petae, roedd angen tynnu ei ddillad brwnt, a'i wisgo â gwisgoedd gwyn glân. Yn yr adnod yma, ryn ni'n canolbwyntio ar y tân.

Tân pechod.

Mae Jwdas 23 yn cyfeirio at rai sydd angen eu cipio o'r tân, gyda'r un darlun o dân fel pechod a'i ganlyniadau erchyll. Does dim angen perswadio neb o realiti tân, ac mae pechod yr un mor real yn ein byd heddiw, gyda dyn yn torri gorchmynion Duw mewn gwrthryfel, ac o'r herwydd yn creu niwed, diflastod a hafoc i eraill ac i'w hunan.

Fel mac tân yn gallu lledu'n gyflym, mae pechod wedi lledu trwy'r ddynoliaeth gyfan o Adda. "ac yn y modd hwn ymledodd marwolaeth i'r ddynolryw i gyd,"(Rhufeiniaid 5.12) Mae tân yn dwyllodrus hefyd, yn dal yno er i ni feddwl ei fod wedi diffodd. Bydd coelcerth yn dal yn boeth am ddyddiau a gall ail-gynau mewn eiliad. Mae pechod yr un mor beryglus, yn enwedig pan mae pobl yn meddwl ei fod yn ddiniwed, ac yn ei gymryd yn ysgafn.

Mae tân yn llosgi, ac mae pechod yn difa. Mae wedi achosi ffaith marwolaeth corfforol a thrueni marwolaeth ysbrydol, a gwneud Duw yn ddieithr i ni.

Mae hanes 'Lleng' yn Marc 5 yn dangos nodweddion pechod, yn gwneud dyn yn aflonydd, yn anniddig, yn hunan-ddinistriol, yn anobeithiol ac yn anodd ei drin.

Marworyn

Dyma ddarlun o bechadur. Does dim byd arbennig iawn am farworyn, darn o bren neu lo sy'n ffit i'w losgi. Dyma ddywed yr Ysgrythur am ddyn syrthiedig: "Y mae pawb wedi gwyro, yn ddifudd ynghyd; nid oes un a wna ddaioni." (Rhuf. 3.12)

Dyma sydd yn dangos rhyfeddod cariad Duw yn mynnu cipio darnau di-rif o farwor o'r tân. Fel mae'r marwor yn y tân, mae dyn yn ei bechod, yn un ag ef, ac mae'n raddol losgi. Dyma'r 'distryw' yn Ioan 3.16.

Mae ôl y tân ar y marworyn, ac mae pechod yn gadael ei ôl arnom ni. Dyma yw 'puteindra, amhurdeb, anlladrwydd, eilunaddoliaeth, dewiniaeth, cweryla, cynnen,..." ffrwythau pechod (Gal. 5.19-21)

Mae natur y marworyn yn addas i'r tân. Dyw popeth ddim yn llosgi fel ei gilydd, ond mae'n natur ni yn bechadurus o'r cychwyn. "Wele mewn drygioni y'm ganwyd, ac mewn pechod y beichiogodd fy mam." (Salm 51.5) Mae'r tueddiad at bechod ynom yn reddfol ers pechod ein rhieni cyntaf. Mae pechu yn hawdd, yn dueddiad naturiol; ryn ni yn ein helfen ynddo.

Dyw marworyn ddim yn gallu ei achub ei hunan o'r tân. Mae'n amlwg i ddweud hynny, ond mae'n wirionedd pwysig yn y Beibl na allwn ni ein hachub ein hunain oddi wrth ein pechod chwaith.

Fel y bu'n rhaid i Pedr alw ar Iesu i'w arbed wrth iddo weld ei hun yn suddo dan donnau môr Galilea, mae'n rhaid i ni gael Un sydd y tu allan i ni i'n tynnu o fflamau pechod.

Cipio ac arbed

Mae'r marworyn yn cael ei arbed trwy gael ei gipio o'r tân. Dyma mae'r Tad nefol wedi ei wneud i bob Cristion: "Gwaredodd ni o afael y tywyllwch, a'n trosglwyddo i deyrnas ei annwyl Fab." (Colosiaid 1.13)

Wrth anfon ei Fab i'n byd i fyw yn ddi-fai ac i farw dros ein pechod ac yn lle pechaduriaid, mae Duw wedi trefnu ffordd i'n hachub ni o afael dieflig pechod. Gwaith Duw yw'r cyfan, ac mae'r cyfan yn deillio o'i ras – ei ffafr na allwn ei haeddu.

Mae'r marworyn naill ai yn y tân neu allan ohono, ac mae dyn naill ai yn ei bechod, neu yn rhydd trwy Iesu Grist. Tra bod person heb gredu yn Iesu Grist fel Gwaredwr ac Arglwydd, mae'n dal yn nhân ei bechod. Pan mae'n troi ei olwg at Iesu, yn galw arno i'w dynnu allan, a hynny o'i galon, caiff ei dynnu'n rhydd a phrofi rhyddhad maddeuant, llawenydd a heddwch gyda Duw.

Mae darlun y marworyn a'r tân yn dweud bod achubiaeth enaid yn fater brys. Mae tân yn niweidio gyda phob eiliaid sy'n mynd heibio. Mae'r Arglwydd Iesu hefyd yn sôn am 'dân uffern', 'tân anniffoddadwy', 'tân tragwyddol', sydd yn cyfleu'r gwirionedd ofnadwy o boen tragwyddol uffern – sef pendraw pechod.

Diolch bod achubiaeth rhag pechod ac uffern yn Iesu Grist, diolch y cawn alw arno i'n cipio o'u gafael dieflig ac arswydus.

"'Dygwch y degwm llawn i'r trysordy, fel y bo bwyd yn fy nhŷ. Profwch fi yn hyn,' medd Arglwydd y Lluoedd, 'nes imi agor i chwi ffenestri'r nefoedd a thywallt arnoch fendith yn helaeth.'"
Malachi 3:10

Dyma addewid amodol heriol, sydd yn dweud wrthym fod yr Arglwydd am ein bendithio yn helaeth os wnawn ni gyflawni amodau'r addewid.

Yr amodau
Mae'n sôn am ddegwm, sef degfed ran o gynnyrch y tir i gynnal yr offeiriaid, y Lefiaid a'r tlodion. Mae adnod wyth yn sôn am gyfraniadau hefyd, sef rhoddion ychwanegol gwirfoddol. Roedd yr Arglwydd yn cyhuddo'i bobl o fod yn lladron wrth ddal y degymau a'r offrymau yn ôl.

Felly mae'r her i ni ildio'n bywydau yn llawn i'r Arglwydd a rhoi lle blaenllaw iddo. Mae Malachi yn sôn am y degwm 'llawn' sydd yn awgrymu rhoi popeth sy'n ddyledus i Dduw at ei wasanaeth.

Ein hunain
Dywed yr apostol Paul y dylem offrymu'n hunain "yn aberth byw, sanctaidd a derbyniol gan Dduw." (Rhuf.12.1)

Ein heiddo
Mewn gwirionedd dylem gofio mai'r Arglwydd biau'r cwbl sydd gennym, boed yn arian, yn gartref, yn gar a'n heiddo i gyd.

Ein hamser
Rhaid i ni beidio â rhannu'n hamser yn 'seciwlar' a 'sanctaidd.' Ein braint yw gogoneddu yr Arglwydd Iesu ym mhob munud o'n hamser, boed yn waith, yn addoliad cyhoeddus, yn ddefosiwn neu'n hamdden.

Ein doniau, ein gallu a'n talentau

Rhaid peidio â meddwl mai i ni mai'r rhain, ond yn hytrach eu defnyddio er clod yr Un sydd wedi eu rhoi inni.

Mae dod â'i degwm llawn yn golygu cysegru'n llawn, yn ddiamod, yn ddi-alw-nôl, ein hunain a'n holl eiddo i'r Arglwydd a'i cysegrodd ei hunan yn aberth trosom ar y groes.

Y rheswm

Mae Duw yn dweud y dylai ei bobl ddod â'r degwm er mwyn cael bwyd yn ei dŷ. Dyma ffordd yr Arglwydd o gynnal ei weision a'r tlodion. Wrth gwrs, gallai wneud hynny heb ein help, ond mae'n dymuno ein cynnwys yn y gwaith a chael ein bendithio drwyddo.

Mae'n dymuno ein cariad trwy i ni roi gwasanaeth ufudd. Os ydym yn ei garu fe fyddwn yn cadw ei orchmynion.

Mae'n dymuno cael ein cymdeithas, wrth i ni gyfrannu yng ngwaith y nef a gwaith y deyrnas. Dyma un ffordd y mae'r Arglwydd yn swpera gyda ni.

Mae'n awyddus i ddweud mwy wrthym, ac wrth i ni gysegru'n hunain i'w waith fe fydd yn dangos i ni ragor o'i hunan trwy ei air. Mae rhai yn tybio mai trwy fynychu cynadleddau parhaus y daw hyn, ond mae'r Arglwydd "yn rhannu ei gyfrinach â'r uniawn." (Diarhebion 3.32) Dyma rai sydd yn derbyn ei air ac yn ei weithio allan yn eu bywyd.

Mae'n awyddus i gael ein cydweithrediad er nad oes ei angen arno. Mae'r Arglwydd Iesu'n annog ei ddisgyblion: "deisyfwch felly ar Arglwydd y cynhaeaf anfon gweithwyr i'w gynhaeaf." (Math.9.38)

Mae hyn yn golygu bod rhan gennym yn y gwaith trwy weddi. Mae'n caniatáu i ni ofyn am ei fendith a'i lwyddiant ar y gwaith, ac yn aml cawn brofi atebion i'n gweddïau. Hefyd mae'n golygu y gallwn fod yn rhan o'r hau a'r medi yng ngwaith ei deyrnas, trwy rannu'r efengyl mewn ffyrdd amrywiol, ac weithiau trwy gasglu rhai defaid colledig i mewn i'w gorlan.

Yr her

Mae'r Arglwydd yn gwahodd ei bodl i'w brofi. Mae'n dweud wrthynt i'w gymryd i'r labordy a gwneud arbrawf arno, fel petae. Ydy Duw yn ffyddlon i'w air? Allwn ni ddibynnu arno gant y cant?

Yr addewid

Mae'n addo agor ffenestri'r nefoedd ac arllwys ei fendith yn helaeth arnom. Nid taenu rhyw ddiferion yma ac acw yw hyn, ond tywallt bendithion fel rhaeadr dros ein pennau nes bod y cyfan yn gorlifo.

  Mae'n werth cofio beth ddigwyddodd i fywyd Paul ar ôl iddo ildio i Iesu ar y ffordd i Ddamascus. Gallwn ni hefyd brofi digonedd parhaus y weddw o Sareffath (1 Brenhinoedd 17) wrth iddi gysegru'r mymryn lleiaf oedd ganddi i Dduw gyntaf. Gallwn weld yr Arglwydd yn lluosogi'n cyfraniad bach ni, fel ddigwyddodd gyda'r pum torth a'r ddau bysgodyn a roddwyd yn ei law er mwyn porthi'r pum mil.

Wyt ti'n dal yn ôl rhag ildio dy fywyd yn llwyr i'r Arglwydd ar hyn o bryd? Wyt ti'n lladrata eiddo, amser, doniau neu rywbeth arall oddi wrtho Fe? Gadewch i ni sylwi ar y geiriau allweddol, 'degwm llawn'; 'profwch fi yr awr hon' (BWM); 'nes imi agor i chwi ffenestri'r nefoedd.'

"Wele'r dydd yn dod, yn llosgi fel ffwrnais, pan fydd yr holl rai balch a'r holl wneuthurwyr drwg yn sofl; bydd y dydd hwn sy'n dod yn eu llosgi,..... "Ond i chwi sy'n ofni fy enw fe gyfyd haul cyfiawnder â meddyginiaeth yn ei esgyll, ac fe ewch allan a llamu fel lloi wedi eu gollwng." Malachi 4:1,2

I rai ohonom mae'r haul poeth yn achosi pen tost a bydd y croen yn llosgi'n hawdd, tra bod eraill yn ei fwynhau, ac yn ei gael yn llesol iawn. Bydd coed wrth afon yn ffynnu yn yr haul, tra bod sofl sych yn llosgi.

Mae'r adnodau hyn ar ddiwedd yr Hen Destament yn sôn am 'ddydd yr Arglwydd', sef dau ddyfodiad Iesu Grist. I'r annuwiol, mae'n ddiwrnod sy'n llosgi a difa. I'r duwiol mae'n ddydd llesol, dydd o feddyginiaeth a heulwen hyfryd, wrth i Haul Cyfiawnder godi.

Y rhai balch a'r gwneuthurwyr drwg (ad.1)

Does dim darlun ffafriol o'r bobl yma. Byddant fel coesau byr o rawn sydd yn weddill ar ôl y cynhaeaf. Yn nydd Malachi, roedd pobl Israel yn 'addoli' yr Arglwydd ond hefyd yn priodi merched estron â'u duwiau dieithr ar ôl ysgaru eu gwragedd Iddewig.

Roedden nhw'n esgeuluso'r degwm a'r offrwm ac yn cyflwyno aberthau diffygiol, rhatach. Roedd eu crefydd yn rhagrithiol: "Dewiniaid a godinebwyr, rhai sy'n tyngu'n gelwyddog; rhai sy'n gorthrymu'r gwas cyflog, rhai sy'n gwthio'r estron o'r neilltu, ac nad ydynt yn fy ofni i, medd yr Arglwydd." (3.5) Roedd offeiriaid a lleygwyr ar fai fel ei gilydd.

Dydd Iesu Grist

Roedd dyfodiad cyntaf Iesu Grist yn ofnadwy i'r rhagrithwyr: "Gwae chwi ysgrifenyddion a Phariseaid, ragrithwyr, oherwydd yr ydych yn cau drws teyrnas nefoedd yn wyneb dynion;" (Mathew 23.13)

Roedden nhw'n rhoi pwyslais mawr ar bethau mannach y Gyfraith gan anghofio'r pethau mawr fel cyfiawnder a thrugaredd; yn hidlo'r gwybedyn ac yn llyncu'r camel. Roedden nhw'n arwynebol a Iesu'n eu cymharu â chwpan oedd yn lân tu fa's, ond yn llawn pechod tu fewn, megis trachwant a hunan-foddhad; fel bedd wedi ei gwyngalchu tu fa's, rhagrith ac anghyfraith tu fewn.

Cyhoeddodd wae hefyd ar drefi megis Chorasin, Bethseida a Chapernaum, oedd wedi gweld gwyrthiau gras ond heb edifarhau.

Proffwydodd gwymp Jerwsalem yn 70 O.C. Difawyd y genedl, bron yn gyfangwbl, a'i chwalu am ganrifoedd.

Bydd yr un peth yn wir yn yr ail-ddyfodiad, pan ddaw Crist yn Farnwr y byw a'r meirw. Daw barn Duw fel tân; ac os na fydd pechadur wedi troi a chredu yn Iesu Grist fel Gwaredwr, rhaid wynebu'r tân tragwyddol.

Y rhai sy'n ofni ei enw

Dyma'r rhai oedd â pharch tuag at Dduw. Dyma'r sawl fyddai'n cofio cyfraith Moses, oherwydd bod gorchmynion Duw ar eu calon.

Bydd haul cyfiawnder yn gwenu arnynt. Mae hyn yn ein hatgoffa o Lot: "Erbyn i Lot gyrraedd Soar, yr oedd yr haul wedi codi dros y tir; yna glawiodd yr Arglwydd frwmstan a thân dwyfol o'r nefoedd ar Sodom a Gomorra." (Genesis 19.23) Dyma fyddai profiad y rhai oedd yn credu Duw, yn credu ei air ac yn ymateb yn real iddo. Dyma'r sawl sydd yn ystyried ei berthynas ag Ef o ddifrif; yn ymboeni am ble mae'n sefyll gerbron Duw? Oes derbyniad llawn? Oes maddeuant?

Dyma'r sawl sydd yn derbyn ac yn cofleidio Crist – Haul cyfiawnder. Mae Ef yn gyfiawn, ac yn ein cyfiawnhau ni wrth inni bwyso ac ymddiried ac ildio iddo a chredu yn ei aberth drosom.

Cânt ei weld fel Iachawdwr, a'i adnabod fel Bugail i'r colledig, fel Sacheus. Daeth yn feddyg i'r dall, y cloff, rhai wedi eu parlysu, y gwahanglwyfus a'r anafus; pob un yn symbol o afiechyd pechod. Fe welson nhw nad oedd dim i'w ofni wrth geisio'r Arglwydd o'r galon, gan gyffesu eu pechodau, a glynnu wrtho Fe – yr Haul meddyginiaethol.

Ac yn yr ail-ddyfodiad, dyma'r rhai fydd wedi dod trwy'r gorthrymder mawr, (trwy frwydr ysbrydol bywyd). Ni fydd dim newyn na syched mwy. Byddan nhw'n cael lloches yr Un sydd ar yr Orsedd. Bydd yr Oen yn eu bugeilio a'u harwain ger y ffynhonnau dyfroedd tragwyddol, a bydd Duw yn sychu pob deigryn o'u llygaid. Cânt deyrnasu gydag Ef ar bechod ac ar bechaduriaid fydd heb edifarhau.

Diolch am wirionedd Duw yn y geiriau hyn. Diolch eu bod yn eiriau o gariad a rhybudd, er mwyn osgoi'r 'dinistr llwyr' y mae adnod ola'r Hen Destament yn cyfeirio ato.

Beth am wneud yn siwr fod Iesu Grist yn haul cyfiawnder i ti ac nid yn haul crasboeth difaol! Rhaid edifarhau; rhaid troi nôl at galonnau'r tadau, sef Abraham, Isaac a Jacob, a gofyn am galon fel eu calon nhw, yn llawn ffydd yng ngair Duw a'r addewidion yn ei Fab, yn llawn ufudd-dod a chariad tuag ato.